U0676808

韩山师范学院创建国家教师教育创新实验区成果

和悦教育

HEYUE JIAOYU

郭永波◎主编

林浩亮　杨思丽◎副主编

暨南大学出版社
JINAN UNIVERSITY PRESS

中国·广州

图书在版编目（CIP）数据

和悦教育/郭永波主编；林浩亮，杨思丽副主编 . —广州：暨南大学出版社，2021.5

ISBN 978 – 7 – 5668 – 3103 – 3

Ⅰ.①和…　Ⅱ.①郭…②林…③杨…　Ⅲ.①小学教育—教育研究　Ⅳ.①G62

中国版本图书馆 CIP 数据核字（2020）第 256877 号

和悦教育
HEYUE JIAOYU

主　编：郭永波　副主编：林浩亮　杨思丽

出 版 人：张晋升

责任编辑：武艳飞　武颖华　刘　蓓

责任校对：苏　洁　王燕丽

责任印制：周一丹　郑玉婷

出版发行：暨南大学出版社（510630）

电　　话：总编室（8620）85221601

　　　　　营销部（8620）85225284　85228291　85228292　85226712

传　　真：（8620）85221583（办公室）　85223774（营销部）

网　　址：http://www.jnupress.com

排　　版：广州市天河星辰文化发展部照排中心

印　　刷：广州市穗彩印务有限公司

开　　本：787mm×1092mm　1/16

印　　张：17.375

字　　数：390 千

版　　次：2021 年 5 月第 1 版

印　　次：2021 年 5 月第 1 次

定　　价：68.00 元

（暨大版图书如有印装质量问题，请与出版社总编室联系调换）

序

　　湘桥区是潮州市的政治文化中心，是历代州府所在地，是潮文化的发祥地。近年来，湘桥区以"首善之区"定位，清晰谋划发展战略，优先发展教育事业，将教育的内涵提升、特色发展融入全区社会发展的宏大事业之中，用个性化的教育实践追寻着"立德树人、止于至善"的教育理想。至善教育的提出，是教育发展的呼唤，是"把立德树人作为教育根本任务"的时代要求，更是湘桥教育"传承韩愈文脉、弘扬潮人文化"，打造湘桥教育个性化品牌的初心和使命。

　　至善教育理念如何落实到实践之中？湘桥区属各学校基于自身文化基础，主动对接"至善教育"的理念体系和办学主张，多措并举，多维建构，将"一校一品牌、一校一特色"演绎得淋漓尽致、无限精彩。这之中，昌黎路小学的"和悦教育"实践便是"坚持共性引领、更显个性张扬"最为生动的示范。

　　昌黎路小学以韩愈自号命名，创建于20世纪20年代，近百年来，昌黎人励精图治，严谨治学，传承创新，用智慧和汗水铸就并不断延续着"昌黎遗泽"文化血脉。众所周知，作为典型的儒家学者，韩愈"奋其毕生之力来振兴儒学"，而儒家思想中的"和为贵"及"学而时习之，不亦说乎"所强调的"和谐恰到好处""学习和修身是充满快乐的事情"均是极具代表性的教育指导思想。昌黎路小学紧跟时代节拍和教育发展步伐，因时而动，应势而为，在"昌黎遗泽"文化的接续传承中发展并形成了"和悦教育"思想。

　　"和""悦"源于儒家思想，"和悦教育"提出"无限和合教育情境""无限悦乐成长心理"两大法则，强调充分尊重教育规律和人的身心发展规律，顺应并激发个人内在发展需求，创设和谐愉悦的环境氛围，通过有效的过程方法，使师生体验成功，获得和谐愉悦的发展，其教育核心是"培养真、善、美和谐共生的知、情、意全面发展的人"。显而易见，"和悦教育"这一具有昌黎特色的个性主张，其"不管是修身，还是育人，都必须达到完美的境界"的教育真谛，正是至善教育所追求和希望达到的理想境界。

　　为推动"和悦教育"思想植根校园，融入课堂，最终让师生内化于心、外显于形，以郭永波校长为代表的昌黎人立足实际，充分发掘"昌黎遗泽"文化内涵，优化整合区域资源，为"和悦教育"的特色品牌建设集思广益、汇聚力量。2016年1月，湘桥区人民政府与韩山师范学院签署《共建、共创"优质教育"战略合作协议》，昌黎路小学成为"韩山师范学院实验小学"。2018年5月，韩山师范学院与粤东三市教育局签署共创国家教师教育创新实验区协议，校地协同发展有了更高层次的平台，依托这一平台，湘桥区于 2018 年 9 月组建韩山师范学院实验学校（集团），成立了潮州市第一个教育集团，昌黎路小学成为集团中的小学部龙头学校。2019 年 1 月，韩山师范学院与昌黎路小学共建的"专家工作室"正式挂牌运作；同年，"'和悦教育'的探索与实践"获得粤东基础教育研究课题立项。地方教育行政部门和高校的协同发力，高等教育和基础教育的深度融合，专家学者的智力支持和专业引领，为昌黎路小学的文化和品牌建设取得实效提供了有力的保障和充分的条件。

一个学校，要想全面、可持续地发展，要有资源的支撑，更要有自我觉醒的"内驱动力"，而学校文化就是最强大的"内驱动力"。精神文化是学校文化的内核和灵魂，蕴含着学校的办学思想、价值观、教育观、教学观、学生观，集中体现在校风、教风、学风、学校师生的行为习惯各个方面，是学校组织发展的精神动力。昌黎路小学关于"和悦教育"的探索与实践，承前启后，既传承了百年来积淀深厚的"昌黎遗泽"文化，又与时俱进，凸显"以人为本"的精神内核，追求"德智体美劳全面发展"以及"立德树人、发展学生核心素养"的新时代教育理念。学校以"和悦教育"为核心，构建了促进师生发展的教学文化、教研文化、班级管理文化、社团文化等一系列学校文化，形成了独具特色的人才培养体系。广大学生在"和悦教育"文化的熏陶下得以全面成长，广大教师在"和悦教育"文化的驱动下得到专业发展，学校在"和悦教育"文化的引领下打造出特色品牌。"和合"与"悦乐"，体现了知识、生活与生命的共鸣，教育所追求的"以人为本"的境界在"和悦教育"实践中得到了全面生动的诠释。

《和悦教育》一书结构分明、内容翔实、素材鲜活，既有对历史的观照，对理论的研究，又有老师们的实践探索以及同学们的成长印迹，从中可以领略到昌黎路小学"传承昌黎遗泽，师生和悦成长"的文化魅力和精神追求。该书既是"专家工作室"的建设成果，也是"'和悦教育'的探索与实践"课题研究的结晶，更是"和悦教育"学校文化及教育品牌建设的精彩呈现。这本书将为正在探索学校个性发展之路和特色品牌建设的学校领导、专业教师提供有效的指导，是一本值得学习借鉴的参考书。

"潮平两岸阔，风正一帆悬。"愿昌黎路小学在"和悦教育"品牌建设的道路上越走越远，不断取得新的突破，创造新的辉煌！

余焕湘

2020 年 8 月

（作者系潮州市湘桥区教育局局长）

目　录
CONTENTS

实践·探索追求

德育为本

智育领航

　　　　　　　✦ 张扬·闪光印迹 ✦

起源·昌黎遗泽

潮人信仰： 韩愈贬官八月换潮州千年

许伟明

一、潮州人的神

在潮州，人们提起韩愈，往往不直呼其名，而尊其为韩文公。哪怕是乡村里的布衣，都知道韩文公是何其人也——准确来说是何其神也。

潮州市湘桥区磷溪镇下辖的美堤村、仙美村等八个村庄，在每年农历九月九日轮流祭拜韩愈。这是一个重大的节日，节日当天会举行隆重的祭拜仪式，并搭建戏棚请来潮剧团演出助兴，在外工作的村民都赶回村里参加祭典。

祭拜仪式由村里的老人主持，老人们身着唐装，整齐有序地向韩文公画像行礼。随后，戏台上的演员按照习俗身着戏服走下台来，向韩文公的画像行礼。

潮汕人常常将品格高尚、功劳突出的人神化，在庙宇里供奉起来，世代虔诚朝拜。

潮州文化学者陈汉初先生认为："潮汕人的尊神、祭神风俗是颇有特色的。潮汕人大体上都神化自然、天象，神化祖先、先贤、民族英雄、帝王和忠臣，并把他们当成神来顶礼膜拜……但也不能简单地称之为迷信而一了了之，应该把它作为一种特殊的人文现象来分析和对待。"

但在多神的信仰体系中，韩愈的地位绝对是独一无二的，城乡间许多地方可见韩文公祠。而对韩愈最隆重的纪念则是，当地人直接把当地最重要的江河和山改为"韩江"和"韩山"，潮州人称之为"江山改姓"。

在潮州，人们对韩愈的祭拜已经不仅是单纯的纪念了，而是将其作为一种神灵，祈求得到他的护佑。而这种从尊敬、纪念到祭祀、神化的变迁，发生在宋代。

北宋神宗和南宋宁宗先后追封韩愈为"昌黎伯""昌黎公"，配享孔庙，等级大大提升。潮州当地的官宦乡绅也建立祠庙颂扬和祭祀韩愈，就这样，韩愈在潮州有了从人到神的转化。

苏东坡曾在《潮州韩文公庙碑》中写道："潮人之事公也，饮食必祭，水旱疾疫，凡有求必祷焉。"

清朝乾隆年间，学者檀萃在《楚庭稗珠录》一书中记载了潮州女人簇拥到韩文公庙祭拜以祈求生子育后的情形。"潮妇求子必于文公庙，庙祀处处有之，有求无不应者……直视公为多子母矣！"在当时，韩愈竟然还具备了送子观音的功能。

二、韩愈的潮州

一个远离国家政治中心的边角地方，一个被贬黜的士大夫，两者的命运有过短暂的交集。那是公元819年，韩愈已经51岁，因为劝谏皇帝唐宪宗李纯不要过度礼佛，遭到宪宗的不满，于是从刑部侍郎贬黜为潮州刺史。

对于远在长安的皇帝来说，贬黜韩愈的地方有无数种，但他选择了一个极为偏远的地方。可见李纯对韩愈有多不满，也可见韩愈有多失意。

但对潮州这个地方而言，这却是大幸。尽管韩愈在潮州时间很短，只有7个多月，但在这短短的时间里，他却能给潮州带来长久的影响，这实在令人感叹。

一般说来，被贬谪的官员如同罪人，不会积极参政，韩愈却不然，他上任后，大刀阔斧连续为百姓做了很多实事和好事。

韩愈在潮州的7个多月内，主要做了四件事：一是杀鳄鱼；二是兴修水利，推广北方先进的耕作技术；三是赎放奴婢；四是兴办教育，请先生，建学校。

史料记载，韩愈刚到潮州就听百姓反映江中的鳄鱼之祸，便决心除掉鳄鱼，还写了一篇《祭鳄鱼文》。然后，他挑选人使用毒矢射杀鳄鱼。至今，韩江中游沿江乡村仍然传承着糊制纸鳄作为香船驱鳄、戮鳄的习俗。

此外，韩愈在潮州建立了一批学堂，大兴文化教育。资料介绍，韩愈找来了潮州有名的秀才和他一起办学，并将自己在潮州的所有俸禄几乎全部投入办学。

韩愈以一人之力，不惜触犯皇帝直言进谏，深处贬黜逆境却没有低迷消沉，而能继续果敢刚毅，勇于任事。宋代大儒张载说，"为天地立心、为生民立命，为往圣继绝学，为万世开太平"。而韩愈岂不就是这一儒家士大夫精神的典范。

三、韩文公开启的重教之风

韩愈在百越蛮荒之地栽下重教育、重读书的种子，使得潮州的好学崇文之风尚开始形成，并且延绵千年至今。因此也有"韩愈被贬，潮州受益"的说法。

潮州当地著名文史专家曾楚楠认为，韩愈带给后代潮州人最大的影响是振兴了潮州的教育。"潮州人为什么崇拜韩文公，自从他来了，振兴当地教育，（潮州人）文化素质相对大大地提高。"

韩愈开启的好学之风，在宋代开始显示出了效果。元代《三阳志》记载，潮州在南宋时曾有两座书院，这在当时非常罕见，所谓"潮二书院，他郡所无，文风之盛，亦所不及也"。

"地瘦栽松柏，家贫子读书"也成了潮州人的格言，古代潮州文风之盛令人惊叹。曾楚楠从史志中发现，在南宋末年，潮州人参加科举的考生超过万人。而当时潮州人大概7万户。

"以一户5口人计，整个潮州40万人。半边天没有资格参加科举，去掉一半，剩20万人。上岁数的老人、小孩去掉，青壮年才剩多少。这种文化氛围如何?"

韩愈之前，潮州只有进士 3 名，韩愈之后，到南宋时，登第进士就达 172 名。潮州人将这一科举的功劳算给了韩文公。

至今在潮州，总能看到一些人沉醉于笔墨诗词的世界里。曾楚楠有自成一体的书法。我们一起吃饭时，在上菜之前他将自己最近写的一组诗歌递给了我。

当地人中书法写得好，对联出得好的人总是受人尊重。潮州人家门口的对联，有楷书、隶书、小篆。配上家家户户精心种养的兰花等植物，精细的雕刻中总有博古架、渔樵耕读等内容，诗礼传家、耕读传家则几乎是潮汕地区每一个规模较大的家族的家训、祖训。

潮州地处广东省的东南隅，三面环山，这种地理位置使潮州被本地人习惯称作"省尾国脚"，有趣的是，中华文脉却在这个角落之城传承至今。1 200 多年前，被贬官的韩愈开启了这一切。

韩愈被贬潮州不足八个月，却赢得潮州人一千多年的敬重和崇拜。赵朴初先生称韩愈"不虚南谪八千里，赢得江山都姓韩"。

附录：

潮州韩文公庙碑

苏 轼

匹夫而为百世师，一言而为天下法。是皆有以参天地之化，关盛衰之运，其生也有自来，其逝也有所为。故申、吕自岳降，傅说为列星，古今所传，不可诬也。孟子曰："我善养吾浩然之气。"是气也，寓于寻常之中，而塞乎天地之间。卒然遇之，则王公失其贵，晋、楚失其富，良、平失其智，贲、育失其勇，仪、秦失其辩。是孰使之然哉？其必有不依形而立，不恃力而行，不待生而存，不随死而亡者矣。故在天为星辰，在地为河岳，幽则为鬼神，而明则复为人。此理之常，无足怪者。

自东汉以来，道丧文弊，异端并起，历唐贞观、开元之盛，辅以房、杜、姚、宋而不能救。独韩文公起布衣，谈笑而麾之，天下靡然从公，复归于正，盖三百年于此矣。文起八代之衰，而道济天下之溺；忠犯人主之怒，而勇夺三军之帅：此岂非参天地，关盛衰，浩然而独存者乎？

盖尝论天人之辨，以谓人无所不至，惟天不容伪。智可以欺王公，不可以欺豚鱼；力可以得天下，不可以得匹夫匹妇之心。故公之精诚，能开衡山之云，而不能回宪宗之惑；能驯鳄鱼之暴，而不能弭皇甫镈、李逢吉之谤；能信于南海之民，庙食百世，而不能使其身一日安于朝廷之上。盖公之所能者天也，其所不能者人也。

　　始潮人未知学，公命进士赵德为之师。自是潮之士，皆笃于文行，延及齐民，至于今，号称易治。信乎孔子之言，"君子学道则爱人，小人学道则易使"也。潮人之事公也，饮食必祭，水旱疾疫，凡有求必祷焉。而庙在刺史公堂之后，民以出入为艰。前太守欲请诸朝作新庙，不果。元祐五年，朝散郎王君涤来守是邦。凡所以养士治民者，一以公为师。民既悦服，则出令曰："愿新公庙者，听！"民欢趋之，卜地于州城之南七里，期年而庙成。

　　或曰："公去国万里，而谪于潮，不能一岁而归。没而有知，其不眷恋于潮也，审矣。"轼曰："不然！公之神在天下者，如水之在地中，无所往而不在也。而潮人独信之深，思之至，焄蒿凄怆，若或见之。譬如凿井得泉，而曰水专在是，岂理也哉？"元丰七年，诏拜公昌黎伯，故榜曰："昌黎伯韩文公之庙。"潮人请书其事于石，因作诗以遗之，使歌以祀公。其辞曰："公昔骑龙白云乡，手抉云汉分天章，天孙为织云锦裳。飘然乘风来帝旁，下与浊世扫秕糠。西游咸池略扶桑，草木衣被昭回光。追逐李、杜参翱翔，汗流籍、湜走且僵，灭没倒影不能望。作书抵佛讥君王，要观南海窥衡湘，历舜九嶷吊英、皇。祝融先驱海若藏，约束蛟鳄如驱羊。钧天无人帝悲伤，讴吟下招遣巫阳。爆牲鸡卜羞我觞，於粲荔丹与蕉黄。公不少留我涕滂，翩然被发下大荒。"

校园碑记： 昌黎遗泽

郭永波

　　韩愈（768—824），字退之，号昌黎，河南孟州人，唐代杰出的文学家、思想家、教育家。韩愈一生累任监察御史、国子博士、中书舍人、吏部侍郎等职，长庆四年（824），韩愈病逝，追赠礼部尚书，谥号文，世称"韩文公"。

　　唐元和十四年（819），宪宗恭迎佛骨入大内，引发京师佞佛狂潮。韩愈冒死奏上《谏迎佛骨表》批鳞劝谏，结果惹得宪宗龙颜大怒，几被处以极刑，幸宰相裴度、崔群等群臣说情，韩愈才最终免于一死，改贬为潮州刺史。远贬潮州，可谓是韩愈一生最大的政治挫折。这一贬，不仅让已过天命的韩愈由高居朝堂一下跌到了蛮荒海隅，更令其悲痛欲绝的是，他年仅12岁的小女儿因经不起劳顿惊吓，病死于商南层峰驿。霎时，仕途的不顺、家庭的不幸一并降临到了韩愈身上。然而，韩愈并没有因此而意志消沉，更没有沿袭"大官谪为州县，簿不治务"的官场陋习，一到任便不顾个人忧愁和不幸，马上视事，访贫问苦，体察民情，切切实实地为地方办了一系列好事。其中，驱鳄除害、关心农桑、赎放奴婢、延师兴学四大功绩，更为历代潮民所歌颂和缅怀。

　　韩愈在潮，虽只有短短不到八个月的时间，但他身处逆境仍一心为民、造福一方，实在是难能可贵，其功绩值得后人称颂，其官风更值得后世标榜。也正因此，潮民对韩愈是"独信之深、思之至"，不仅将其登览过的东山改称"韩山"，将其祭鳄的恶溪改名"韩江"，还开潮州风气之先为其建祠立庙，奉若神明般地尊崇，甚至连其手植的橡木（韩木）亦被视为"能逃化机"、能"卜登第之祥"的瑞木，犹若"召公之棠"与"孔明之柏"。直至今日，潮州仍保留有韩文公祠、景韩亭、祭鳄台、"昌黎旧治"坊、"太山北斗"坊、昌黎路等众多与韩愈有关的文物古迹，坊间亦流传着许多与韩愈有关的故事传说。千百年来，"崇韩"的血液一直在这座城市流淌不息。

光辉历程： 百年学园

郭永波

昌黎路小学地处潮州市古城区，以唐代大文学家韩愈自号"昌黎"命名。学校创办于 20 世纪 20 年代，是一所办学历史悠久、知名度高的优质学校。

图 1　昌黎路小学校园一景

创校以来，一代又一代德高望重的先辈、师长们承"昌黎遗泽"，励精图治，严谨治学，乐于奉献，始终坚持党的教育方针和社会主义办学方向，坚持教育"面向现代化、面向世界、面向未来"，在"崇贤、尚学、守正、笃行"校训精神和"塑造健全人格，奠基幸福人生"办学理念的指引下，实施"文化立校，品质强校"的发展策略，用智慧和汗水铸就成功和辉煌。

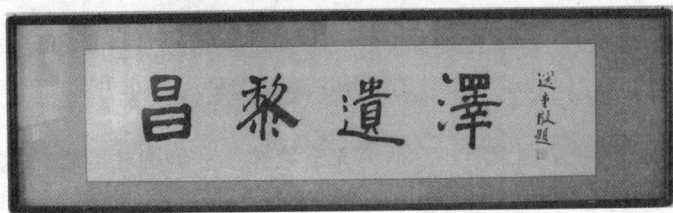

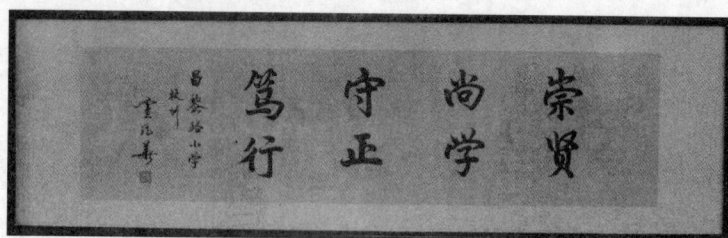

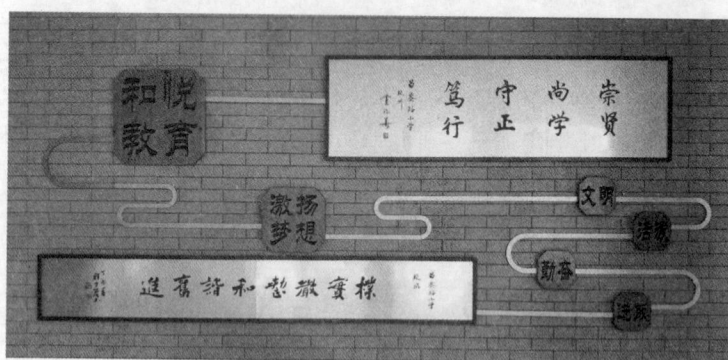

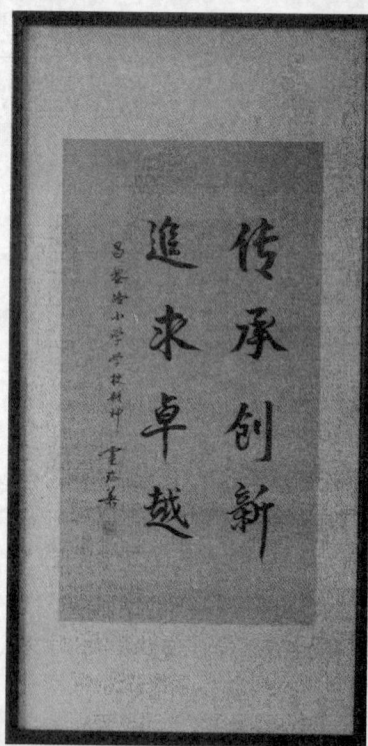

图2　昌黎路小学部分题字

　　学校先后荣获"全国学习科学研究先进集体""全国社区志愿者先进单位""全国优秀（示范）家长学校""巾帼文明岗""广东省一级学校""广东省绿色

学校""广东省德育示范学校""广东省体育（围棋）特色学校""广东省现代教育技术实验学校""广东省书香校园""广东省红领巾示范校"和"广东省安全文明校园"等荣誉称号，在各个历史时期为祖国、为人民培养了大批优秀人才，为国家的昌盛和教育事业的发展做出了自己的贡献。

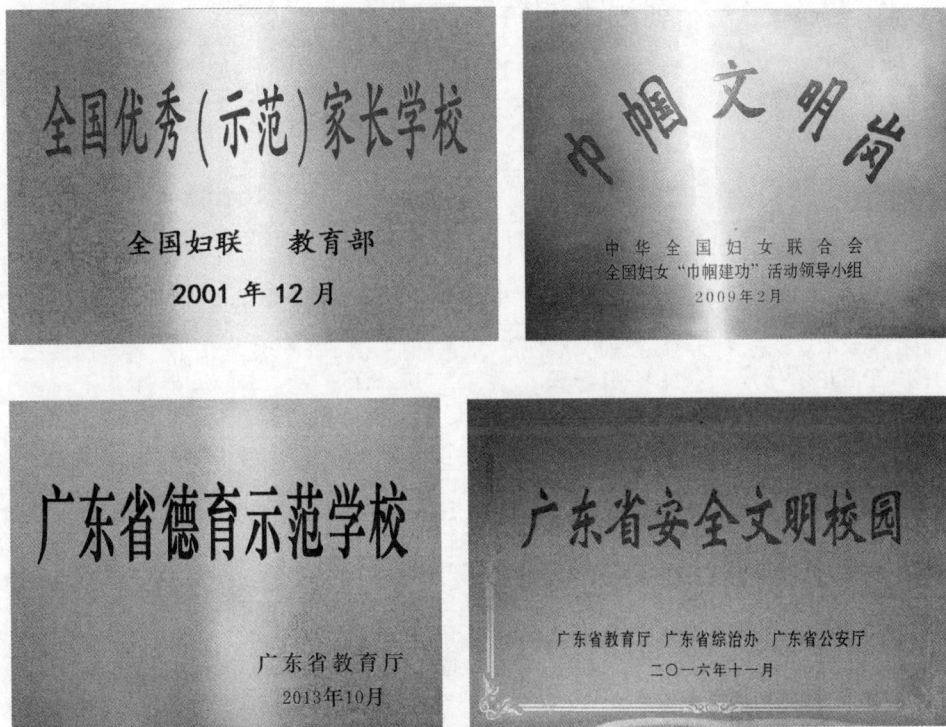

图3　昌黎路小学部分荣誉称号

2000年以后，在教育布局调整期间，学校先后兼并了湘桥区城北小学、中山路小学和义安路小学。2016年1月，湘桥区人民政府与韩山师范学院签订《共建、共创"优质教育"战略合作协议》，加挂"韩山师范学院实验小学"校牌。目前校园"一校三区"，占地面积约10 000平方米。

新形势下，学校围绕"办人民满意学校"的目标，"搭建适应教育新常态的实践平台塑造专业素养，创造适合每一个学生的成长环境发展特色教育"，不断推进教育现代化建设，打造"和悦教育"品牌。校园活动多姿多彩，师生崇善博爱、勤奋刻苦、积极向上，快乐成长。

歌声流芳：《昌黎遗泽长》

——潮州市湘桥区昌黎路小学校歌

1=D 4/4
♩=100

作词：郭永波
作曲：袁东方

5 6 1 2 | 1·2 | 3 5 5 6 5— | 5 6 5 6 5 6· | 5 6 5 1 2— |

韩水唱欢 歌， 韩山 颂礼 赞， 昌黎 旧 治 流淌 着书 香，
玉兰花芬 芳， 桃李 情深 长， 昌黎 遗 泽 滋润 我成 长，

3 2 3 5 5— | 3 2 5 6— | 5 6 1 3 3 2 1 | 2 5 5— —:‖

昌黎遗泽 长， 源远 流 长， 点亮 多少希望之 光；
昌黎遗泽 长， 千古 流 芳， 哺育 多少家国栋

1 — — — ‖:6·1 6 1· | 6 5 6 5— | 4 4 4 3 2 1 2 |

梁。 传承 光荣， 塑造 精彩 憧憬 未来编 织

3 5 3 3— | 6·1 6 1· | 6 5 6 1— | 1 6 5 3 2 2 3 |

梦 想 心怀 期盼 意志 昂 扬， 追逐阳光 奔向前

1 — — — | ×× ×× × | × × × ×— | ×× ×× × |

方。【说唱】 昌黎 遗泽 长， 源远 流 长， 昌黎 遗泽 长，

× × × ×— | ×× ×× ×× ×× | × × × ×— | ×× ×× × |

千 古 流 芳。 传承 光荣，心向 未来， 编织 梦想， 追逐 阳光 奔 向

×××× ×— :‖ (间奏) :‖ 1 6 5 3 5 5 | 0 0 0 0 | 5 5 5 5 5 6 |

幸福的前 方。 追逐 阳光 奔 向 幸福的 前

结束句

1 — — — | 1 — — — ‖

方。

生长·传承创新

"和悦教育" 在传承中成长

郭永波

2019 年 3 月 15 日，我校首次举办"和悦教育"主题论坛，一线教师们纷纷登台讲述关于自己实践"和悦教育"思想的感受和收获，此次论坛的举办距离学校正式提出"和悦教育"思想仅仅过去一年多时间。

那是 2018 年元旦即将来临之际，学校采用节目展演的形式，通过实时直播及时向社会各界公开汇报学校教育教学成果，校长意将整台演出的主题确定为"和悦舞台，激情绽放"，并在演出前的致辞中提出昌黎路小学的"和悦教育"新思想。从那一刻起，打造"和悦教育"品牌的信念开始在昌黎校园中生长绽放。

"和悦教育"在经历短短 15 个月的初试之后，昌黎路小学的教师们便用主题论坛的形式告诉教育同仁："和悦教育"切合昌黎实际，具有强大的生命力。

一、"昌黎遗泽"滋长和悦新思想

昌黎路小学校园中最特别的文化景观当属韩愈塑像，塑像耸立于校门入口处，基座上镌刻有韩愈名句"业精于勤荒于嬉，行成于思毁于随"和国学大师饶宗颐亲笔题字"昌黎遗泽"。追溯历史，唐代文学家韩愈向皇帝提出停止迎接法门寺佛骨到长安供奉的建议，因那篇著名的《谏迎佛骨表》触怒了皇帝而被令处死，幸得宰相裴度等人求情而改贬为潮州刺史。在潮七个多月，韩愈以戴罪之身，驱鳄除害、关心农桑、赎放奴婢、延师兴学，为民众做了许多好事，把中原先进文化带到岭南，被潮人奉为神，"八月居潮万古名，赢得江山尽姓韩"。潮州留下了韩江、韩山、韩堤、韩文公祠、景韩亭、祭鳄台、昌黎路等与韩愈有关的历史和遗迹。

昌黎路小学因韩愈自号而得名，创办于 20 世纪 20 年代。近百年来，昌黎人承"昌黎遗泽"，矢志不渝，始终坚持党的教育方针和社会主义办学方向，励精图治，严谨治学，以先进的办学理念和良好的形象面对机遇和挑战，用智慧和汗水铸就成功和辉煌。学校先后荣获"全国学习科学研究先进集体""全国社区志愿者先进单位""全国优秀（示范）家长学校""巾帼文明岗""广东省绿色学校""广东省德育示范学校""广东省体育（围棋）特色学校""广东省现代教育技术实验学校""广东省书香校园""广东省红领巾示范校""广东省规范汉字书写教育特色学校"等上百项荣誉称号，成为一所享誉省内外的百年名校。

昌黎校园不大，有现代化的教育设施，先进的教育理念，团结向上的教师团队，充满个性和朝气的莘莘学子，更有着"传承创新，追求卓越"这一历久弥新的校园精神力量。"昌黎遗泽"的滋养让这所百年学校固有着独特的精神特质和文化灵魂。在"推进教育现代化"和"传承韩愈文脉，人人尊师重学"的新形势下，如何继承和发展好"昌黎遗泽"这一得天独厚的文化资源成为昌黎人追索的课题。

韩愈被尊为"唐宋八大家"之首，他立下了"文起八代之衰，道济天下之溺"的丰功伟绩。韩愈贬潮期间重置乡校，延师兴学，使潮州的文风蔚然兴起。韩愈《师说》中的"传道、授业、解惑"和《进学解》中的"业精于勤荒于嬉，行成于思毁于随"的思想对教育和教师的影响深远。这些直接而显性的"昌黎遗泽"值得坚守并永远传承。

事实上，"昌黎遗泽"有着更为深广的文化内涵。韩愈是典型的儒家学者，他"奋其毕生之力来振兴儒学"；儒家倡导以"和为贵"作为道德实践原则，强调各种关系要"和谐"恰到好处；儒家经典中有"学而时习之，不亦乐乎"之说，强调学习和修身是使人进步、充满快乐的事情；"和""悦"均是儒家倡导的思想，是儒学文化的精髓，是很有代表性的中华传统文化。韩愈一生致志于弘扬儒学，随时随地倡导先王之道，"和""悦"当然是他期望到达的境界，毫无疑问，"和悦"思想归属于"昌黎遗泽"。现代汉语中关于"和""悦"两字的组词含义十分丰富，这在无形之中也坚定了我们建构"和悦教育"文化的信念。

时代在发展，环境也在不断变化，百年名校更应因时而动、应势而变，让"和悦"思想焕发时代光彩才是传承"昌黎遗泽"、延续韩愈文脉的实质性行动，也是对"传承创新，追求卓越"昌黎路小学精神的最生动诠释。

在已经烙下"昌黎遗泽"文化符号的昌黎路小学，用"和""悦"建构教育思想还基于以下两点思考：

一是育人方向。对于中国教育如何发展的问题确实有过争论，小学教育阶段究竟要怎样培养人也有不同说法。前不久，教育部长陈宝生讲到的三个"心"极具导向性。小学阶段要"开心"，中学阶段要"活心"，大学、研究生阶段要"静心"，这是教学改革希望达到的效果。显而易见，有了"和悦教育"思想，"小学阶段怎样培养人"就不会走错方向。

二是健康意愿。人体脏器功能和合、心态愉悦、和颜悦色，是肌体健康的重要标志，"和悦"的人是健康的，教育思想当然也要有健康愿望，"和悦教育"思想预示着事业的健康发展。

如竹子立根破岩，"和悦教育"思想已经在昌黎校园中扎根、生长。

二、"和悦教育"的思想内涵

"和"，意为和睦、和谐，另有平和、和缓之意。"和"是事物之间的相应、融和，其本身也蕴含"和而不同"之意，包含个性，倡导特色；"悦"，主要含义是高兴、快乐，心悦诚服，赏心悦目，可理解为愉悦的心态、氛围，更可看作一个目标、一种境界。"和悦"因和而悦，和而达悦，体现了和睦、和谐、差异、愉悦、尊重、耐心等含义。和谐、平和、愉悦，最后达至成功，正是教育所追求和希望达到的理想境界。

"和悦教育"，就是在实施学校行为时，充分尊重教育规律和人的身心发展规律，顺应并激发个人内在发展需求，创设和谐愉悦的环境氛围，通过有效的过程方法，使师生体验成功、获得和谐愉悦发展的教育。"和悦教育"的起点在于培养兴趣，教育要想取得成功，就要从激发学生的兴趣出发去发掘学生的潜能。和而不同，和谐不是千篇一律，和谐愉悦发展也要面向全体学生，使每一个学生都获得发展。发展是事物的根本特征，教育环境在不断变化，"和悦教育"在促进师生发展时也要不断地发展和完善。

"和悦教育"思想的基本框架如下：

教育口号——"和悦教育"，激扬梦想！

一个核心——培养真、善、美和谐共生的知、情、意全面发展的人。

二条法则——无限和合教育情境，无限悦乐成长心理。

三维目标——以和齐心，以悦怡情，和悦生长。

四项建设——和悦精神指引，和悦情境塑造，和悦组织规程，和悦行为张扬。

N方呈现——组织管理，环境氛围，德育活动，课堂教学，课程资源……

"和悦教育"思想明确了"培养什么人"和"如何培养人"两大问题，要求在教育组织过程中整合协调各种资源，营造轻松、愉悦、幸福的教育氛围，让师生快乐地工作、学习，共同收获，幸福成长。"和悦教育"的终极目标在于让师生获得专业成长及丰富学识的同时获得情感和人文的发展，使师生发展成为最好的自己，成就幸福的一生。

三、"和悦教育"思想的实践及展望

"和悦教育"思想一旦确立，和谐愉悦、崇尚守正、尊重差异、面向全体、快乐成长等自然成了学校文化的关键词，学校一切行动就有了明确的指向。"和悦教育""四项建设"目的在于培育和悦校园文化，构建和谐向上的氛围，充分激发师生潜能，促使师生和悦发展、校园充满生机活力。

（一）激扬和悦精神

精神文化建设旨在营造和悦向上的氛围，陶冶师生情感，激发校园生机，鼓舞成长力量。

学校精神——传承创新，追求卓越。"昌黎遗泽"文化深入人心，传承是对优秀学校文化的坚守，创新是在继承优良文化基础上的革旧鼎新，蕴含着"相容并蓄、奋发向上"的力量；"追求卓越"代表了一种勇攀高峰的气魄，一种众志成城的决心，一种崇尚一流的意志。"传承创新"的底蕴与"追求卓越"的活力相融合，汇聚起一种新的希望和力量，成为引领学校发展、师生和悦成长的精神支柱。

办学理念——塑造健全人格，奠基幸福人生。通过实践"和悦教育"，引导师生们以"和"修德，以"悦"养心，成长为易于相处、善于合作、守正崇尚的社会人，成就最好的自己，为通往幸福的人生道路积淀品质、充盈活力。

校训——崇贤、尚学、守正、笃行。要求我们推崇高尚品格，学会学习，学会做人，笃守正道，勤于实践。校训融合了儒家思想和"以人为本、以德为先"价值观，激励着师生把学习、修身和实践当成快乐的事情，和悦发展自己，造就幸福一生。

校风——朴实、严整、和谐、奋进。"朴实"是做人、做事、做学问的基本准则，"严整"要求以严谨规范的态度和方法从事各项实际工作，"和谐"是理想的意境，调动一切因素构建和谐人际环境是永恒的主题，"奋进"则是对师生"互相支持、追求卓越"的殷殷期望。八字校风正是"和悦教育"寄望达到的境界。

教风——师范、友爱、乐业、精工。"育人先育己"，教师要做学生的楷模，要关爱学生，让学生"亲其师、信其道"。要把热心事业当作最快乐的事，在成就中感受快乐，要努力使自己的技能不断提高，使工作成果尽善尽美。教风是校风建设的关键，更是师生"教学相长、和悦共进"的动力之源。

学风——文明、勤奋、活泼、进取。文明能体现出一个人的品质，是一种时代的精神；勤奋是实现理想的基石，是通往成功的唯一途径。通过"和悦教育"思想的引领，把学生培养成为"最好的自己"，成长为富有生气活力、阳光向上的新时代接班人。

校歌——《昌黎遗泽长》。"韩水唱欢歌，韩山颂礼赞，昌黎旧治流淌着书香，昌黎遗泽长，源远流长，点亮多少希望之光；玉兰花芬芳，桃李情深长，昌黎遗泽滋润我成长，昌黎遗泽长，千古流芳，哺育多少家国栋梁。传承光荣，塑造精彩，憧憬未来编织梦想；心怀期盼，意志昂扬，追逐阳光奔向前方……"欢快的旋律在校园飞扬，述说着百年名校的历史和将来，激励着昌黎人和快乐一起飞翔，昂扬自信地走向诗和远方。

此外，校园课间歌曲《歌声与微笑》《感恩歌》《志成学子之歌》《文明歌》等，每一首都传递着正能量。愉悦的歌曲流淌于校园，熏陶着师生心灵，影响着师生的言行，是师生终身受用的精神食粮和文化力量。

（二）塑造和悦情境

情境文化建设在充分考虑学校条件基础上，以"和谐高雅，赏心悦目"为原则，体现"和悦教育"理念，让人感觉和谐、愉悦。

学校地处老城区，与鸟语花香的文化公园相伴，与古色古香的牌坊街为邻。校园内雕梁画栋、绿树成荫，四季芬芳不断，环境清幽美丽。在这样的环境下学习、生活，给人一种自然的愉悦，能充分享受到心与自然的相融。

我们对学校的墙壁进行文化着装，对不同的功能室和活动场所进行有针对性的布置，力争做到教育性、人文性、科学性和艺术性相统一。本着高品位、重引导、重发展的原则，在墙壁上科学地设置了温馨提示、安全警句、生活哲理、师生书画等。学校教学楼的横梁则悬挂着历代经典诗词、名言警句，每个楼层设立"读书吧"，师生在这样的环境中工作和学习，每天耳濡目染，无形之中受到了熏陶和感染。

学校除了重视显性情境对学生的影响外，更加注重隐性情境给学生带来的深层次影响：邀请老干部大学领导、老同志给学生开展爱国主义教育和共产主义教育，培养学生的群体意识；成立"普法学校"，邀请民警同志给学生上法制课，使学生获知基本的法律常识，增加其维权意识，懂得如何保护自己的合法权益；在季节更替之交，邀请医院主任医生为师生开设健康卫生讲座，强化师生的健康意识，增加健康知识和提高技能水平，营造和谐健康的校园环境。此外，举行新生"开笔礼"、主题体验活动、自创作品展示、各项竞赛评比等，令学生融入学校文化中，达到了人校合一的境界。

（三）实施和悦组织

在组织文化建设中，把刚性的制度和人性化的组织管理相结合，行动组织过程有序、和谐、规范、接地气。

学校公开宣示"人文、优化、高效"管理理念，实施人性化管理，打造和合的发展环境，创建和爱的学校氛围，体现了"做最好的自己、最有办法干事业、我们追求卓越"的行动意愿，统领着学校的整体工作，受到师生认可。

学校领导成员以"忠实、友善、循章、敏行"为行动规范，和睦团结、遵循法度、严于自律、友善待人，既展现刚性管理的严肃又融合柔性管理的愉悦。教职员工以崇善守正为尊，以敬业奉献为荣，以尽职担当为美，和衷共济，勤思敏行，和学求是，积极向上。

师德建设是立校之本，教师只有人格端正，教书育人才有感召力。学校师德教育论题从"教师关注的信息内容是否与事业相关"到"德不配位，必有灾殃"，每每突出"和合"主题，"教师行为问心无愧才会拥有幸福感""高度自律的人连老天爷都不忍心辜负"这些师德重点也都蕴含"和悦"之意。

学校常规工作以师生为本，遵循发展规律，顺应时代要求，"搭建适应教育新常态的实践平台塑造专业素养，创造适合每一个学生的成长环境发展特色教育"；有目的、有计划地组织教育教学特色活动，培养师生自主学习、创新发展的能力，让师生在教育活动中张扬个性，身心和谐，愉悦成长。

携手家庭共育学生，让家长了解学校，形成认同感和归属感。通过办好家长学校、建立家长委员会、家校信息互联、评选"和悦家庭"等方式引领家长提升素养又和合了家校关系。从《家校协作简报》中"和悦互动·家校共育"的大讨论到家长改变了接等孩子回家的方式，从放学时校门口的平安有序到每天下午2点15分前无早到学生现象，种种表现均能体现家校同心、协和默契。

和悦校园新风已经形成。《光荣少年》代替《运动员进行曲》作为集合指令体现"和悦"理念；"响铃驻步、下课勿跑、准时入校"等学生行为已经养成，安全校园零事故，教师安心，家长盛赞；实践"玉兰花芬芳"特色评价方式，全面评价学生个人素养，学生兴趣盎然，主动参与，愉悦快乐；全面开设特色课程，充分发展学生潜能，学生在个性化的学习中体验成长的快乐；和悦班级携手创，和悦课堂同研探，快乐学习争一流，师生和乐共成长。

（四）张扬和悦行为

立足于百年老校实际，围绕"培养真、善、美和谐共生的知、情、意全面发展的人"这一目标，遵循"和于境、悦于心"的法则，和悦理念生机勃发。

学校在外显育人环境建设上，精心设计出充满气息、内蕴深厚的环境文化、廊厅文化、楼道文化和教室文化，从内涵上展现"和悦教育"思想。文化墙富有内涵并独具昌黎特色，楼道墙壁上张贴名人故事、师生创编的书画作品，各个班级的文化角个性鲜明；开放读书吧和班级图书角，书柜上摆放从学校图书室借来和学生自己带来的各类图书，营造出浓郁的读书氛围；学生入室即静、入座即读已成习惯，经典诵读被编成校本课程，读书竞赛活动常态化进行，"快乐学习"成为校园时尚。

学校教育活动特色鲜明，内容丰富多彩，学生参与热情高涨。传统的"三棋教学""乒乓球项目""信息化教学""家校协作教育"等得到延续和创新发展，成为学校固定的特色课程项目。为彰显学生个性，学校在加强培训的基础上组织鼓号队、潮乐队、乒乓球队、健美操队、三棋选手、文艺节目参与表演和竞赛，充分展现出实力和影响力。

学校教师的"和悦教育"行为，在学校首次举行的"和悦教育"论坛上就可以感受得到：一年级的魏老师围绕"和谐友爱，悦学共长"题目畅谈了她对"和悦教育"思想的认识和实践体会。她用一个个鲜活的案例，向同行展示了一名年轻教师如何呵护学生心灵、用爱催生孩子成长的自信心，如何在教学中以积极的情感去感染学生、与学生相向互动，实现教学的情知交融，帮助孩子获得心灵的愉悦，建构起和谐温馨向上的学风和班风。"以和为先、寓教于乐、守望成长、静待花开"是魏老师留给与会教师印象最深的话语。教授中年级语文的陈老师以《去年的树》一课为教学案例，展现了她在一节课中自始至终渗透着"和悦教育"思想的真实功夫，她通过多样的活动设计，以"和"作为课堂教学的主导思想，在课堂中理解学生、欣赏学生，引领学生自主地、愉快地参与，让学生融入课堂，体验学习的乐趣，做学习的真正主人，最终达成"悦"的课堂教学目的。"'和悦教育'的探索与实践"课题组的唐老师则向教师们介绍了课题研究的意义、研究的思路和该项研究的预期成果，课题组将把深入挖掘"和悦教育"理念、打造独特的和悦校园文化、探索构建和悦课堂模式和研究和悦特色文化活动作为主要研究内容，预期将形成研究成果《和悦教育》专著。

四、结语

我校是一所有近百年办学历史的知名学校，"昌黎遗泽"文化底蕴深厚，为增强学校发展活力，开拓教育新天地，学校实施"文化立校，品质强校"的发展策略，遵循规律，立足实际，充分发掘有限资源条件，在传承"昌黎遗泽"文化基础上发展形成了"和悦教育"思想。显然，"和悦教育"思想已经茁壮成长。

近期，"'中国好老师'公益行动计划基地校""粤东青少年创客教育联盟基地学校""在线移动创新学习纵横探索研究优秀实验集体""广东省红领巾示范校""广东省安全文明校园""广东省规范汉字书写教育特色学校""潮州市诚信文化教育共建单位""潮州市美丽校园"等荣誉的相继获得更加坚定我校打造"和悦教育"特色品牌的信心。目前，学校已加入韩山师范学院实验学校集团，学校"专家工作室"也已挂牌运作，系列化课题研究模式已经开启，"'和悦教育'的探索与实践"进入深度研究阶段，百年老校的美好未来值得期待。

我们坚信，随着教育现代化战略的推进，"和悦教育"思想必将在实现提升学校教育品质和内涵发展的目标进程中焕发异彩。

昌黎路小学校训及"四风"解读

郭永波

校训：崇贤　尚学　守正　笃行
校风：朴实　严整　和谐　奋进
政风：忠实　友善　循章　敏行
教风：师范　友爱　乐业　精工
学风：文明　勤奋　活泼　进取

一、校训：崇贤　尚学　守正　笃行

《辞海》是这样解释校训的：学校为训育上之便利，选若干德目制成匾额，悬之校中公见之地，其目的在使个人随时注意而实践之。校训是学校文化精神的核心，是学校办学理念、治校精神的反映，也是一所学校学风、教风、校风的集中表现，是广大师生共同遵守的基本行为准则与道德规范。校训是对学校文化积淀的提炼，在某种程度上发挥着座右铭的作用，无疑对师生有一种巨大的感染作用。校训是学校师生的行动标尺，是激励和劝勉师生追求真理的精神力量。

校训的提出因学校历史差异而各具特色。昌黎路小学因韩愈自号而得名，近百年来，昌黎人传承"昌黎遗泽"，矢志不渝地让教育焕发时代生机。韩愈"奋其毕生之力来振兴儒学"，儒家倡导"和为贵"，强调各种关系要和谐恰到好处，儒家经典中的"学而时习之，不亦乐乎"之说，强调学习和修身是充满快乐的事情，可见"和""悦"思想与儒家文化同源，是韩愈一生期望到达的思想境界，昌黎路小学的校训自然具有"和悦"色彩。

（一）崇贤

"崇贤"的"崇"是推崇的意思，"贤"是有才干的人、人才的统称，也指人的贤德、人的品质或品格。"崇贤"即提倡、赏识、尊重、推崇有才德的人。推崇高尚的品格，这是育人之本。

校训把"崇贤"列于首位，既体现了传承韩愈文化的理念，也体现了"育人为本、德育为先"的办学指导思想。"崇贤"也是在推崇"昌黎遗泽"，这是建构"和悦"校园文化之基础，是学校办学思想自信的具体表现。

（二）尚学

"尚学"语出《旧唐书》"崇儒尚学，以正风教，乃王化之本也"。"尚学"即崇尚学问；"尚"是注重、崇尚和倡导之意；"学"可解释为学问、学习。清朝刘开《问说》："理无专在，而学无止境也，然则问可少耶？"学习是快乐的事情，是人的生命本质的需要。人的一生，要学的东西很多，应该有的放矢，缺什么，补什么。学习有利于人的进步，有利于生活的充实。知识面前不分年龄性别，不管你学了多少，总还有不懂的地方，学习新知识是没有尽头的。爱学习的人，越学越会觉得自己无知渺小，则自己的感悟和收获也越大。"尚学"主张人应喜爱和注重学习，教师学生要努力向上，培养浓厚的学习兴趣，学会独立思考，学会主动抓住成功的机遇，做学习的主人。尤其重要的是学会学习、学会生活、学会做人，学做现代社会高尚的人。

（三）守正

"守正"语出《道德经》，意在"笃守正道，以新制胜"。"守正"主旨有四：守道德之正，传承优秀道德理念和规范，形成良好的道德自觉；守学问之正，完整继承前人学术成果，养成严谨学风，师生共同进步；守处世之正，笃守正道，诚实平和，严以律己，养成团队精神；守行事之正，勤于实践，扎实做事。"守正"蕴含了儒家文化思想和"以人为本，以德为先"的育人观念，激励着师生们把学习、修身和实践当成快乐的事情，在继承优良文化基础上革旧鼎新，和悦发展自己，奠基幸福人生。

（四）笃行

笃指忠实，一心一意；行指从事，实践；笃行指身体力行，勇于实践。"笃行"是为学的最后阶段，既然学有所得，就要使所学最终得到落实，达到"知行合一"。"笃行"出自《礼记·中庸》中"博学之，审问之，慎思之，明辨之，笃行之"；《礼记·学记》中也有"博学而不穷，笃行而不倦"的说法。

"笃行"提倡教师树立"干一行，爱一行，专一行"之志，有奉献事业的爱心和勇于担当的情怀，有积极向上的奋斗姿态和求真务实的作风，在具体的学习实践活动中真正体现"知行合一、学用相长"。"笃行"提倡教师克难求进、持之以恒，真正把潜心钻研的态度、勤奋学习的成果转化为推动学校发展、促进教育和谐的有力措施和直观实效，应该像树木成长一样奋发向上，在学习上勤于点滴积累，达到广博专精。"知之者不如好之者，好之者不如乐之者"。教师应热心于自己的教育事业，把做好工作当作最快乐的事，平等与学生交往，构成融洽的师生关系，达到师生"教学相长，共同进步"的境界。

二、校风：朴实　严整　和谐　奋进

校风即学校的风气，是一所学校师生员工共同具有的思想行为作风，它是在共同目标和共同认识的基础上，经过集体的长期努力所形成的行为风气。校风是一种来自集体内部的精神力量，能使人受到陶冶和启迪，甚至终身受益。它体现在学校各类人员的精神面貌上，体现在学校干部的作风、教师的教风、学生的学风上，还存在于学校的各种事物和环境之中。良好的校风是无形的管理者，能使学校每一个成员有共同的价值观念，增加共同语言，因而能更好地沟通信息，交流感情，使师生员工协调地融合于集体之中。

（一）朴实

朴实，就是淳朴踏实。它是学校倡导的做人、做事、做学问的基本准则。学校是以教育学生为主的，培养高尚人格尤其重要，这为我们指明了方向，就是要明确教育目标，弘扬求真务实之风气，师生要脚踏实地地工作、学习。朴实既是一种态度，又是一种作风，是学校的行为特质和品位趋向。在昌黎路小学校园中，管理人员要发扬真抓实干，说实话、办实事、创实业的精神；广大教师要严谨与创新相结合，大胆假设，小心求证，以实事求是的态度，探寻教育的内涵与发展规律；追求知识和真理的莘莘学子要培养和保持脚踏实地、朴实无华、务实认真的品质，努力学习，为实现幸福梦想奠定坚实的基础。

（二）严整

严，指严格、严肃。整，指整齐，严密。"严整"要求以严谨规范的态度和方法从事各项实际工作。韩愈的《进学解》中有"《春秋》谨严，《左氏》浮夸"之说法，"严整"与其中的"谨严"含义相通。

"严整"必须有较高的标准和要求。首先，要坚持从严治校的方针，学校领导要树立以育人为中心的思想，要坚持以德治校和依法治校相结合，努力做到管理科学化、规范化、制度化，保证学校系统的正常运作。其次，要坚持从严执教的方针，教师在教育过程中要发挥主导作用，从严执教要渗透到教学的各个环节，从教好每一堂课入手，对学生的思想、生活、学习各方面都要严格要求，不偏不倚。再次，要有严谨治学的态度，要引导学生勇于探索，刻苦学习，掌握渊博的科学文化知识，做到学而不厌，锲而不舍。最后，在学校管理中，在教育教学科研工作中，在学习过程中，要做到"严格要求、严肃认真、谨慎严密并持之以恒"。

（三）和谐

《说文》解释：和，相应也。《尔雅》解释：谐，和也。和谐，具有协调、融洽、合作等意义。和谐思想是中华传统思想文化的精髓，在当代社会主义核心价值观中居于最高层次，"和为贵""和睦协调""和衷共济"等都是对这种和谐精神的注解和说明。和谐校园应当是正义民主、和睦共荣、诚信友善、求真务实、奋发进取的理想境地。和谐、平和、愉悦，最后达至成功，正是"和悦教育"所追求和希望达到的理想境界，调动一切因素构建和谐校园环境是永恒不变的主题。

建设和谐校园需要多方协力。学校领导者坚持制度规范和柔性管理相结合，善于广集民智，鼓励教职工为学校建设和发展建言献策，使学校的政策科学合理，管理规范高效，在引导教职工相互理解、相互支持、积极工作、追求卓越中建立起友爱和谐的人际关系。教师以宽容无私的心态平等对待学生，学生尊重教师的付出而诚实有礼，教师和学生在教学相长中互敬互爱、真诚相待，在情感碰撞中互动求知、和悦共进。和谐的校园文化是最优秀的隐性课程，它如春风化雨，不声不响地引导着昌黎师生奋发向前。

（四）奋进

奋进是对师生"互相支持、追求卓越"的殷殷期望。在这个竞争激烈的时代，为了紧跟发展的步伐，学校师生理应具备奋进不息的精神状态。奋进型教师应该多读书、多反思、多研究。在信息化时代，教师仅仅能恪守职责、有崇高的事业心已经不够了，要为不断地超越过去的自己而谋策。以朴素的感情，调适终身学习的心态；以奉献的精神，探索崇高的事业；以高超的技艺，展示个人的才华；以不息的追求，提升自己的价值。学校的奋进离不开学生的努力，学生应树立成长信心，确立目标，珍惜时光，展现风采，应与学校方针同向，让本来的个性阳光闪亮。独立自主地学习、勤于阅读书籍可以收获课堂上学习不到的知识，乐于参加学校活动会锻炼出曾经缺少的能力，敢于展现自我能塑造出活力奋进的心态。

三、政风：忠实　友善　循章　敏行

政风泛指与公众生活密切相关的政府执法、社会管理和公共服务等行政部门及行业风气。一个地方，有好的政风，经济社会才能更好更快地发展，各项事业才能长盛不衰。学校里所说的政风特指"行政领导作风"，它是校风建设的关键，对教师的教风和学生的学风有着重要的影响。一个学校，有好的政风，才会有战斗力、凝聚力和发展活力。为建设"和悦"校园，打造学校特色品牌，须建设"懂管理、善引领、能研究、会服务"的行政领导团队。

（一）忠实

忠实，忠诚老实。忠诚代表着诚信、服从等含义；老实是指实在、实事求是，是一种态度和方式。忠诚可靠尽心力，这是对学校行政人员的基本要求，它是学校管理有效运作的保障，更是学校实现发展最大化的必要前提。

学校行政人员应做忠于事业的模范，决策言谈应敬畏组织、敬畏权力，作风上始终坚守底线。依法执教，规范办学行为，树立正确的地位观和利益观，坚定崇高信念，把事业和学校利益放在第一位。要思想纯正，在各种诱惑面前把握住自己，经得住考验，忠实履行本职工作，爱岗勤政，乐于奉献。严守党纪国法，牢记规章制度，时时处处严格约束自己。做到慎言、慎行、慎权、慎独、慎微、慎友。应该对党忠诚、对教育事业忠诚、对工作忠诚，做好本分工作，老实完成组织交给的任务。强化工作观念，遵守工作纪律，讲求工作效率，提高工作成效，尽心尽力为教育为学校为师生奉献智慧和力量。

（二）友善

中国素来以"礼仪之邦"自居，《礼记》《论语》《周礼》等中国经典古书无不阐述了中华民族的为人处世之道，体现了古人的大智慧，在注重礼仪的基础上，更应注重为人友善。所谓"友善"，即人与人之间的亲近和睦，它不仅是处理人际关系的准则，还是公民的基本道德规范。待人友善，是我们日常生活中为人处世的应尽之道，也是人与人之间相互沟通的桥梁，更是构筑起信任的基石。能否友善待人处事，不仅是一个人的问题，还是一个社会、一个单位的问题。它不仅体现一个人的内在素养，也反映着一个单位、一所学校存在的问题，更是一个群体素质高低、团队形象的直接反映。学校行政人员负责日常工作的组织、协调、实施，是学校发展不可或缺的重要力量，是引领学校师生奋发向前的"火车头"，应时时刻刻将待人友善的处世之道牢记在心中。

（三）循章

"没有规矩，不成方圆。"遵规循章，严格遵守法规制度，按照章法办事，才能够维持社会的良性运转。教育大计，百年基业，容不得半点马虎和随意。执行学校政策和教育教学工作管理的行为更应该严格遵循规章制度。作为学校行政工作人员，结合自身的工作实际和管理情况特点循章行政，宽严有度，有理、有据、有信度、有实效才能得到师生的信赖。

学校常规工作以师生为本，一切依照规章、遵循规律。把刚性制度和人性化的组织管理相结合，顺应时代要求，搭建适应教育新常态的实践平台塑造专业素养，创造适合每一个学生的成长环境发展特色教育。以"人文、优化、高效"管理理念统领着学校的整体工作，打造和合发展环境，创建和爱的学校氛围。在教育组织过程中整合协调各种资源，营造轻松、愉悦、幸福的教育氛围，让师生获得专业成长及丰富学识的同时又获得情感和人文的发展，身心和谐、愉悦地成长。

（四）敏行

孔子的《论语》中曾多次出现"敏"和"行"二字。例如"君子讷于言而敏于行""敏于事而慎于言"。"敏"即敏捷；"行"同于我们今天所说的"实践"。所谓"敏行"即勇于实践，抢抓机遇，善抓机遇。

实践出真知。对于一个管理者而言，除了要不断学习理论知识外，勇于实践才能更好地发挥自己的才能，为教育事业创造价值，同时通过实践的不断检阅和斧正，进一步丰富理论，提升自身素质。"敏行"不仅是对个人的要求，对于整个行政班子、整个学校来说，建立全面的执行力体系，提高学校的运作效率，勇于实践才能探索出更有效、更合理、更科学的教育教学模式和管理体制。"敏行"的行政管理系统才有力量和效率，才能成为引领学校发展、师生"追求卓越"的中坚力量。以"忠实、友善、循章、敏行"作为学校行政作风规范，既展现刚性管理的严肃又融合柔性管理的愉悦，是引领教职员工和衷共济、勤思敏行、和学求是、积极向上的隐形力量。

四、教风：师范　友爱　乐业　精工

教风是指学校在教学精神、教学态度和教学方法等方面形成的长期的、稳定的教育教学风气，是学校群体的德与才的统一性表现，是教师队伍在道德、才学、作风、素养、治教等方面的集中反映。教风在广义上也指教师的职业道德，包括教师的思想政治素质、心理素质、精神面貌和行为能力。好的教风是一所学校崇高的精神旗帜，对学生可以起到熏陶、激励和潜移默化的教育作用。好教风可以提高学校的知名度和社会声誉。

（一）师范

学高为师，身正为范。这是对教师职业道德的最凝练的概括。师者，传道、授业、解惑，须拥有渊博的知识，善于启发学生思考，善于引导学生发现做人的道理。为师者是学生的楷模，育人先育己，自身正才能要求他人正直，教师的一言一行都对学生有着潜移默化的影响。因此教师要有高尚的道德情操，要有渊博的学识和先进的学习方法，要关爱学生，让学生"亲其师、信其道"，要把教育事业当作最快乐的事，在教育成长中感受快乐，努力使自己的技能不断提高，使工作成果尽善尽美。教师表率是教风的先决条件，更是师生"教学相长，和悦共进"的动力之源。

（二）友爱

关爱学生，赏识学生，让学生"亲其师、信其道"，这必须将以学生为友作为前提。多与学生交往，多了解、尊重学生，走进学生的内心世界，成为学生的知己和亲信，建立融洽的师生关系，才能达到师生"教学相长，共同进步"的境界。友爱也指同事之间协和默契的相处，友好同心的家校协作关系，泛指教师与学校教育各方面关系良好。友爱的关系和相互理解的信任才会引发亲切"和悦"的情感流露，以"和"修德、以"悦"养心、心胸舒展、悦纳八方、真诚合作的教师团队，终将使学校、使学生受益无穷。

（三）乐业

乐业，就是热心于自己的教育事业，把做好工作当作最快乐的事，做到虽苦尤乐，乐在其中，在努力、进步、成就中感受快乐。其本质就是对教育事业的热爱与奉献。教师要具备摆脱单纯追求利益的狭隘眼界，恪尽职守、踏实严谨地对待工作，具有爱生乐教的高尚情怀和积极向上、乐观自信的阳光心态。

和悦校园的教师更要倡导学生主动参与、乐于探究、勤于动手，着力培养学生搜集和处理信息的能力、获取新知识的能力、分析和解决问题的能力以及交流与合作的能力。要充分尊重教育规律和人的身心发展规律，顺应并激发学生个人内在发展需求，创设和谐愉悦的课堂氛围，通过有效的过程方法，使学生乐于实践，体验成功，激励学生以成才为志，快乐读书，健康成长。

（四）精工

精工，是指对本职工作纯熟，精益求精，力求使自己的技能不断提高，使自己的工作成果尽善尽美，不断地有所进步、有所发明、有所创造。一名优秀的教育工作者，一定要树立终身学习的思想，用现代化的教育思想、教育理念去指导教育教学管理实践，要开动脑筋、积极进取、善于创造、勇于创新，推进工作，把所学、所思、所感、所悟应用到实践中，落实到行动上，努力使自己的技能不断提高，使工作成果尽善尽美，教师"精益求精，和悦共进"是我校的传统，也是教师的成功之道。

五、学风：文明　勤奋　活泼　进取

学风即学习风气，主要指学生学习目的、学习态度、学习行为的综合表现。学风，是读书之风，是治学之风，更是做人之风，是一所学校的灵魂和气质。学风不仅影响到当前的教学效果、学校的教学质量与人才培养目标的实现，而且对学生长远成才也具有重要的意义。学风建设是人才培养目标和质量的重要标识，也是人才培养的重要手段，还是学习者在求知目的、治学态度、认识方法上长期形成的，具有一定的稳定性和持续性的精神倾向、心理特征及其外在表现。

（一）文明

文明能体现一个人的品质，一个民族的美德，一个时代的精神。我国素以"礼仪之邦"著称于世，我们的生活是以文明为根基构建而成的。可以毫不夸张地说，生活中最主要的是文明礼貌，它比智慧、学识都重要。因此，让学生懂得礼义廉耻，做文明人、行文明事是入学的第一课。通过"和悦教育"思想的引领，把学生培养成为"最好的自己"，成长为富有阳光活力、文明向上的新时代接班人是我们的追求。

（二）勤奋

诚如韩愈所言"业精于勤荒于嬉"，学问的充实，功底的深厚，精神的丰富，都与学生的勤奋分不开。"书山有路勤为径，学海无涯苦作舟"，勤奋是实现理想的基石，是通往成功的唯一途径。只有具备终身学习的能力才能不被时代淘汰，培养学生学会独立思考，学会吃苦耐劳，学会努力向上，学会主动抓住机遇，他们才能获取更多的知识与经验，体会成功的快乐。"和悦教育"思想倡导学生热爱学习，勤奋向上，让读书成为一种习惯而非任务，让勤奋成为一种意志而非姿态。

（三）活泼

活泼，一指富有生气和活力，二指灵活、不呆板、生动自然，三指气氛活跃热烈，这些都有启示育人的意义。我们培养的不是呆板的读书"机器"，而是富有生气和活力、阳光向上的社会主义接班人。我们倡导的是：让学生尽情地表达自己，让学生的兴趣得到发展，让学生热爱体育运动，让学生的独特个性得到张扬，让学生快乐地学习、健康地成长。

学校在注重外显育人环境建设基础上，以内蕴深厚的环境文化展现"和悦教育"思想——"和"于教育情境，"悦"于情感体验，力求教育教学活动特色鲜明、富有吸引力。教育教学活动要基于"学生自主参与，愉快体验"，激励学生活泼大胆地张扬个性，获得心灵的愉悦感受，做学习真正的主人。学生健康、快乐、活泼地成长正是"和悦教育"的核心追求。

（四）进取

进取，即努力上进，力图有所作为。成功的真正支点在于进取心，优秀学生的标准应当是动态的，是不断提高的。这就要求学生不是一味地安于现状，而是去发现、去探索、去创造，不断地开拓并扩展自己的视野，拥有一颗进取心，不求做得最好，但求做得更好。

"和悦教育"的终极目标在于让学生获得丰富学识的同时又获得情感和人文的发展，使学生发展成为最好的自己。时代在发展，环境也在不断变化，百年名校因时而动，应势而为，进取永无止境。延续韩愈文脉，打造独特的和悦校园文化，构建和悦育人模式，让读书成为一种习惯，让求索成为一种常态，让精益求精成为一种追求……学校要不断发展，必须有永远进取的姿态。

让"和悦教育"成为孩子快乐人生的起点

丁仰纯

随着新课程改革的不断深入，学校不再是单纯的教师教知识、学生学知识的场所，而是全体教师共同发展、学生健康成长、享受生活的精神家园。时代的呼唤、现实的思考和发展的需要，促使学校在实践发展中不断反思如何运用全新的办学理念，让校园成为师生工作学习的温馨乐园。让校园充满生机活力，让教师活得更精彩，让学生学得更快乐是学校所追求的目标。

为了实现这个目标，近年来，我校在传承"昌黎遗泽"文化基础上，提出了"和悦教育"思想，和谐愉悦，崇尚守正，尊重差异，面向全体，快乐成长。对此，我校从构建和谐的校园、锻造和谐的教师、培育活泼可爱的学生等方面来体现学校的办学思想。

一、营造阳光和谐的校园文化

校园文化是学校物质财富和精神财富的总称。校园文化作为一种环境教育力量，对学生的健康快乐成长有着巨大的影响。我校的校园文化建设主要有以下三个方面。

（一）美化校园环境

走进昌黎路小学的校门，就能看见寓意深远的韩愈主题雕塑，韩愈手执书卷，似乎在告诉我们做人的道理，做事的原则，治学的方法。立于雕塑前，师生们仿佛能听到韩愈先生穿透时空的教诲——"业精于勤荒于嬉，行成于思毁于随"。校园内雕梁画栋、环境清幽美丽。一进校门，扑面而来的文化气息让人陶醉。学校的墙壁也经过文化着装，本着高品位、重引导、重发展的原则，墙壁上设置了温馨提示、安全警句、生活哲理、师生书画等。学校里每个班级的墙壁文化也各有特色。每个班级的板块布置都由班主任亲自装饰，内容丰富多彩，既有体现行为规范的，也有体现道德榜样的。虽然各个班有着不同的主题，但都是健康活泼的内容，构建了团结奋进、和谐向上的活力校园。

（二）规范校园礼仪

在学校目标、价值观念和精神的指导下，发扬学校传统文化形式，树立礼仪化的价值观念，通过升旗仪式、颁奖仪式、穿校服等突出学生的精神风貌，使学生产生浓烈的归属感和强大的自我约束力。

（三）形成榜样力量

在学校的展示栏中，张贴着学生的优秀作品及光荣事迹，让学生以此为榜样，为学生树立风向标，激励学生努力学习。同时，学校也发挥教师的榜样作用。在校园文化建设的主体中，教师是核心。学校领导以身作则，大力宣传优秀教师，加强师德建设，让教师的言行举止为学生树立榜样。

二、锻造和谐上进的教师团队

一所学校的教育理念转化为教育实践需要全体教师的共同努力，需要依靠共同的创造性劳动。在"和悦教育"思想的引领下，我们在教师队伍建设中倡导团队精神，营造和谐的合作氛围，树立正确的竞争观。通过校外取经、校内讲座的方法，提升了教师的思想素质，让每一个教师都拥有自信、豁达的个性，阳光、健康的心理，公平、真诚的爱心，会教乐学的习惯。

近几年，我校师生关系融洽，每一位教师都勤于教学、勤于研究，能在实践中不断改进自我、提升自我；教师之间相互探究，相互学习；教师和校领导融洽相处，校领导主动接受教师提出的合理建议。这样的集体，带给人自信和自尊，带给人幸福与力量。

三、培育健康活泼的昌黎学子

课程是实施素质教育的载体。我校以课程文化建设为突破口，建设富有特色的和悦课程文化，培育健康活泼的昌黎学子。

（一）开设"和悦教育"课程

学校本着"培养真、善、美和谐共生的知、情、意全面发展的人"这一育人核心，全面推进素质教育，建立了丰富多彩的特色课程体系，设置科学、人文、艺术、体育、生活等课程类别，采用了校内师资和外聘专家相结合的方式，开设了健美操、小提琴、街舞、葫芦丝、书法、合唱、绘画、经典文学作品赏析、阅读与写作等多门特色选修课。全校学生根据个人兴趣和特长自主报名，学校在素质考核的基础上，根据学生个性特点和能力基础，分门别类组建特色班级，安排时间制订课程，进行连续性培育辅导。各年级交叉进行辅导，有效解决了学校专用场地不足的问题，科学的编排和精细化管理更确保活动过程有条不紊，安全有序。丰富多彩的课程引领学生成长和发展，激发学生学习热情和兴趣，帮助学生提升核心素养，为学生的发展搭建更为广阔的平台。不同年级各式特色课程的开展，让每一个昌黎学子掌握了一门特色技能，既帮助了学生健康快乐成长，又有效地促进了学生综合素质的提高。

（二）打造"和悦教育"课堂

"和"指师生之间、生生之间、师生与教材之间、师生与社会之间的和谐；

"悦"指愉悦、享受课堂，和悦课堂是一个健康的课堂、智慧的课堂、有生命的课堂，和悦课堂要减少来自教师的占有、控制、替代、牵引和强迫。在课堂上，不仅有师生之间的交流，还有学生之间、学习小组之间的合作和竞争，让每个学生都参与到课堂活动中来，让学生在学到知识的同时也获得良好的情感体验。在我校，教师永远是引导者，教师引导学生，学生在自主、合作、探究中学习。低年级主要以游戏课堂为主，结合低年级学生注意力保持时间短、以具体形象思维为主等特点，教师多在课堂中穿插小游戏，例如语文课或英语课，教师会根据课本内容编出简单的动作，配合肢体语言让学生牢记学习内容，教学新颖有趣且有显著的效果。学生在这样的课堂上自由地遨游在知识的海洋中。这样的课堂，教师教得精彩，学生学得快乐。

（三）创新"和悦教育"评价

积极的评价能使学生积极向上，更加努力；消极的评价会使学生萎靡不振，丧失学习兴趣与信心。我校注重阳光、积极的评价模式，开创"玉兰花芬芳"特色评价方式。玉兰花是昌黎路小学的校花，"玉兰花芬芳"学生成长卡是昌黎路小学对学生综合素质评价的全新机制。成长卡奖励活动从学生的年龄特征出发，把对学生的思想道德素质、科学文化素质和健康素质等方面的要求具体内化为若干玉兰花，鼓励学生从日常生活及学习的具体环节入手，通过定花、争花、养花、颁花、护花，不断为自己确立新的目标，发现自己的潜能，看到自己的进步，证明自己的成功。同时，活动以提高学生的全面素质为目标，让学生通过积极主动地参与"争花行动"，独立自主地开展生动活泼、丰富多彩的争花活动，学会生存，自强自立；学会服务，乐于助人；学会创造，追求真知，做21世纪中国特色社会主义事业的合格建设者和接班人。活动尊重学生的自主性，发挥学生的主动性，提倡自己和自己竞争，不断地为自己设定新的目标。让学生在训练中不断地挑战自我，战胜自我，不断感受成功的喜悦。在突出共性培养的同时，注重鼓励个性的发展；在强调全面发展的同时，注重鼓励特长的发挥。这样的评价机制，打破了以成绩评价学生素质的传统模式，打破了以班主任教师为主的评价格局，以学生的实际表现为依据，关注学生的均衡发展和潜能发展，迎合了学生的心理年龄需求，让学生在激励中进步。

经过近几年的努力，昌黎路小学在"和悦教育"思想上做出了探索与实践，取得了明显的成效。学校成了学生喜欢、家长放心的乐园。每当踏进校园，师生的笑声回荡在校园里、操场上、课堂中，"和悦教育"思想通过这些笑声得到了形象的诠释。

构建"和悦教育"为主体的教育教学观

李震江

朱永新的《中国当代教育思想史》中有这样一句话："教育需要思想的光芒。"作为一名教师，在教育教学中如能巧妙地把优秀的教育思想运用到实际工作中去，则对于推进课程改革、探索素质教育的新道路具有重要的理论意义和实践意义。"和悦教育"便是昌黎路小学实施的教育教学观。"和悦教育"观是在教育思想上的重大转变，也将成为教育教学进步的强大动力，成为我校教育教学工作的重要方向，推动我校教育教学迈上新台阶。

一、"和悦教育"观的形成

（一）"和悦教育"观是以受教育对象作为主体，强调教育的主体作用

首先，学生是此教育观下的中心者和归宿者。在小学阶段，我们的育人观是三个"心"中的开心，如能让芸芸的学习者在快乐中成长，那么此时的教育标杆就是正确的方向。其次，小学生作为长身体长知识的花骨朵，让他们在"和悦"的教育下成长，也隐含着健康成长的寓意。我们在教育教学中创造了"和"与"悦"的氛围，促使学生逐步克服学习、纪律上的困难，从而达到成功。

（二）昌黎学子的文化底蕴与韩愈有着千丝万缕的关系

韩愈作为一位杰出的文学家、思想家，其不少作品闻名于世，其中《韩昌黎集》四十卷、《师说》等著作更是让我们赞叹不已。1 200多年来的时间流逝，丝毫不能冲淡我们对他的敬仰之心。"无贵无贱，无长无少，道之所存，师之所存也"更是一代文学宗师所提倡的教育观。其道理和"和悦教育"观有着异曲同工之妙，因此，我们今天提倡的"和悦教育"，其实质就是对韩愈教育观的传承，同时又在现代教育思想的指引下将其发扬、发展。

二、"和悦教育"对现代教育教学的重要性

从价值目标上看，现代教育教学不再将"长知识"作为教学目的，而是更加重视学生的心理、人格、价值观等。"和悦教育"的理念符合社会发展的需要，能够提高学生的幸福感，增强学生的集体主义精神，体现了学生的自我价值，关注了学生的人生观，构建了和谐的学习气氛，促进了学生的全面发展。

"和悦教育"观通过有效的教学方法，转化成学生的价值观念。

三、"和悦教育"的实现

（一）从"唯己本位"向"和悦"学习转变

"唯我独尊"的个人主义是应试教育的产物，它以"学状"者自命清高，虽然素质教育已实施许久，但其影响作用犹存，我们这里所倡导的"和悦教育"就是要从旧的教育思维模式走出来，通过有效的教育方式，实现对学生人文精神的培养，塑造全面发展的高素质学生。随着社会的发展，我们发现，高分生不再都是社会建设的支柱，国家各行各业的建设更需要有健康体魄、健全人格、高素质的接班人。

（二）从"师本意识"向"生本意识"转变

"和悦教育"理念的引入，创造了和谐的师生关系。教师不再是填充式的"饲养员"，而是在轻松愉快的学习课堂中同学生一起快乐学习、进步的知识传播者。新课程改革的最高宗旨和核心理念是"一切为了每一个学生的发展"，师生之间营造的和谐学习气氛便充分发挥了学生学习的主动性，同时也使教师关注到不同学生在学习中的能动性和差异性。这就促使教师在这种交锋与碰撞中因材施教，寻找适用于不同学生的不同教学方法。

（三）师生联动，促使教与学"和悦"形成

首先，教师和学生都应加强自身学习并加强联动。教师要不断加强对"教育学""心理学"课程的学习，把握好不同学生的学习情绪和学习情况；同时加强对所教新知识的预备工作，确保在课堂教学中驾驭局面。学生要学会同学之间的团结协作，树立尊敬教师的思想，只有教和学双方共同努力、一点一滴地做好做实每一项工作，才能逐步形成"和悦教育"的氛围，激发学习动能，提高学习质量，最终形成"和悦"的师生关系。其次，"和悦"教学氛围的形成，极大地拉近了师生的关系，学生心目中的教师就是他们最亲爱的"父母"。这样的教师对学生进行教育教学，难道还不能帮助学生茁壮成长吗？

"和悦教育"观的形成在我校有着源远流长的历史底蕴，也是我们传承"昌黎遗泽"这一精神的方向标，而"和悦教育"的实现，正是昌黎人的追求和目标。"周虽旧邦，其命维新"，只要孜孜不倦，努力工作，不断探幽发微，推陈出新，昌黎人就一定能够创造出非凡的教育佳绩。

和合研教，悦享语文

——浅谈和悦思想对名师工作室的构建指引

刘燕珊

踏进昌黎路小学，入眼就是校门处一尊蔼然仁者——韩愈雕像，其形神儒雅，当属校园中最特别的文化景观。昌黎路小学因韩愈而得名，"昌黎遗泽"的滋养让这所百年学校焕发着独有的精神特质和新的文化灵魂。韩愈振兴儒学，倡导以"和为贵"作为道德实践原则，强调各种关系要和谐发展。近几年学校组织"和悦教育"文化建设，以"和"作为课堂教学和校园文化建设的主导思想，创建和爱的学校氛围及和合的发展环境，共同研探和悦课堂，延续韩愈文脉，打造独特的和悦校园文化、构建和悦课堂模式。

2019 年 3 月，"刘燕珊名师工作室"因此契机成立，工作室落户于昌黎路小学和悦的校园中，工作室成员来自湘桥区各学校的教学骨干精英，大家有着共同的教育情怀，热情高涨。如何将"和悦教育"思想理念渗透到工作室的日常运作中，推动工作室建设和发展？如何协调来自各校的骨干教师，促使大家齐心协力、和悦工作？如何使工作室既独立和畅运行，又融入和悦的校园文化建设中？我们分成三步走：第一步，悦纳成员，名师引领，让工作室活动有高度；第二步，愉悦和合，齐心致力，让工作室活动有广度；第三步，悦享成果，共同成长，让工作室活动有长度。

一、悦纳·引领——让工作室活动有高度

（一）凭风借力，描绘愿景

2019 年 3 月 25 日，湘桥区教育局为进一步推进区"语文主题学习"实验工作，培养一支具备"语文主题学习"研发能力的队伍，充分发挥示范引领和辐射作用，成立了四个名师工作室。"刘燕珊名师工作室"落户于昌黎路小学，悦纳来自城南中英文学校、城南小学、区实验学校、城南阳光实验学校等全区各学校的骨干教师成员。

我作为工作室主持人凭风借力，带领成员们描绘愿景，制订名师工作室实施方案，使成员明确工作要求及各自的分工、权利和义务，建立起集体研究、资料积累和总结考评等各项制度。成员撰写个人发展计划，明确今后努力的方向。这是一次教学课改的集结号，工作室成员在名师引领下，以"语文主题学习"为突破口，践行新课程理念，探索教育教学新领域，体验教育的快乐与希冀。

（二）目标定位，提升高度

名师工作室是什么？它不是名师个人的工作室，更不是为名师服务的工作室，而是一个学习共同体，是教师以合作的方式参与、创新及探讨交流的一种研修形式。这是一个以成员智慧为依托的教学研究平台，一个以共同发展为宗旨的教师成长阶梯，在这里我们共享学科智慧，共享教学成果。

在昌黎路小学和悦的校园文化氛围中，工作室工作氛围奋进愉悦，成员怀着共同的教育情怀，一起探讨，一起确定工作目标。大家一致认为，工作室必须聚焦课堂、聚焦学生、聚焦问题，致力于营造教科研氛围，采取各种形式打磨、促进形成成员的教学风格和特点，鼓励成员参加各种展示课或论文评比，总结教科研成果和教学经验，打造示范窗口，面向薄弱学校开展送教送科研等活动，发挥成员的示范、引领和辐射作用，才能在研究中成长、在实践中提升、在合作中进步！

二、悦合·致力——让工作室活动有广度

（一）课堂引领，厉兵秣马

凯文·凯利在《失控：全人类的最终命运和结局》中谈到一个概念——"蜂巢思维"，蜂巢思维就是"群体思维"。因为蜜蜂的群体结构，在蜂巢之中每一个个体各有分工，它们构成一个整体自发维系整个蜂巢，蜂巢就是一个超级有机体，汇集了每个个体的思维。凯文·凯利利用蜂巢思维比喻人类的协作带来的群体的智慧。

工作室就像蜂巢一样，各成员既各自独立，又共同追求合作，互相取长补短，达到和谐统一。工作室成员内部，大家互相研讨如何平衡并处理好课例、课程、课堂之间的关系；大家面向自我，读书、实践、思考，丰盈自我，提升自我；同时鼓励成员以工作室为依托，跨学校开展结对教学研究，跨区域开展工作室联盟活动，跨省份开展教学交流实践探究。

主持人和成员保持乐观向上的精神风貌，一起努力营造和悦的教研氛围，立足课堂教学，做好帮扶引领。课堂是教师的主阵地，课堂教学是教师致力的方向。工作室成员采取深入课堂听课、课后评课等方式取长补短，人人参与其中，敢于创新，敢于实践，共同探讨"语文主题学习"新教研思路。工作室要求每位成员必须开展语文主题学习的整合课例，形成教学设计与课件制作、教学反思等书面材料；鼓励成员在教学风格和特色上下功夫，能灵活地、巧妙地驾驭课堂教学，进而形成自己的教学风格和教学思想；积极开展结对帮扶"送课下乡"，发挥成员在教学及研究上的示范、引领和辐射作用，使成员展露自己的才华，体验教育的快乐。

在和悦的校园文化氛围中，工作室成员之间互帮互助，互学互动蔚然成风。张秀敏、陈秋漫两位教师两度联手，同上两节习作指导课，又一起携手参加三室

联合主题讲座论坛联盟活动，互帮互助，共商共讨，双剑合璧。方梓婷和刘妙君两位教师也携手到来宜小学送教，精读引领课和组文阅读课相得益彰，敢于尝试新的教法，课堂上师生互动性强。在湘桥区名教师工作室教学交流研讨会上，我与李洁老师、黄润珊老师一共上了三节课，课型不同但都一样精彩，目标意识强，设计思路清晰，体现了"一课一得"的教学理念，和而不同，美美与共。还有邱琳老师的精读引领课《爬天都峰》，巧妙设计了课堂导入巧，写法指导巧，语言训练巧的教学环节。陈金洪老师的读写结合课《古诗三首》，打破了传统的古诗词教学方式，在古诗词教学中纳入写作指导，读与写巧妙整合……每一堂课，从研课、磨课到开课、说课、评课，工作室成员都群策群力，乐于学习先进经验，乐于尝试创新教学模式并积极主动应用于教育教学实践中。通过交流，大家各取所长，共同进步。成员充分发表自己的见解，相互借鉴，取长补短，形成了和谐的教研氛围，争取最大限度地凝聚集体的智慧，发挥团队的力量。

（二）科研联动，百舸争流

工作室要发展，就不能让工作只局限在工作室内部开展，还应该同区域互联互学，跨区域互动互帮，加强教育教学研究，以理论学习、讲座论坛、集体备课、外出学习等形式搭建交流平台，引进来又走出去，充分发挥工作室的示范引领和辐射作用，以教育科研促教学改革，激发工作室成员自身潜力，借势给力成长。

工作室成员来自全区各个学校，因此，融和处理好学校之间的关系，和悦平衡好区域之间的辐射活动，才能真正实现教育智慧的共享，使工作室氛围更加和悦，多向发展。

2019年5月，工作室一行4人赴深圳市龙华区行知小学，参加"语文主题学习"名师联盟暨名师工作室主持人首届会议，进行单元整合备课展示和工作室团队建设汇报。分组交流活动中，黄润珊老师展示了单元整合备课案例，我则代表本工作室进行"名师工作室"团队建设汇报。来自全国的各个工作室相互学习，加强了校际交流。

2019年8月，在湘桥区教育局召开的中小学"语文主题学习"暑期集体备课研讨会上，工作室成员带领全区一线教师通过集体备课的形式加强语文课堂教学的研究，大家搜集资料，设计流程，集思广益，展开了高效的研讨与合作，研讨气氛浓厚。

2019年10月，小学三个学段工作室成员在区教研室的带领下，前往山东潍坊诸城市明诚学校，开始为期两天的跟岗学习。他们不仅观摩学习外省先进的教学教育理念，了解其他工作室的特色，黄润珊老师还为山东潍坊明诚学校送教送课，进行跨区域的教学探索，在实践中将教育教学理论与实际地域文化及学情相融合。随后，黄润珊老师又赴山东省泰安市，参加第五届全国小学语文"大单元课型展示"活动，与来自全国各省市的27位教师同台参加展示评比，随行的工作室成员团结一致，齐心协力，最终助力黄润珊老师获得一等奖。

2019年11月，湘桥区小学语文三个学段的名师工作室成员及各实验学校的语文教师齐聚昌黎路小学，举办主题讲座论坛联盟活动；进行现场答疑解惑，及时记录语文课堂实践中的探索与反思、心得与理解，与湘桥区的"小语人"一起探索语文教学专业化成长的新路径，采用集体智慧，探索激发学生激情和兴趣的语文课堂新模式，提升研究能力与从教智慧，和悦共进！

2020 年 2 月，在新冠肺炎疫情防控的特殊时期，为了响应国家"学生停课不停学、教师停课不停研"的号召，助力区域教师成长，为一线教师提供新学期的教学准备，作为工作室主持人的我先参加主持人一级集备活动，并担任组长带领其他省市的主持人进行备课研讨活动。随后，我又在湘桥区教育局教研室的引领下，携手小学各学段三个名师工作室和华樾科学技术研究院，组织工作室成员参加湘桥区小学"语文主题学习"实验活动教师在线集体备课二、三级联合培训活动，引领全区实验学校语文教师进行学前集体备课活动。大家领任务、研教材，在云端各抒己见共研讨，娓娓而谈促交流，在碰撞中取长补短，克服时艰，和合研教。

三、悦享·成长——让工作室活动有长度

成立一年多来，工作室取得些许成绩，多次外出送课，同时积极开展活动，成员们也在各级各类教学竞赛专题研讨活动中有所收获。我和刘妙君老师的论文分别刊登于《语言文字报》并在省级评比中获奖；我和何枋丹老师担任英德市"最美朗读者"全市小学生朗读比赛评委；我参加了主题丛书导读课录播活动，赴海南省五指山市参加"名师沙龙"活动；黄润珊老师参加第五届全国小学语文"大单元课型展示"活动并获得一等奖，其录像课获区语文线上录像课评比一等奖，她还获得广东省书香校园系列活动"阅读之星优秀指导老师"；陈金洪老师多篇论文刊登于《广东教学报》《内蒙古教育》《语言文字报》上，并获得区、市论文评比一等奖，其课例被评为市级优课；张秀敏老师参加区小学语文教学设计评比获一等奖；何枋丹老师参加区语文论文评比一等奖；工作室所有成员均有文章刊登于《湘桥教育》上……

从小组内成员之间的互助，到校与校之间的互联，再到区域之间的互动，工作室积极创造和提供教学研讨机会，引领探索教学过程中的热点、难点、疑点、盲点等问题，力求让上进成为一种习惯，让求索成为一种常态，让精益求精成为一种追求。除了鼓励成员们和而不同、百花齐放，更要将这种精神辐射学生、鼓励学生以读书丰盈自我，互学互持，保持一颗积极进取的心，接受他人，悦纳百川，成为易于相处、善于合作的人，以同伴互助的方式共同成长，努力成就最好的自己。

2019 年 6 月和 9 月，在学校开展的学生读书小报、读后感评比展示活动中，学生或两两联手为文章内容设计配图或进行改写创编，或独自分享喜欢的句段篇章，或撰写读后感，其中既有从作品中领悟出来的道理，也有受启发而引起的思考与联想，更有因阅读而激发的决心和理想。学生把自己的读书体验用心画出

来，用情写出来，每篇都有见解、有新意、有感情，体验着阅读带来的愉悦与收获，充分展现着阅读带来的智慧和才气。

2019 年 12 月，昌黎路小学中学段举办学生阅读笔记评比活动。一篇篇优秀作品里有童心、有童梦、有智慧，记录着学生成长的足迹！我们惊喜地看到，学生收获的绝不仅仅是一本笔记、一张奖状，更是一种阅读习惯和阅读态度。

2020 年 4 月，昌黎路小学举办 2020 年春季"宅时光读书乐"学生课文诵读比赛。宅家的时光，学生以书为伴，教师在线对学生的朗读技巧等方面进行指导，用朗读愉悦身心，朗读成了宅家时光中快乐的源泉。

"刘燕珊名师工作室"在昌黎校园的和悦文化氛围中一步步成长、收获，得益于市教育局领导对实验理念的深刻理解和高度认可，得益于同华樾集团的专家、教师的对话交流，得益于在实验的过程中各兄弟学校的大力支持。团队成员群策群力，师师互助，师生互动，促进教研科研，校与校之间同携手，和而不同，共同成长。

在追寻教育梦想的征途中，我们致力于每一次智慧的研究，在研究中成长，在实践中提升，在合作中进步！这是对"昌黎遗泽"的传承，是对"和悦教育"思想的诠释，也是对传承中华传统文化的坚守。今天，我们仍将痴心于教育不改，痴迷于教学不变，在探索语文智慧教学专业化成长的新路径上和合研教，悦享语文，留下青春飞扬的脚印，收获与众不同的芳香！

参考文献

凯文·凯利. 失控：全人类的最终命运和结局 [M]. 张行舟，等译. 北京：电子工业出版社，2016.

一路风尘　我心自悦
——浅谈小学政教工作

方　杨

政教工作是学校德育工作的主体，它包括：

（1）制订全校德育工作远期和学年计划，负责检查和督促计划的执行和实施，努力探索德育工作规律，不断改进学校德育工作。

（2）加强德育管理，重视对学生行为的规范教育，使学生逐渐养成规范行为，积极开展养成教育和素质教育，促进优良校风、学风和班风的形成。

（3）加强对学生的纪律、安全、卫生等方面的管理。

（4）密切配合学校教导处、少先队大队部、工会、总务处对学生开展教育活动，协同各部门开展各项工作。

（5）重视对学生家庭教育的指导，办好家长学校，重视学生的青春期教育和心理疏导，借助家长委员会协调家校之间的事务。

（6）对学生及班主任进行考评。

（7）衔接上级部门相关工作。

（8）收集、整理和保管好德育工作资料，建立健全档案资料。

以上所列举的仅是对部分政教工作的概括性叙述。真正分解开来，则千头万绪。身为学校政教岗位的工作人员，面对千丝万缕的工作细节，即便一时难以厘清，也得硬着头皮一条条理顺。这就对政教工作人员提出了极高的要求。以下，我针对小学政教工作的特殊性，谈谈自己的一些认识和体会。

一、强化个人素质，成为管理的多面手

（一）理论功底要扎实

掌握一定的德育理论知识，是做好政教工作的前提。要以高尚的师德培育学生，以简明准确的要求布置任务，以有理有据的立场与家长交流，自己首先要有较高的德育理论基础。为适应不断发展的新形势，必须坚持不断地学习新理论，不断更新观念，不断提高自己的文学修养和表达能力，以取得良好的教育、管理效果。如对《中华人民共和国未成年人保护法》《新时代中小学教师职业行为十项准则》《教育部关于建立健全中小学师德建设长效机制的意见》等的解读和各种应急预案的了解。通过不断学习，熟悉教育的大环境，提高自己的理论水平，进而增强德育工作的针对性、主动性、时代性和实效性。

（二）技能要多面化

政教工作方方面面，包括读懂文件精神、撰写报告、设计表格、拍摄照片、制作课件、打印奖状、布置工作、组织活动……为了高效地开展工作，个人技能必须全面。要善于学习新技能，熟悉新工具，只有这样，才能在最短的时间之内，以最少的人力顺利开展工作，达到预期的效果。

二、把握动态，凡事具有前瞻意识

《中庸》有云，"凡事预则立，不预则废"，这句话用来形容政教工作再恰当不过了。因为政教工作的内容和服务的对象流动性大、间接性强、偶然性多，各种因素、各种影响、各种困扰的摩擦、碰撞、交织往往不期而遇。如果工作没有前瞻意识，工作的盲目性就会加大，现实的问题将难以解决，而且还会因为思想的狭隘造成更多问题，进而在这些问题和矛盾面前张皇失措，无法应对。所以政教工作人员必须具备以下意识：

（1）高瞻远瞩的全局意识。要正确认识和处理各种矛盾，善于协调各种关系。

（2）反应灵敏的信息处理意识。要通过观察、调查、收集等形式获得相关工作动态、情况、知识等信息，这些信息是"预"的基础，有了"预"，才能抓住机遇、提前谋划。

（3）科学缜密的决策意识。要及时调查研究，集思广益，了解新情况、新问题，不断提高驾驭工作的能力；要同时吃透"两头"，善于把上级部门的文件精神化为政教处工作的实际计划、方案、措施，找准上与下的结合点；要广开咨询渠道、听取来自各方的意见，进行系统的分析归纳，及时做出科学决策。

三、部门之间通力合作，部门内部密切配合

学校都是以教学为中心，以政治为灵魂，以后勤为保障的。政教处的各项工作必须与各部门进行协调才能顺利开展。抓好德育这一红线，离不开寓德于教，将教材中的思想品德教育因素与政教处开展的各项政治思想教育活动结合起来，促使教师把传授知识与培养学生的观念、情感有机结合起来，有效地提高学生的思想、文化素质。

在政教部门内，各政教工作人员应各自线条清晰，分工明确，业务能力突出。既要有独当一面的能力，又要有团结合作的团队精神，并在日常工作的磨合中逐渐产生默契。这样，才能对大大小小的任务进行切割、处理、再整合，优质高效地处理日常政教事务。

四、不忘初心，砥砺前行

因为工作的特殊性，政教之路充满酸甜苦辣。布置一项工作或组织一场活动，有时费尽九牛二虎之力，自觉无遗漏，最终却没有达到预期的效果；有时在与相关人员进行工作接洽时，会有这样或那样的矛盾；甚至有时还会招来冷嘲热讽、风言风语。这些都是政教工作回避不了的问题。面对种种情况，我们可以换位思考，尝试从对方的角度出发，增进彼此之间的理解；要注意言语交流的艺术，通过恰当的表达让对方接纳自己观点和意图。当然，隔行如隔山，总会有他人不理解的时候。此时必须具备坚定的信念和责任感，全力以赴，让工作的完成率达到自己满意的程度。

小学政教工作有着要求高、任务重的特点。工作的过程也是一种潜移默化的自我完善的过程。作为一名政教工作者，一路风尘，冷暖自知，在全身心投入工作的同时，也享受着成长和收获的快乐。

参考文献

[1] 郑雪松. 关于小学政教工作的几点思考 [J]. 新课程学习（下），2013（1）.

[2] 李淑艳. 政教主任在学校工作中的角色 [J]. 科学之友，2009（30）.

"和"德育，慢教育

——基于"和悦教育"理念的小学德育工作实践探索

谢映慧

昌黎路小学提出的"和悦教育"理念源于"昌黎遗泽"，是儒学文化的精髓，是极具代表性的中华传统文化。"学而时习之，不亦说乎""礼之用，和为贵"，儒家论学有"乐学"之说，"和为贵"更是儒家倡导的道德实践的原则。作为儒学代表，韩愈奋其毕生之力振兴儒学。"和悦教育"思想的确立正是昌黎路小学践行"传承创新，追求卓越"学校精神的具体表现。

一、"和悦德育"理念的传承与梳理

和实生物，同则不继。"和，相应也"（《说文解字》），意为和睦、和谐，另有平和、和缓之意，是事物之间的相应、融和。"悦"，主要含义是愉悦、高兴、快乐，心悦诚服，赏心悦目。秉承"因和而悦，和而达悦"的"和悦教育"体现了温和、差异、尊重、耐心、悦纳等教育理念，正是教育所追求和希望达到的理想境界。

"和悦德育"，承"和悦"之意，彰温和之德。和者仁，仁者怀无限包容之心。我国著名教育家陶行知先生说过："真的教育是心心相印的活动，唯独从心里发出来的，才能打到心的深处。""德育不应该是坚硬的，棱角分明的"，当我们刻意地进行德育时，当孩子知道德育就意味着自己要去"受教育"时，他们就会本能地在心里竖起一道屏障。"德育应该是柔软的，温润的，灵活的"，教师可以在课堂、活动、家访等各种场合的沟通和对话中，与孩子的内心、人生对接，使孩子在生命中形成对周遭世界的感知和理解。所以德育不是抽象空洞的理论说教，而是情动于中而形之于外——具体而细微的实践过程。德育如细雨和风，点滴渗透，润物无声；有时却如当头棒喝，振聋发聩，令人幡然悔悟，痛改前非。"和悦德育"是思想与思想的碰撞，是心灵与心灵的交流，是生命与生命的对话。基于"和悦"理念的德育工作需要教师怀揣"花苞心态"，放慢脚步，耐心地去倾听、去欣赏、去等待。

二、"和悦德育"的内涵与特征

"和悦德育"是指在"和悦教育"理念的指导下，在德育过程中接纳且尊重

学生富有个性的认知—思维方式和情感体验方式。"和悦德育"引导学生在深厚、熟悉、亲切、包容的情感关怀、人文气息、民主和谐氛围里接受熏陶，倾吐真言、抒发真情、体验真趣，使德育活动成为一种真正提高学生素质、张扬学生个性的活动。

与传统的德育观相比，"和悦德育"具有以下特征：

（一）和为主线，悦为主旨

"和悦德育"的"和"是一种德育的原则、规律或方法。"和悦德育"就是要通过落实"和悦教育"理念，以"和"作为德育工作的主导思想，引导教师学会接纳、学会理解、学会倾听、学会欣赏，成为学生的良师益友；以"悦"作为德育活动的最终目的，激发学生融入活动、学习探究、体验乐趣、回归生活，成为活动中真正的主人。

（二）知行相悦，师生相和

一般认为，品德心理结构主要包括道德认知、道德情感、道德意志和道德行为四个部分。"和悦德育"将德育活动视为一种互动的过程。教师首先是与学生建立和悦的师生关系，其次是在活动中激发学生的参与度，再次是让学生获得正确的道德认知，最后是让学生获得思维能力的提升，活动中需要以符合学生接受的方式，以贴近学生生活的喜闻乐见的形式，特别是亲身体验的实践活动，获得道德情感上的共鸣，最终回归学生的生活。在德育活动中，实现师与生、知与行的"和合"与"相悦"。

（三）育德以和，育情以悦

在"和悦德育"的过程中，会有显性德育和隐性德育的活动。进行隐性德育活动的重要途径是各门课程的教学，教师从学生的年龄、心理特点出发，深入挖掘课程"情感态度与价值观"这一情感目标来陶冶学生情操，健全学生人格，培养学生美德，端正学生价值观，促进学生身心健康发展；同时通过灵活多变的教学方法，引导学生从多个角度、多个层面辩证地分析理解问题，解决问题，并注重学生体验生活的乐趣。

（四）和而不同，悦而不纵

"和悦德育"的"和"要建立在尊重差异、尊重个性的基础之上，不能为了求同而抹杀儿童丰富多彩的天性，此乃"和而不同"。此外，"和悦教育"理念倡导让学生在愉悦的气氛中接受教育，体验学习的乐趣，但是这种愉悦不是以学生单纯的"快乐体验"为目标，以牺牲基本的原则和规则为代价，因为学习本身就意味着"锐化"与"精进"，如逆水行舟，此为"悦而不纵"。

三、"和悦德育"的实施路径

（一）和悦倾听，有效教育的前提

苏格拉底说："自然赋予我们人类一张嘴、两只耳朵，也就是让我们少说多听。"很多时候，作为教师的我们却背道而驰。课上课下，我们总是言说太多而倾听太少；学生犯错的时候，我们总是喊叫太多而静默太少；在与学生对话的过程中，我们总是自我太多而换位太少……我们在自己的德育领地上总习惯于一意孤行，把学生远远抛在后面，忘了听听他们的困惑，忘了听听他们的内在需求。我们在学生的点头附和中自以为取得了教育成效，殊不知学生在内心深处已然厌烦和疏远了我们。教育要想真正在学生身上达到预期的效果，就必须取得学生内心的认同。"耳朵是通向心灵的道路"，教师应学会倾听学生的一切表现。

和悦倾听，是实施有效教育的基础和前提。作为教师，要对学生进行有效的教育，就必须俯下身子，用心倾听学生的呼声，了解学生的想法，学生学习中有什么成功的地方，有什么困惑；是方法的问题，还是心理的问题；是习惯问题，还是基础问题。只有对这些问题有比较清醒的认识，才可以对症下药，有的放矢。

黑柳彻子在《窗边的小豆豆》中回忆起她第一天来到巴学园时，小林校长对她说："你说什么都行，把你想说的话，全部说给我听吧！"就这样，小林校长专注地听小豆豆讲了四个小时的话，一点儿也不觉得烦；小豆豆开心极了，从来没有教师有耐心听她说这么久的话。"能永远和这个人在一起就好了"，这是小豆豆和小林校长见面时的感受。而在以后的日子里，小豆豆看到，每当发生问题时，小林校长都会认真地听每一个孩子的解释，即使孩子是在找借口，他也会耐心地听下去。小豆豆很喜欢小林校长，并喜欢到巴学园上课，小豆豆也从一个被频繁退学的孩子变成了一个活泼、可爱、有爱心的好学生。

善待学生的每一次表达，耐心听学生把问题说完，学生会感受到来自教师的理解、宽容、尊重、关爱。这份情感、这份态度感染着学生，会无声地传递，学生也会从教师身上读懂倾听的态度、倾听的习惯，并潜移默化地受到影响。

（二）和悦赏识，人性深层的需求

心理学研究表明，人在内心深处都渴望被别人尊重。成人常常以为小孩子是没有或者缺乏自尊心的，因此他们有时会随意地大声呵斥孩子，为了一点儿小小的过错，唠叨不止。他们以为只要是良药，再苦涩，孩子也应该脸不变色心不跳地吞下去。孩子越痛苦，越说明对这次教育的印象深刻，越能够起到举一反三的作用。

能够约束人们不再重蹈覆辙的唯一缰绳，是内省的自尊和自制。它的本质是一种对自己的珍惜和对他人的敬重，是对社会公有法则的遵守服从。如果一个孩子从小就在无穷的心理折磨中丧失了尊严，无论他今后所受的教育多专业，心理的阴暗和残缺都很难弥补，人格将潜伏下巨大危机。

心理学家威廉·杰姆斯说："人性最深层的需求就是渴望别人欣赏。"我们不难发现，学生在发言、动手、思考时，始终是那样强烈地想让教师发现并肯定自己的存在，始终都在追求作为人的一种由衷的尊严感、成功感和幸福感。研究表明：人的心理需要一旦得到满足，便会成为其积极向上的原动力，许多潜能更容易被激发出来。

世上没有两片相同的树叶。同样，学生间的禀赋、品行也各有差异，要使学生的潜能在各自的起点上得到充分发挥，教师就必须用善于发现"美"的目光去捕捉、去欣赏。崭露头角后的一次赞叹，真心改过后的一个微笑，默默助人后的一句赞扬……教师的赞赏是信任，是鼓励，是一场知时节的好雨，赋予幼苗向上的信心和生长的力量。学生感受到教师的和周围环境的善意，才会从内心深处催生向善的信念，才会感激教师的教育，才会不自觉地在教师期望的方向上前进。所以，请备一颗赏识之心，让学生有一个"好孩子"的心境。

（三）和悦等待，教育隐含的力量

每一种花开都有适合自己的条件与时间，花儿不开，说明条件不成熟或时间不合适，每一个学生的成才也都有一个过程。然而，一些教师一边讲着《揠苗助长》警醒学生，一边重复着农夫的错误。究其缘由，就是因为过重的功利心让他们等不到花儿开放的那一刻，等不及学生经历完成长的过程；就是因为浮躁的态度让他们少了一种宽容的胸怀，少了一双智慧的眼睛，而让学生受伤。

"生活即生长"，现在就是未来。在崇尚快节奏的今天，教师是否也该像审视自己的生活一样去审视对学生的教育呢？也许教师生活中的无用种种，却是学生以后人生中宝贵的点点滴滴？

法国哲学家卢梭认为："大自然希望儿童在成人以前就要像儿童的样子。如果我们打乱了这个次序，就会造成一些早熟的果实，既不丰满也不甜美，而且很快就会腐烂。"学生良好行为习惯的养成，以及健全人格的培养是有一定规律可循的，也是需要时间的，倘若忽略了这些，教育的本质也就异化了。人的成长是一辈子的事情，教育不是一种结果，而是一种生命展开的过程。著名作家龙应台在《孩子，你慢慢来》这本书中讲述了一个卖花小男孩的故事。当一个五岁的小男孩笨拙地包扎一束玫瑰，一遍遍重来的时候，小男孩的老祖母说："我愿意等上一辈子的时间，让他从从容容地把这个蝴蝶结扎好，用他五岁的手指。孩子，你慢慢来。"对于学生的成长，我们不能着急，更无法代劳，我们能做的就是静心等候。

等待是当代教育缺失的一种平静的力量。对学生而言，等待是因任自然，是自在地和心灵对话，是细心品味成长的过程。对教师而言，等待是一种态度，一种责任担当，是着眼长远的淡定，是敢于放手的超越，是对学生生命个体的尊重，更是一种智慧和底蕴带给教育的宽阔。

没有一步到位的教育，没有一蹴而就的成长。我们的教育往往过于急切地盼望着能够立竿见影出成效，缺乏期待与从容。教育是一个慢活、细活，是生命潜移默化的过程，所谓春风化雨，润物无声，教育的变化是极其缓慢、细微的，它需要生命的成全，需要深耕细作式的关注与规范。宽容而不纵容，期待而不无为。我们守候一朵玫瑰花，你只管灌溉，它却在不经意间悄无声息地绽放。

"和悦德育"的有效开展，始于耐心倾听，成于观察记录，终于分析改善。研究德育就是回归生活，回到细致、持久的省悟之中。在德育的过程中，教师是不是应该多给学生一些时间，多一些表扬和鼓励，少一些批评和指责？毕竟他们还只是孩子，犯错是他们成长的垫脚石。所以，请俯下身来，认真地看看他们的世界，感受他们的纯真，倾听他们的心声，耐心培养他们的习惯，等待他们慢慢长大，让学生轻松地奔跑在童年的道路上，快乐而从容。

参考文献

[1] 方明. 陶行知教育名篇 [M]. 北京：教育科学出版社，2005.

[2] 薛慧. 构建和悦课堂的实践与思考 [J]. 语文学刊，2014 (4).

[3] 孙媛. 教师不可不知的教育心理效应 [M]. 南京：江苏教育出版社，2012.

[4] 卢梭. 爱弥儿 [M]. 彭正梅，译. 上海：上海人民出版社，2011.

传承昌黎遗泽，培养优秀学子

黄润珊

韩愈，字退之，号昌黎，唐代杰出的文学家、思想家、哲学家、政治家，是"唐宋八大家"之首。韩愈于819年被贬潮州任刺史，他治潮八月，在潮州文化发展史上享有崇高的声誉。韩愈认为要用德礼推行儒家的"仁义"之道，"未有不由学校师弟子者"。他延师兴学，将自己治潮八个月的所有俸金都捐给了学校，至北宋时期，潮州赢得了"海滨邹鲁"的美誉，成为一个人才辈出的边城。潮州民众歌颂缅怀他，潮州山水易姓为韩。昌黎路小学是一所以韩愈的号命名的百年老校，学校大门中间屹立着韩愈的塑像。那么，在这样有着深厚文化底蕴的校园里，如何传承昌黎遗泽，营造"和悦"的班级氛围，培养德正礼谦、勤奋好学的昌黎学子呢？我谈谈自己的几点做法。

一、环境熏陶，润物无声

校园文化是一种氛围，是一种环境，是一种潜移默化的熏陶感染。良好的校园环境文化影响着学生对人、对事的判断，影响着他们价值观的形成。教室文化是校园文化的重要组成部分。苏霍姆林斯基说："一所好的学校墙壁也会说话。"因此，我延续了校园古色古香的环境布置，充分利用教室的黑板报、墙壁，画上韩愈画像，介绍韩愈生平，张贴学生写的有关韩愈诗词名言的书法作品。走进教室，扑面而来的是阵阵的书香气，浓浓的国学风。昌黎遗泽，启人智慧，引人向善。课间，学生细读墙上文字，听着学校广播循环播放的中国古典名曲，图文并茂，有声有色，这一切，有如颗颗文学种子播种心田，更像点点道德之雨滋养心灵。学生在耳濡目染中成为韩愈文化的欣赏者、爱好者，理解"修身""立德"等传统道德文化，懂得了严谨勤奋的治学道理。

二、走近名人，树立榜样

榜样是效仿的楷模，是某种道德理想的集中体现。人们从楷模身上感受到的是他们特有的感召力和吸引力。榜样成为一种文化的象征，一种先进道德文化的凝聚者和传承者。少年儿童对抽象的道理不易理解，模仿是他们重要的学习方式之一，生动的榜样、活的范例比语言的议论更容易使儿童信服，能产生最直接的、最具体的影响，留下深刻的印象。因此我开展了"走近韩愈"的班会活动。课上，学生交流分享搜集到的有关韩愈的资料，讨论学习，他们认识到韩愈求学刻苦自励，奋发进取。用韩愈自己的话说，是"鸡鸣而起，孜孜研读""口不绝吟于六艺之文，手不停披于百家之编""自五经之外百氏之书，未有闻而不求，得而不观者"。韩愈的一生，是刻苦学习、忧国忧民、自强不息、勤奋著述的一生。在此基础上，我带着学生到学校大门瞻仰韩愈塑像，有学生表示：每天从塑像下经过，从没有像今天这样感受到他的神圣与伟大。这为学生树立了良好的风范，韩愈成了学生学习的榜样，有学生偷偷告诉我，他长大后也要像韩愈一样做一名大文豪。从那以后，学生进出校门总会在韩愈塑像下站立一会儿并行注目礼。

三、诵读经典，提升素养

经典诗文是古代圣贤思想、智慧的结晶，是中华民族文化的瑰宝。它所具有的文学价值以及它所包蕴的人文精神毋庸置疑。《昌黎先生集》收录了韩愈撰写的各类文章共716篇，他在文章中还写出了许多治学、人生名言和诗歌名句，脍炙人口，成为后人永恒的精神追求。通读它，可以修养身心，增加智慧，让人懂得认识美、领略美、欣赏美。开展经典诵读，可以夯实学生文化底蕴，培养学生文化素养，提高学生道德水平，促进学生终身发展。学生利用晨读及课前时间诵读韩愈诗文已经成为习惯，在诵读中，能够使生性好动的学生变得安静文雅。经典诗文语句简短精妙，韵律朗朗上口，反复诵读，可以丰富学生的语言词汇，帮助他们提高文学素养。运用时，便可以任意支取、对答如流。如有的学生学习上存在畏难情绪，遇到不懂的地方也不问别人，同学就会用"人非生而知之，孰能无惑？惑而不从师，其为惑也，终不解矣"，告诉他人要勤学多问，不向人求教难题终不会得到解答。在《一句名言的启示》习作中，有的学生谈到对"业精于勤荒于嬉，行成于思毁于随"的理解，并以自身的例子告诫同学，学生时代，要以学业为重，不可因贪图玩耍而荒废了学业。读《左迁至蓝关示侄孙湘》一诗，因为与潮州有关，学生兴味盎然，积极查阅资料，当了解到诗歌的创作背景之后，还特地利用周末走访了韩文公祠、"鳄渡秋风"等著名景点，知道韩愈为潮州所做的贡献，想到韩愈作为一位政治上受打击自身难保的罪臣，尽管家庭和个人都遭受诸多不幸和磨难，但他不消沉颓废，反而不遗余力地为地方做好事，这种积极入世的精神激起了学生对韩愈的敬仰之情。学生偏爱这首诗，每天必读，恰逢电视台要录制有关韩愈的纪录片，我们决定诵读这首诗，时值盛夏，学生换上厚厚的古代服饰，在烈日下，在韩愈塑像前一遍遍地诵读着，汗流浃背，没有一个人叫苦叫累。在学生入情入境的朗读声中，我们似乎听到了作者内心的郁愤、对前途未卜的感伤。通过诵读，明理悟情，文化育人，使班级更加和谐融洽。

四、传承遗泽，知行合一

著名教育学家陶行知先生认为"行是知之始，知是行之成"，因此我不仅重视对韩愈经典文本的传授，更把践行作为重中之重与之进行有效结合。因活动需要，我布置了亲子共读的任务，不少家长在活动中看到了孩子的变化。有的家长在班级微信群里留言：孩子将韩愈名言"书山有路勤为径，学海无涯苦作舟"当作座右铭，贴在书房里，现在学习也比以前更加勤奋了。也有家长说："孩子遇事更宽容了，看到别人起争执时，还会劝说'退一步自然优雅，让三分何等清闲'。"有家长更是感慨："经典的力量是无穷大的，一个孩子带动了全家，家人都深受教育。"昌黎遗泽深入课内，渗透课外，贯穿于教育教学活动和育人的全过程，使学生有了深厚的文化积淀，使经典育人"生根开花"。

身为昌黎教师是自豪的，我们研究韩愈文化，弘扬韩愈精神，继承韩愈文化遗产，使韩愈文化深深地植入每一个昌黎人的血脉，培养优秀的昌黎学子；做昌黎学子是幸福的，在这样得天独厚的环境中学习生活，唱着郭永波校长作词的校歌《昌黎遗泽长》，朝气蓬勃，阳光自信，一路成长。

参考文献

曾楚楠. 韩愈在潮州 [M]. 广州：暨南大学出版社，2015.

和谐友爱　悦学共长

魏晓慧

近年来，我校在传承"昌黎遗泽"文化的基础上提出了"和悦教育"思想，打造"和悦教育"特色品牌。何为"和悦"？校长郭永波作出了解释："和，意为和睦、和谐；悦，即愉悦、高兴、快乐，心悦诚服，赏心悦目。'和悦'教育，因和而悦，和而达悦。"在教学活动中，教师要和学生建立起和谐的师生关系，用爱去启迪学生的天性，和孩子在快乐中学习、共同成长。

一、教书育人，以和为先

教学活动是双向性的活动，是教师的教与学生的学的有机结合。苏联教育家霍姆林斯基认为，师生之间互相有好感、互相尊重的和谐关系，将有利于教学任务的完成。和谐的师生关系，说到底就是师生之间要做到民主平等、互相尊重。构建和谐的师生关系，发挥学生的主体地位，不仅能充分激发学生学习热情，调动学生学习积极性，还能提高教学效率和教学质量，方便教育教学工作的开展。

师者，所以传道受业解惑也。传统教育中，教师一直处于主导地位，往往忽视了学生的主体性和个性特点，教师只是一味地灌输，学生只是被动地接受，你说我听、你问我答，缺乏沟通。而新时代的教学，要求教师打破传统教育模式，放下架子，换位思考，注重以学生为本，构建和谐的师生关系；因材施教，承认学生的差异，尊重学生的个性。例如，在面对学习暂时比较落后或思想、自制力有问题的学生时，教师更应对他们多一分关爱和理解，用教师的人格魅力去感化学生，拉近师生关系，让学生感受到老师的关爱从而产生自信心理和学习动力，激发学习潜能。同时，学生在尊重、信任、合作的环境中学习，在课堂上积极与教师互动、交流，不仅能获得心灵上的愉悦，更催生了成长的自信心。作为一名小学教师，在与学生频繁接触与交流中，我发现孩子们的内心都很喜欢老师，也渴望和老师成为朋友，这就要求教师转变观念，转换角色，以民主平等、互相尊重的方式对待学生，真正成为学生的良师益友。

古语云："亲其师而信其道。"教师要拉近与学生的距离，使学生愿意亲近自己的老师，愿意相信自己的老师。教师在赢得学生的信任，成为他们的知心朋友之后，教育工作将更容易开展。为了推动"和悦"班级建设，我在班会课上和学生进行交流，讨论班队名称、班队口号，并对班集体的布置方案进行规划。班会课上，教师既是一个组织者，又是一个聆听者，认真听取并梳理学生的意见，整理出方案供学生投票选择。在这个过程中，学生兴趣高涨，各抒己见，就连平时"沉默寡言"的同学也大胆举手直抒胸臆。就这样，我与学生的情感纽带紧密地维系起来，形成了和谐温馨的沟通氛围，师生间的交流自然而真诚，彼此间的情感更加亲近。最后，班队名称定为"小蜜蜂"中队，口号是"我努力，我快乐！我成长，我成功！"在班级的装扮过程中，我也与学生分工合作，种植小盆栽打造"绿色之窗"、建立图书角进行书籍阅读分享……如此活动，融洽了师生关系，让每个学生充当班级小主人，不仅为学生提供了锻炼的机会，同时还激发了学生的集体荣誉感，让他们在和谐愉悦的氛围中更好地学习、成长。

二、诲人不倦，以爱为基

苏霍姆林斯基说过："教育孩子，这是一种特殊力量的奉献，教师要用美好的爱，用对人的尊敬和美好、深信的精神来塑造人。"爱心是教育教学活动的基础，没有爱心便没有成功的教育。师爱是一种强大的力量，是构筑师生情感的桥梁，是开启学生心灵的钥匙。教师要放下"高高在上"的架子，做学生的良师益友，对每个学生付出真诚的爱心和真情的关心，用爱去启迪学生的天性，努力教好每一个学生，使其不断进步。

曾有人说过："一切最好的教育方法，一切最好的教育艺术，都产生于教育对学生的无比热爱的炽热心灵中。"当我成为一名小学语文教师，特别是担任班主任后，更是坚持"以爱育心、用心育人"原则，走进学生内心的世界，去观察、去倾听、去了解、去感受。

每个学生都希望自己受人重视，被人关爱，渴望得到老师的肯定和鼓励。当发现学生犯了错误后，教师要以平等的对话方式进行说服教育，让学生明白教师对他的用心良苦，体会教师对他的尊重、理解、关怀和爱护。我的班上有一名学生，一年级入学时就特别好动，学习不自觉，自制力较差。苦口婆心的正面教育持续进行但收效甚微，教育的转机发生在他用心留意班级的红花栏之后。有一天，我在发放学生的练习本时，他主动请缨："老师，我能帮您发本子吗？"当时我很诧异，只见他立刻昂首挺胸，骄傲地说："老师，我认识很多字，也认识很多班里的同学。"随后通过交流，我发现他都是在红花栏上看同学的座号、姓名、照片，平时多注意，很快就熟悉了班里的同学。从此，该学生经常主动帮忙收发作业本，我多次及时对他进行表扬鼓励以激发其进取心。从那以后，该学生学习更加自觉了，自制力也得到了提升，甚至成了班级的值日班长。

另外，以爱育人还需要教师细心观察学生，及时对他们的点滴进步和微小的成功给予表扬。只要教师毫不吝啬地把鼓励的话语、善意的微笑、亲切的抚摸、关爱的眼神给予学生，那么一定会惊喜地发现学生越来越懂事，越来越自信。我曾教过的一名学生，刚入学时学习跟不上其他同学，平时做事比较拖拉，且非常自卑，不敢表现自己。于是，我及时与她的母亲沟通，取得家长的配合，和家长协同记录该生在校与在家的日常表现。一旦发现该生有进步，家校同步及时对她进行表扬。经过一段时间的努力，她的生活自理能力提高了，课堂上也敢大胆发言，学习成绩突飞猛进。实践证明，如果学生能感受到教师的关爱和欣赏，那么他们就会积极配合，用自己的努力来回报教师的爱心。作为一名教师，我们要用爱去呵护学生的心灵，守望其成长，静待花开，这是教者之道。

三、寓教于乐，共促成长

相对于传统教学的空洞、呆板、说教式而言，"和悦教育"倡导教师在教学中以积极的情感去感染学生，以师生双向互动来实现教学的情知交融，增强了教学活动生机。教师要努力营造一个和谐、愉快的教学环境，推广和实施"和悦式"教育，激发学生的学习兴趣，寓教于乐，相悦共长。

一方面，教师要树立正确的人才观、学生观，善于学习，认真钻研教材，在教法上下功夫，利用多种不同方式进行教学，要创设良好的课堂气氛，使学生把学习当成一种乐趣，让学生学而乐、乐而学。另一方面，教师要根据所教学生的实际情况，创造出具有个人特色的、创新的教学方式，倡导自主式、合作式和探究式等学习方式，从而达到教法与学法、知识与能力、认识的构建与情感教学相统一。

教师结合教材，播放动画或图片，与学生共同进行有趣的实验，进行愉快的游戏等，都是激发学生学习兴趣、提高学习效率的好方法，有利于学生在学习中获得快乐。在教学一年级语文上册识字课《大小多少》时，我播放了网红歌曲《红山果》和该歌曲的手势视频，学生看视频、听歌曲、比动作，兴趣盎然，学得有模有样，课堂气氛轻松活跃。在此情境中，我让学生说出带量词的短语，"一朵花、一棵树、一条路、一座山、一条河、一座房子……"学生脱口而出，不亦乐乎。课后，家长们在微信群中纷纷点赞这样的课堂：孩子们喜欢的课堂，学得开心，学有所得。再如阅读课《拔萝卜》，我则制作头饰，让学生戴上头饰分角色表演，创设情境激活课堂氛围，让学生从中感受到学习的快乐。教师只有会教、乐教、善教、活教，才能让学生会学、乐学、善学、活学。

学生在"和悦"情境中成长，教师也同样在"和悦"教学中不断成熟。当教师把工作当成一种乐趣，那么所有的艰辛都会烟消云散，教书育人便成了一种快乐和享受。教师可以在学生的点滴进步中体会到育人的快乐，在学生的认可中找到职业所带来的幸福感。这正是我校的八字教风"师范、友爱、乐业、精工"所期望的境界。从一名普通教师成长为一名优秀教师，离不开一线课堂的实践。在教学实践中，教师只有不断探索创新符合教育发展规律和时代要求的教学方法与模式，才能更有效地提高教学质量和课堂质量，才能在不断超越自我中与学生共同成长。

王国维先生曾言："教育之宗旨何在？在使人为完全之人物而已。"教书育人是一项神圣而光荣的事业。在教育新时代，教师要善于从传统教学中"破而后立"，用"和悦教育"思想指导实践，以和为先、以爱为基、寓教于乐，完全可以教出"完全之人物"。

暖阳下扬帆

——关于 "和悦教育" 的思考

蔡佩珠

"和，意为和睦、和谐；悦，即愉悦、高兴、快乐，心悦诚服，赏心悦目。""和悦教育"，因和而悦，和而达悦。郭永波校长对"和悦教育"的释义，本人认为同样适用于家庭教育中如何处理亲子关系的范畴。

2020年初，一个不同寻常的假期，一场突如其来的疫情，牵动着每个人的心。疫情下的家庭教育充满挑战，疫情改变了学习的环境，从老师的面对面监督，变成了学生自己在家上网课，自律性差的学生容易走神和懈怠，部分学生宅家上学产生不良情绪，思想懒惰，不爱学习，生活无规律。长时间的居家相处，与家长出现关系紧张等现象，容易激化亲子矛盾。结合我校在传承"昌黎遗泽"文化的基础上提出"和悦教育"思想，开展"和悦教育"活动，家长们应该积极进行自我调适，保持良好的心态，放低身份，去帮助孩子觉知自己学习生活的状态，安排好作息，处理好学习与生活的关系，陪伴孩子度过一段有意义的亲子时光。

"和悦教育"，离不开构建和谐的家庭气氛。少数中国家庭中的不和睦，对孩子的心理产生非常大的伤害，孩子会对大人之间的矛盾感到无能为力而选择逃避，这不仅妨碍孩子身心的健康成长，还会留下终身的心理阴影。构建温馨、互爱的家庭气氛，是父母对孩子应尽的责任。

"和悦教育"，离不开建立平等、民主的精神。有些家庭存在封建家长制的典型表现，家庭里缺少平等、民主的精神。孩子没有辩解申诉的机会，若执意申辩，就被视为顶嘴犯上，必遭严惩。假如孩子习惯适应不公，就会缺乏自主能力，那么他们将如何面对生活呢？因此，培养一个理性并敢于发表自己意见的孩子远比保住大人的面子重要。

父母包办的现象在中国十分普遍，无论是穿衣服、时间安排，还是交朋友、选报兴趣班，孩子都不能自己做主。父母要么放心不下，要么是认为自己的想法才是正确而重要的，其实，即便孩子再小，也是一个完整的个体，他们的兴趣和感受需要得到尊重，他们应该有一定范围内的自主权，只有给予他们自己做主的机会，他们才能发展自己的个性，才不至于毫无主见。

"和悦教育"，离不开尊重隐私和信任。少数父母总担心孩子有自己的"小秘密"，喜欢偷偷翻看孩子的日记本，试图了解孩子的思想行为动态，却往往适得其反，导致孩子产生强烈的抵触情绪，隐藏自己内心的真实想法。孩子得了高分被怀疑作弊；孩子出于好心做一件好事，做砸了，或者还没做完，却被误以为淘气，狠批一顿。这样的行为是对孩子极大的不信任和不尊重。换位思考一下，我们就知道孩子内心多苦恼了。

"和悦教育"，离不开榜样的力量。许多家庭中父母存在不良嗜好或习惯，比如抽烟、喝酒、网瘾、熬夜等，不仅对自己的身体危害极大，还带给孩子烦恼，更重要的是容易使孩子失去辨别能力，有样学样，沾染不良嗜好或习惯。

"和悦教育"，离不开善意和鼓励。即使是面对自己的孩子，说话也不要毫无选择，孩子年龄越小，对于父母的评价就越依赖，大人口不择言，消极的评价、恶劣的情绪对孩子的伤害是很大的，其实，同样一句话，以善意和鼓励的方式说，比指责和贬低更能产生积极的效果。

"和悦教育"，离不开正确的成绩观。如果学习生活化，生活学习化，孩子失去了应有的童年自由和乐趣，大部分父母对孩子的要求和督促也没有起到作用，吃力不讨好。

"和悦教育"，离不开养成文明的公德修养。在讲文明、守公德方面，有些孩子做得比家长还好，家长应放下架子，向孩子学习，家长也应该接受公德和修养教育，这是时代发展的结果和趋势。

新冠肺炎疫情期间，隔离病毒，但不隔离爱！看着孩子一天天变化、长大，一晃就进入了青春期或更大，是多么美妙的事情呀！家长虽然有自己的世界和娱乐方式，但更应该珍惜疫情期间来之不易的亲子时光，以和为先、以爱为基，用"和悦教育"思想指导实践，让隔离在家的亲子陪伴更有温度，收获更好的亲子关系，收获更懂事、更成熟、更有责任和担当的孩子。

凛冬离去，雪融草青，趁青春正好，暖阳下扬帆！

和而乐，悦童心

——谈和悦思想引领少先队活动

陈楚霞

　　少先队活动是少先队的灵魂，是校园开展德育工作的重要载体，是对学生进行全面发展教育的重要手段。它能促进少先队员身心健康发展，培养独立能力，养成团结友爱的集体主义精神和合作精神。近年来，在实施学校教育行为中，郭永波校长提出了"和悦教育"思想。那么，如何在"和悦教育"思想理念的引领下高效地开展少先队活动，充分发挥少先队组织的旗帜作用，使少先队员喜欢少先队组织，在和谐、愉悦的少先队活动中收获快乐的体验，并从中获得锻炼、成长，从而锻造队员良好的品德和健康向上的精神品质呢？作为学校的少先队大队辅导员，我做了以下几点探究。

一、尊重差异，激发自信

　　每个人个性差异的存在是客观事实，相同年龄阶段的少年儿童在脑力与体力、智力因素和非智力因素等方面都表现出个性特征。"和悦教育"思想中提出了"尊重差异、面向全体、快乐成长"的教育理念，我们无法改变存在的个性差异，因而要用一颗平常心去对待每一位学生。在开展少先队活动中做到因材施教，有的放矢，不要强求每个学生都能全面发展，要在活动中尽力去挖掘少年儿童的潜能和积极因素，弥补短处和不足，使具有个性差异的学生都能在活动中找到自己的位置。

　　学校的特色项目是一个学校对外宣传的亮点，也是学校素质教育的体现。而这些特色项目的参与者就是少先队员，活动本身为学生的成长提供了很好的平台。学校开展的特色品牌——"玉兰花芬芳"学生成长卡评价活动，充分体现了尊重差异、面向全体的教育理念。在"争花行动"中我们鼓励学生积极参与，以具体条件和每个学生的实际水平为起点，倡导参与就是进步，提高就有奖励，提倡自己和自己竞争，不断地为自己设定新的目标，发现自己的潜能，看到自己的进步，证明自己的成功。自信是一个人走向成功的最基本的心理条件。每个学生都有其闪光点，作为辅导员老师，在开展活动中要善于发现学生的亮点，并适时地加以鼓励、表扬，使其树立自信心，让学生在成长中不断地挑战自我，战胜自我，不断感受成功的喜悦。

二、自主参与，快乐体验

现在的学生大多数在家衣来伸手，饭来张口，怕脏怕累。在少先队活动中，我们要以培养学生的德智体美劳全面发展为目的，多让学生自己动手、动脑，积极主动地参与各项活动，激发创造美好生活的热情，体验活动所带来的快乐。

学校大队部开展了"春天绿化大会战"植物种植实践体验活动，活动以"和悦教育"思想理念中的"和谐环境，快乐体验"为目的，以个人或小组合作的形式养护一盆绿色植物。教师鼓励学生自主参与，在活动过程中，学生增加了对植物种类、生长习性、生长过程的了解，增强了环保意识、生态意识，从而使学生在活动中体会到劳动所带来的快乐。

在此次活动中，每间教室和办公室在师生的共同用心装扮下变得绿意盎然，令人赏心悦目。课余时间，总有学生拿着小花洒，细心地给小盆栽浇水；小心翼翼地为小绿植修剪枝叶；清理小盆栽的枯枝烂叶等。学生或三三两两地围着绿植观察植物的生长变化，或独自仔细地研究着小盆栽。学生将植物生长记录表也制作得非常精美，图文并茂，仔细地记录着植物的生长过程和他们的心得体会。

著名作家老舍先生在《养花》一文中写道"有喜有忧，有笑有泪，有花有果，有香有色。既须劳动，又长见识，这就是养花的乐趣了"。在这样的植物种植实践体验活动中，学生既从劳动中发现了养护绿植的乐趣，学到一些关于植物的知识，同时也收获了快乐。

三、大胆创新，乐于实践

创新思维是创新活动的核心，创新勇气是创新行为的精神动力。"和悦教育"思想是我校践行"传承创新，追求卓越"学校精神的具体表现。少先队活动是学校德育工作的重要环节，作为少先队工作者要着力培养少年儿童的创新精神和实践能力，促进少年儿童全面发展。

在开展少先队活动时要抓住少先队员在该年龄段好奇好问的特点，因势利导，适当置疑，给少先队员营造自由发挥想象的环境；要善于提出富有启发性的问题，引导他们自己去寻找答案；要善于从少先队员的言行中、发生在身边的点滴小事里，捕捉创造因素，运用各种方法去激发他们的创造热情，培养他们勇于创新、敢于标新立异的勇气。

在少先队活动中，要增强教育过程的自主性，给少先队员营造和谐、愉悦的活动氛围，让他们自己做主人，自己出主意，自己做准备，自己搞活动，自己做总结；给队员宽容、支持和鼓励，鼓励他们有自己的看法，自由自主地思考、探究，提出理论的假设，无所顾忌地发表见解，大胆果断而自主地决策和实践，鼓励他们做勤于动手、乐于实践的"小能手"；让他们在学习中创新，在生活中创新，在活动中创新，追求卓越，超越自我。

　　在开展"爱心跳蚤市场"义卖活动中，我们鼓励全员参与，让少先队员大胆创新。活动前，少先队员为本班"摊位"的设计出谋献策，各班设计的海报、标语都独具特色，商铺的物品琳琅满目、应有尽有，摆放整齐有序。活动中，各班少先队员"各出其招"地装扮，卖力地推销商品，活动现场气氛活跃。通过这样的活动，让少先队员体验了一场真实的交易，在欢笑中锻炼了人际交往能力、语言表达能力和社会沟通能力。

　　少先队活动是关注少年儿童生命成长的活动，是体现对少先队员人文关怀的活动。让少先队员在和谐愉悦的环境里成长，培养健康向上的心理素质，让每一位少先队员都更加主动、更加自信，张扬个性，与时俱进，实现自身价值，成长为一名真、善、美和谐共生的知、情、意全面发展的新时代好少年。

实践·探索追求

"和悦" 德育文化的构建

杨思丽

2017 年，昌黎路小学校长郭永波提出在校内构建和实践"和悦教育"思想："和悦教育，就是在实施学习行为时，充分尊重教育规律和人的身心发展规律，创设和谐愉悦的环境氛围，通过有效的过程方法，使师生体验成功，获得和谐愉悦发展的教育。"要践行"和悦教育"，其先决条件就是构建"和悦"校园文化，而德育文化是"和悦"校园文化的主体。因此，在教育实践过程中，我校通过以下几方面着力于"和悦"德育文化的构建。

一、创设"和悦"校园环境

来到潮州，你就会感受到无处不在的"韩"文化，韩山、韩江、韩文公祠、昌黎路、"昌黎旧治"牌坊、昌黎路小学，这些都与韩愈治潮七个多月的功绩有关。

昌黎路小学坐落于潮州市湘桥区昌黎路，是一所以韩愈命名的百年名校，而在这所校园里处处体现着"和""悦"的儒家思想。步入昌黎校园，首先映入眼帘的就是韩愈塑像。韩愈慈祥庄重，握笔执卷，塑像底座还刻有国际汉学大师、潮人骄傲饶宗颐教授书写的"昌黎遗泽"四个大字。校门两侧的"韩愈治潮""师说"主题浮雕，介绍了韩愈的治潮功绩和教育思想。我校从细微处入手，让学生从入学第一天、进校第一眼开始，以韩愈塑像树形象，以饶宗颐汉教授的墨宝唤起师生承"昌黎遗泽"的责任，以韩愈"业精于勤，荒于戏；行成于思，毁于随"等名言勉励自己的言行，求学求知，善于思考，不随大流，时刻感受韩愈倡导的儒家教育精髓。

在昌黎校园，"百年昌黎"文化墙让人一目了然地了解学校的办学历程及辉煌业绩；走廊上方悬挂的古诗词让学生时刻受到儒家传统文化的熏陶；楼梯上张贴的学生作品，让学生感受到自己是校园的主人，自己的优秀作品成为校园文化的一部分；"十佳少先队员标兵"风采、经典书法作品展、学生特色美术作品展等宣传栏，让学生驻步观看，展现了丰富的校园活动及优秀实践成果。

正是这样，我校努力营造"和悦向上"的育人环境，将教育融于环境之中，让思想性体现于校园各个角落。

二、搭设"和悦"德育活动

德育文化的构建，离不开丰富多彩的实践活动，我校以传承、创新为内容特征，多层面挖掘主题内涵，以各个节假日、主题教育月为契机，设计全体学生参与的活动，将"和悦教育"思想融入各个主题德育活动中。

（一）和悦舞台 激情绽放

2017年12月27日，我校第一次在校园里搭起了舞台，举办汇报演出，这次演出既成功地展现了昌黎学子和乐喜悦、活力奔放的精神面貌，也成为一项传统，每一个有才艺、有能力的学生都可以在这个舞台展示自己最精彩的一面。

我校连续几年举办了多场演出，其中既有亲子同台一展风采的潮剧唱段、班主任老师亲自编排的舞蹈，也有精彩的器乐表演，更有我校特色课程潮州大锣鼓、口风琴、健美操、街舞、非洲鼓等的展示，充分体现了我校提倡的"和悦教育"思想。

（二）和悦吟诵 经典传承

为弘扬民族优良传统，传承国学经典文化，郭永波校长精心组织了学校骨干教师成立编辑小组，出版校本教材《国学经典诵读》，将优秀古诗词、《增文贤文》、《弟子规》、《三字经》、经典故事等内容根据学生认知实际编写成册，要求每位学生对里面的内容进行熟读甚至背诵。

在昌黎校园，随处可听到唐诗、宋词、《增文贤文》、《弟子规》等经典诗文的诵读声，早读、课前五分钟、校园广播都成为传诵经典的时间或途径。而为了让学生更有兴趣了解中华传统文化，主动参与到经典诵读中来，我校在每年的读书节开展"国风古韵，和悦校园"等系列活动。在活动中，各备课组根据本级学生实际开展了"飞花令""《论语》诵读表演""'你比我猜'成语亲子活动""古诗词知识竞赛"等活动。

我校以诵读经典为载体，诵经典、知经典、悟经典，营造和谐、人文、内涵丰富的校园文化，让学生充分汲取中华传统文化的精华，培养崇高志向，在儒家传统文化的熏陶中成长。

（三）和悦赛场 放飞精彩

每年12月为我校的体育节，我校为学生准备了丰富多彩的体育活动。"中国象棋""国际象棋""围棋"赛场上，学生在黑白世界里、楚河汉界间争锋；"拔河""篮球""接力运球"等班际比赛让学生感受到集体的力量；"投篮""跳绳""仰卧起坐"等个人项目让学生使出浑身解数，展现不凡实力。

我校通过组织形式多样的体育竞赛活动，采取班级赛、个人赛的形式，突出活动的普遍参与性、趣味性及竞技性，让每个学生都积极参与到体育活动中来。

（四）和悦校园　扎根传统

学校德育活动的开展既要把握时代特点，又应体现地方实际，将创新与经典、传承与发扬相结合。潮州有着独特的地方文化，潮州话是地方语言，潮剧是地方戏剧，潮绣是地方刺绣。除此之外，还有潮州大锣鼓、木雕、花灯等非物质文化遗产。我校借助湘桥区文化馆，开展传统文化进校园活动，将非遗文化带到学生身边。

广东省非遗传承人丁广颂老师担任我校大锣鼓队的指导教师，带领学生传承潮州音乐传统，在每周五下午的大锣鼓特色课上，校园里锣鼓喧天、弦乐悠扬；潮绣课堂上，学生穿针引线，将昌黎路小学校花——白玉兰进行刺绣，一幅幅精美的潮绣作品将成为学校对外交流的礼物；花灯课堂上，学生在教师的指导下，通过剪、切、拼、贴制作出一盏盏精致的花灯；灯谜课上，学生开动脑筋，大胆猜想，一道道灯谜被一一猜出。

我们将非遗文化融入课堂，让学生了解源远流长的优秀传统文化，在学习中亲身感受非遗技艺，让传承非遗的种子扎根于每个学生心中。对此，原潮州市师范学校校长卢璧锋大加赞赏，并作诗"昌黎小学好名声，韩愈文脉善传承。重学尊师显特色，潮州文化应时兴"，勉励学生传承中华传统文化，提高思想道德修养。

三、推广"和悦"先进案例

校园文化的构建可以引导学生形成先进的文化理念和正确的世界观、人生观、价值观，而青少年对文化的选择具有心理的不确定性和价值取向的模糊性，因此在教育过程中，教师要不断为其树立正确的榜样。我校在德育教育活动中注重开展先进典型的评比活动，形成"和悦向上"的校园氛围。评比活动有以下三种形式：

一是和悦班级的评比。可以说班级是学生在学校的家，他们在这个大家庭里生活、学习。班级的班风、学风对学生的影响极大。因此，我校提倡和悦班级的建设，促进平等互助、积极向上、团结协助、爱学乐学的优良班风的形成。

二是和悦家庭的评比。家长是孩子的第一任老师，家长的一言一行对学生有着深远的影响。因此，我校积极开展和悦家庭的构建，推广亲子共读、孝亲爱亲的家庭活动，塑造和悦家庭氛围。

三是优秀学生评比。我校开展"玉兰花芬芳"学生成长评价活动，设置了礼仪花、安全花、学习花、科技花等十多个花种，让学生自己与自己比，当学生在才艺、学习、竞赛等方面有了进步时，教师会奖励其一朵玉兰花，在学期末的时候由学校将学生获得的玉兰花的朵数和种类进行汇总，评选出各个等次的获奖学生，并将优秀学生风采进行展示。

美国教育家伯乐凯和史密斯曾指出："一个办得很成功的学校应以它的文化而著称，即有一个体现其价值和规范的结构、过程和气氛，使教师和学生都被纳入导致成功的教育途径。"昌黎路小学提出"和悦教育"思想，并将其纳入学校教育的方方面面，让学生在环境中得以熏陶，在活动中得到成长，让这所百年老校在"和悦教育"思想的引领下，展现更多风采。

参考文献

[1] 郭永波. 和悦教育在传承中生长 [J]. 师道·教研, 2019 (11).

[2] 吴磊, 消池平. 关于和谐校园文化建设的思考 [J]. 江西社会科学, 2006 (2).

[3] 李庆平, 刘方庆. 实施文化立校方略增强学校持续发展动力 [J]. 当代教育科学, 2003 (2).

"太阳花中队"特色班级文化建设引导"和悦教育"实践探究

陈 敏

"和悦教育"是近年来中小学大力创新变革的产物，是随着时代发展、学生需求变化而形成的一种校园特色文化。在"和悦教育"感召和引领下，我班建立"太阳花中队"，打造了富有"和悦"特色的班级文化，营造了和谐、积极向上的班级氛围。

一、"太阳花中队"简介

"太阳花中队"的建立，代表了"和悦教育"成果，是教育文化、教育氛围的一次实践创新。太阳花，是一种会跟着太阳"跑"的花，向往着光明，代表着希望，给班级的同学们带来了美好的希冀。

"太阳花中队"的口号是拥抱阳光、放飞梦想；中队精神是阳光、快乐、灿烂、自信；中队公约是健康、快乐、顽强、阳光。对于"太阳花中队"的全体孩子来说，班级是一个大家庭，自己就是大家庭中的小小一员，中队文化如同温暖的阳光，照耀着这群可爱的"小花朵"。具体来说，"太阳花中队"主要能够在三个方面为"和悦教育"实践打下坚实的根基。

（一）增强孩子的集体意识

随着时代的不断发展，当今中小学生面临着同学交流障碍、集体意识不强的问题。"太阳花中队"的建立，能够帮助孩子树立自身在班级中的"主人翁"意识，引导孩子在班级文化的影响下学习、生活，朝着同一个目标不断前行，做一个有益于班级集体、有益于校园集体的优秀学生。

（二）提升班级的凝聚力

"太阳花中队"代表着阳光、快乐、灿烂、自信，是正处于世界观、人生观、价值观形成初期的孩子必不可少的基本素养，是打牢正向思想意识根基、形成良好性格品质的基本要素。在"太阳花中队"如沐春风般的温暖照耀下，孩子们逐渐认识到了集体的力量，在学习、生活中拧成一股绳，班级凝聚力显著增强，良好地塑造了和善、有爱的班级文化氛围。

（三）强化教师的管理能力

过去，教师在进行班级管理时，往往"重形式、轻效能"，只是一板一眼地按照各项规章制度，运用传统班级管理模式进行，缺乏对孩子个体因材施教、挖掘潜力的能力，没有根据孩子的天性塑造适合于其人生成长的班级文化。"太阳花中队"班级文化制度能够帮助教师提高管理能力，辅助教师在良好的文化氛围下对班级孩子进行思想观念、价值体系、学习习惯等多方面的培养，达到和孩子共同成长、共同进步的目的。

二、"太阳花中队"特色班级文化的育人之道

在"太阳花中队"特色班级文化的帮助下，主要在三个方面为"育人"打下了坚实的基础。

（一）育德

孩子是天真烂漫的，但在成长过程中，会有个别孩子在家庭、社会的不良影响下，逐步走歪、走偏，最终导致思想品德出现一定偏差，甚至走上违纪违法的道路。在我们的"太阳花中队"特色班级文化的影响下，孩子能够在中队阳光、快乐、灿烂、自信的精神引导下，在家长与辅导员的共同努力下，不断运用正确的价值观纠正自身言行中存在的问题，以此提高自身的思想道德水平。这里有一个案例：有一个孩子自从来到班级后，一直显示出了比较暴躁的言行，并且在道德品质方面有所缺失。经过了解，我们发现他是一名留守儿童，父母都在外地工作，由爷爷奶奶带着他。老人带孩子，只能负责把基本生活安排妥当，在教育方面力度不够。在这种情况下，我们联系了孩子的父母，采用了家校共建的方式，将原本一个内向的孩子逐渐转变成了阳光、快乐、活泼、友善的"太阳花"。所以，在"和悦教育"引导下，在孩子成长的初期，"太阳花中队"特色班级文化建设实践，能够切实帮助其中的孩子感受正能量，为处于成长初期的孩子世界观、人生观、价值观的形成打下良好的基础，让孩子们感受到人生的美好与世间的温暖。

（二）育心

孩子处于成长的关键阶段，其"心性"的养成显得十分重要。有些孩子在面对人生中的挫折诸如成绩下降、家庭关系不善等情况时，极易出现人生道路的偏差。在这种情况下，打造建立在"和悦教育"基础上的"太阳花中队"，能够帮助孩子走向正向的成长道路，为孩子提供更多正能量的帮助。对于身心均处于高速发展中的孩子来说，为了对其存在的问题做好充分引导，打牢其人生发展的基石，并做好相应的辅助工作，"太阳花中队"的口号就是"拥抱阳光、放飞梦想"，预示着在"太阳花中队"里成长的孩子都会是阳光、积极向上的好孩子，能够为了在自己内心种下的梦想种子生根发芽而不懈努力，拥有更加美好的明天。

（三）育人

"太阳花中队"辅导员寄语孩子："阳光、快乐、灿烂、自信是太阳花的象

征意义。班级是温暖的太阳，我们是小小的太阳花，大家团结一心向着太阳绽开快乐的笑脸。我们享受集体温暖，感受成长快乐！老师希望我们班的孩子像太阳花一样，不管遇到什么困难，都要自信、坚强，要永远朝着太阳的方向微笑，一起在成长的路上高歌前行！"对于"太阳花中队"的孩子来说，我们的目标是什么？我们的人生梦想又是什么？每个孩子可能都不一样。有的孩子说，"我想要当个科学家"，有的孩子说，"我想要成为一名保家卫国的军人"，有的孩子说，"我想要做一名救死扶伤的医生"，无论是什么目标、什么梦想，都会让孩子在"太阳花中队"精神的指引下，不断前行，始终奋斗。

三、"太阳花中队"特色班级文化的做法

建设"太阳花中队"特色班级文化主要运用了以下两种做法，为中队建设发展、孩子的人生成长打下了坚实的基础。

（一）学习方面

"太阳花中队"深知孩子最重要的事情就是学习。所以在学习上，中队辅导员在中队内部大力营造了"比、学、赶、帮、超"的文化氛围，不断用各类激励手段如物质奖励、口头表扬、张贴进步榜等方式，鼓励孩子相互竞争、相互比拼，促进孩子学习成绩的提高。此外，中队教师在实施教学的过程中，不断运用多种手段，包括多媒体、"课前三分钟"等，提高了孩子的学习兴趣。

（二）思维方面

在孩子的思维塑造方面，"太阳花中队"的教师十分注重发散性思维的培养。主要运用"联想性思维"，不断强化对孩子的思维训练。联想性思维能够充分体现孩子的想象力，能够很好地体现培养发散性思维的效果。联想性思维的培养是一个由点及面、由外及里的过程，通过进行联想性思维训练，孩子的课堂思维能够达到一个超出当前年龄段的思维广度。例如在给孩子进行诗歌讲解时，通过引导他们进行时代背景、诗人身份的联想，并辅以诗词创作过程中的趣闻轶事，以增强他们联想能力。在课堂教学中，我们摒弃了传统教学的桎梏，不断找寻新式的、具有时代特征的、符合当前时代思维的教学方式。此外，中队在课堂学习的过程中，增强与孩子的互动性；通过一些直观上的实际操作充分带动孩子的思维，让他们用各种感官对知识进行自我探寻；针对问题的答案养成逆向思维模式，让孩子掌握多种解题思路，培养他们在直观感受上对题意的理解，达到提高学习效率的目的，从而提高课堂教学质量，达成培养孩子的发散性思维的目的。

四、小结

"和悦教育"的影响深远，为"太阳花中队"特色班级文化建设打下了坚实

有力的基础。成长于"太阳花中队"良好氛围中的孩子必将在人生的成长过程中，不断提升自身的学习能力、思维能力、道德品质、人生信条，为日后走上社会、获得更大的成就奠定良好的基础。

参考文献

[1] 周芷玉，练素兴. 基于"和悦教育"下的小学英语激励教学法的实践探究 [J]. 校园英语，2017（24）.

[2] 梁振. 小学校园文化建设研究：以东昌府区花园路小学校园文化建设为例 [D]. 聊城：聊城大学，2019.

[3] 彭瑞清. 多措并举提升学校德育工作实效 [J]. 甘肃教育，2018（9）.

在星辉斑斓里放歌

——在"和悦教育"理念下创建特色班级文化的思考

陈晓珊

古代"孟母三迁"的故事和"近朱者赤，近墨者黑"的智语，强调的是环境氛围对人的影响。班级作为学校的基本单位，特色班级文化也是校园文化的基础工程和灵魂工程，对学生三观的形成和人格的塑造有着潜移默化的影响。本文就特色班级文化建设的三个方面谈几点看法。

一、特色班级文化的内涵与创建的意义

什么是特色班级文化？它可以概括为"通过创建和利用班级的氛围、文化、制度等，逐渐在班集体内部形成独特的价值取向和行为准则"。具体地说，作为特色班级文化，第一，它是一种有着强烈个性色彩的文化，体现着班级的特色。第二，它是一种不断发展的动态文化，会随着主体对象的成长而变化、完善。第三，它是由班集体的所有成员共同创造的，是班级的共同财富。

著名教育家马卡连柯的教育理论认为，要激励一个集体，首先必须形成大家共同拥有的希望和追求。这种希望和追求，就是班级文化的核心，能够团结大家，激励大家，使大家心往一处想、劲往一处使，集体便有了高昂的斗志、饱满的精神和勇往直前的毅力。班级文化建设是班级管理的最高境界，它对学生的影响是潜移默化的，是润物细无声的，它能锻造出"桃李不言，下自成蹊"的育人环境，且这种环境的影响深远而持久。它不是命令，不是灌输，而是体验与感悟，浸润与熏陶，它能逐渐形成和谐愉悦、积极上进的班风，培养勤教乐学的学风，使师生一起享受教育的快乐。优秀的班级文化就像和煦的阳光，温暖着每一位学生，促使他们养成良好的行为习惯，塑造健全人格，为幸福人生奠基。

二、创建特色班级文化应遵循的原则

（一）小学班级文化建设要有自己的特色，要符合儿童的认知规律

小学生年龄较小，其认识能力、辨别是非能力尚待学习提高，小学是他们养成学习生活习惯的初始阶段、基础阶段，再加上小学生性格各异，行为习惯不尽相同，所以特色班级文化建设必须符合儿童的认知规律，形成特色，吸引他们的注意力，培养他们参与的兴趣，才能激发他们的创造力。这就需要教师一步一个

脚印，从基础做起，扎实地开展每一项工作。

（二）小学特色班级文化建设要有全面规划

小学阶段是学生人生中在校生活时间最长的一个阶段。在这个阶段，他们由一个懵懂学童成长为具有一定思想意识、具有一定文化知识、掌握一定行为规范的青少年，这是身心发展最快的一个阶段，因此特色班级文化建设要有全面规划，针对不同年龄段学生的不同特点，寻找各阶段不同的切入点，有的放矢，使教育更有成效。

（三）小学特色班级文化建设要有时代感和创新精神

事物是不断发展变化的，同样，小学特色班级文化建设也须与时俱进，充满时代感和创新精神。小学生对一切事物充满好奇，把一些具有时代感的东西融入班级文化建设中，会很容易提升小学生的兴趣，对小学生认知社会也能起到很大的促进作用，能让他们更容易融入社会，有助于他们形成正确的价值观，塑造健康的人格。

三、创建特色班级文化的策略及建议

（一）墙上文化须"丰满"，打造丰富多彩的学习乐园

要形成特色班级文化氛围，显性文化的作用不可忽视。小到墙上的标语、宣传画的布置，大到黑板报的设计，把墙壁打造成丰富多彩的乐园，都可以让学生在浓浓的文化气息中熏陶情感，浸润心灵。在布置过程中，要让学生自己设计，自己动手，充分发挥他们的自主性和创造力。标语应是富有激励性的语言，墙壁空白处可以成为学生作品的展示台，黑板一侧可以悬挂"好人好事"记录本……黑板报更是传播知识、启迪智慧、播撒文化气息的"一方宝地"。黑板报完成后还可以举办黑板报赏析会，集思广益，把每次黑板报办得内容丰富、各具特色。

（二）人人都是班级文化的建设者与参与者

我班的特色是每个学生都像一株在阳光下茁壮成长的向日葵，健康成长，自信自强，充满活力，快乐学习，主动发展。我们把对这个班级特色的定位以文字的形式表达出来，张贴在班级墙壁的醒目处，让班级的每一个成员时时刻刻向着这个目标努力。我们在教室四周的墙壁上贴满了学生的座右铭，有学生自己写的，也有摘抄的；有学习方面的，也有生活方面的；有待人处事方面的，也有心得感悟方面的，学生在自己的座右铭中找到了前进的动力与方向。我们在教室的板报墙的下方开辟了一方"花田"，只要学生某一方面有突出表现，就能获得相应的一朵向日葵；但如果学生骄傲自满，某方面有所退步，这朵向日葵就会凋谢，从墙壁上摘去。

（三）享受特色班级文化建设的成果，使个人得到成长

有人说，教室是教师和学生共同成长的地方。学生在自主创建特色班级文

时，也能享受特色班级文化建设的成果，得以成长。去年我们班推行"轮值班长"制度，班长不再由固定的几个学生担任，而是由大家轮流担任。每天由两名学生负责对全班同学的日常行为习惯和班级环境卫生进行全方位的检查、监督和管理。这种做法能够培养学生的主人翁意识，提高学生的自我管理能力，引领学生诚信守责，追求荣誉，在管理中成就学生良好品质和自我完善的能力。除此之外，我们在班会课上广泛听取学生的意见和建议，再通过民主表决确定，建立班级文明礼仪、学习常规、卫生值勤、奖惩等制度，强化学生的规范意识，以积极的态度去执行，促使学生进行自主管理。在成事中成人，在执行中享受成长的喜悦，在喜悦中激发更高的建设热情，在建设中凝聚团队精神，在团队精神中汲取成长的精华，这才是特色班级文化建设的魅力。

（四）一班一品，弘扬个性，每个班级都是独一无二的

正如每一个人都有自己的个性一样，每一种文化也有自己的个性，班级文化也不例外。因此，要真正创造出有个性的班级文化，就必须敢于尝试，大胆创新，不断总结与坚持。特色班级文化建设要立足班情实际，着眼学生发展，基于教师特点。有的班级以"小雏鹰"为班级文化，注重培养学生勇敢自信、奋发向上的精神；有的班级则彰显"韩愈文化"特色。即使同为"知书识理"特色班级文化建设，有的将其定位于书香熏陶，引导学生以书养性、以礼修身，而有的则重在引导师生在读书中学会思考、学会认知、学会做人。特色班级文化中显性文化可以千姿百态，但必将逐渐沉淀为班级文化共性——一种班级文化精神，学生的知识与技能、情感等方面互相影响、渗透、交融，进而形成积极的学习态度、良好的学习氛围、互帮互助的人际关系等健康向上的班风与和悦共处的团队协作精神。

教育长河里，满载一船星辉，在星辉斑斓里放歌。特色班级文化就像春风煦暖，细雨润物，它让学生感受温暖，愉悦身心，建立起一种心灵相通、互相关爱、彼此接纳的人际关系，既使班级管理井然有序，又使学生个性得以彰显。但特色班级文化建设是一项长期工程，还有许多值得探讨的地方，仍有待广大教育工作者进一步研究与探索。

参考文献

[1] 李万春. 一班一品　弘扬个性　助推发展：关于学校班级文化建设的思考与实践 [J]. 新教师，2014（3）.

[2] 张松柏. 环境浸润心灵　文化滋养精神：班级文化的建设与实践 [J]. 高考，2019（12）.

浅谈 "和悦教育" 理念下的班级管理

陈雪容

班级管理是一种有目的、有计划、有步骤的活动，这一活动的根本目的是实现教育目标，使学生得到充分的、全面的发展。它体现了教师和学生之间的双向活动，包含一种互动的关系。班级管理的主要对象是学生，而小学生如同一块未经雕琢的璞玉，小学阶段是学生良好习惯培养和形成的关键时期。小学作为儿童刚刚开始接触外界和接受新事物的阶段，也是一生中品德养成最重要的阶段。在班级管理中，教师如果能够在这个阶段正确引导和培养学生的品德修养，将对其一生的成长具有十分重要的意义。

一、"和悦教育" 思想简介

"和"，指融和、和谐；"悦"，指高兴，愉悦，幸福；"和悦"，指因和而悦，以悦促和，和而达悦。"和悦" 有四个维度，一是与自身和悦，达成身心和融，悦纳自我；二是与他人和悦，达成人伦和善，悦纳他人；三是与社会和悦，达成社会和谐，悦纳社会；四是与自然和悦，达成自然和美，悦纳自然。"和悦教育" 思想明确了 "培养什么人" 和 "如何培养人" 两大问题，用 "和悦教育" 思想进行班级管理，能够营造轻松、愉悦、幸福的教育氛围，让学生快乐地学习，共同收获，幸福成长。

二、"和悦教育" 思想在班级管理中的应用

（一）师生和悦

师生和悦体现了一种良好的师生关系。什么是师生关系？师生关系是教师和学生在教育教学过程中形成的相互关系，包括彼此所处的地位、作用和相互对待的态度等。它是一种特殊的社会关系和人际关系，是教师和学生为实现教育目标，以各自独特的身份和地位通过教与学的直接交流活动而形成的多性质、多层次的关系体系。良好的师生关系不仅是顺利完成教学任务的必要手段，而且是师生在教育教学活动中的价值、生命意义的具体体现。

师生和悦指教师和学生在人格上是平等的、在交互活动中是民主的、在相处氛围上是和谐的。它的核心是师生心理相容，心灵互相接纳，形成师生真挚的情

感关系。它的宗旨是本着学生自主性精神，使他们的人格得到充分发展。它应该体现在：一方面，学生在与教师相互尊重、合作、信任中全面发展自己，获得成就感与生命价值的体验，获得人际关系的积极实践，逐步完成自由个性和健康人格的确立；另一方面，教师通过教育教学活动，让每个学生都能感受到自主的尊严，感受到心灵成长的愉悦。那么，如何构建和悦的师生关系？

1. 转变思想观念，打造自由平等的环境氛围，树立以学生为中心的理念，共同发展师生关系

教师在对学生的管理中要学会尊重学生的思想和性格，对他们的想法进行鼓励和引导，让他们在积极和谐的环境中健康成长。同时，学生也要尊重教师，对教师的严格管理表示理解。只有在这样相互的环境中才能让师生共同发展，体现出师生的和谐关系。如在选班干部时，我都进行民主选举，先全班投票，再参考科任教师的意见，做到师生参与，共同构建和悦的班级。

2. 与学生形成真诚有爱的情感关系，也就是"师爱"

师爱是一种无私的爱，深沉、持久，学生得到教师的爱，自然而然地会激发对教师的爱，反馈给教师，形成爱的双向交流，心理学家称之为"动情效应"。师爱是建立和谐师生关系的基础。那么，如何更好地体现出师爱呢？具体地说，主要表现在"尊重、关怀、理解"六个字上。如果班主任在管理过程中能够做到与学生互动交流和沟通，用一颗真诚的心去对待学生，让科任教师和学生都能在这样的管理中愉悦心情，那么班主任的管理就是成功的。在担任班主任的这些年，对于学生的每一个"投诉"事件，我都亲力亲为，帮他们解决，虽然好多都是芝麻小的事，但在学生眼里，可能就是一件大事，教师帮他们解决了，他们感受到了教师的爱，就会加倍地偿还给教师，用自己的实际行动表现出来，对教师会更热爱、更信赖。师生心灵相通，思想的交流、知识的传递就会畅通无阻，相互关系自然就会和谐密切。

（二）生生和悦

在班级管理中，只有培养学生良好的性格，才能做到生生和悦。近年来，在担任班主任的过程中，我发现学生性格各有不同，各有好坏。有的个性内向孤僻，上课从不发言；有的个性粗鲁冲动，下课经常打打闹闹；有的个性自卑，碰到微小困难或挫折就泪水汪汪……在班级管理中，面对复杂的学生性格问题，我深深地体会到班集体对学生性格的形成与发展产生了非常深远的影响。如何在班级管理中培养学生的良好性格？

1. 教育学生"班集体是我们的大家庭"，人人应民主平等，团结互爱

在班主任工作中，学生之间因小事发生打闹的现象屡见不鲜，有些是因为性格小气狭隘，容易产生矛盾和"磨擦"；有些是个人主义观念浓厚，集体主义观念淡薄；也有些是情绪不稳定，自制能力弱，容易冲动。所以，在班级管理中，班主任要营造和睦融洽、民主平等的班级氛围，对学生尽量多一些表扬，少一些批评；多一些鼓励，少一些责备；要善于挖掘性格好的学生，让他们成为其他同学的榜样；对性格有问题的学生进行个别辅导，必要时可联系家长，摸清他的个性特点以及成因，让学生感受到班主任的爱，感受到集体大家庭的爱。总之，班主任要公平对待每一个学生，对学生的关注要做到一个也不能少。

2. 进行礼仪教育，培养学生以礼待人、谦虚诚恳的性格

由于家庭教育的原因，有些学生待人友善、彬彬有礼；有些学生却满嘴粗言，恃强凌弱，在与学生的相处中，会发现原生家庭对学生带来的不同影响。因此，要使学生能够团结友爱，和睦相处，必须对学生进行礼仪教育。结合学校开展的"玉兰花"评选活动，我经常提醒学生要使用礼貌用语，做到以礼待人，才能拿到礼仪花。同时，要帮助讲不文明话、讲"粗言烂语"的同学，相互指正，让讲不文明语言的丑陋现象在班内外消失。学生间的礼貌用语多了，班集体自然就会形成一种和悦的氛围。

（三）家校和悦

家庭和学校是学生教育过程中两大主要的教育力量，家庭参与学生教育对学校教育效果影响极大，如果形成合力，就能互相支持和配合，强化教育作用；如果不能形成合力，则可能互相削弱和抵消，学校的教育作用就无法充分发挥。因此，协调与调动来自家长的教育力量，是班主任的一项重要工作。班主任与家长的沟通要讲究方式方法，做到家校和悦。

1. 要用平和的语气与家长交流

班主任在日常的工作中，有时会遇到一些不讲理的家长，这时，要心平气和、耐心地与家长交流，要用自己的真诚去打动家长，让家长感受到自己的诚意，使其主动配合教师完成教育小孩的工作。

2. 要经常与家长沟通

班主任除了要多关注班里学生的思想动态，也要关注家长的思想动态，遇到问题要及时处理，尽量避免与家长发生矛盾，借助微信、电子网络平台等及时将学生的在校情况反馈给家长，与家长建立和谐的家校空间。

三、小结

一个优秀的班级离不开优秀的教师、学生、家长，而这些都源自一套优秀的管理模式，当一个班级能呈现出师生和悦、生生和悦、家校和悦的景象时，这套管理模式就是成功的。

参考文献

全国十二所重点师范大学联合编写. 教育学基础 [M]. 北京：教育科学出版社，2008.

浅谈"和悦教育"下特色班级文化建设的实践与研究

李 洁

潮州市昌黎路小学是全国唯一一所以韩愈的号为校名的学校,"昌黎遗泽"是我校固有的精神特质和文化灵魂。"和悦"即因和而悦,由和而达悦。和悦的意思就是和谐、愉悦,与韩愈所倡导的儒家文化是一脉相承的。让学生述说,让学生表达,让学生交流,让学生思考,让学生感动,让学生能动之于心开之于口,这便是"和悦"。"和悦"二字从口从心,可以说口和心是"和悦教育"的精髓。

为传承"昌黎遗泽",践行"传统创新,追求卓越"的教学理念,近年来,我校开展"和悦教育"下特色班级文化建设的实践和研究,起到了良好的教育效果。下面谈谈我的几点实践:

一、班级文化的熏陶

苏霍姆林斯基曾经说:"无论是种植花草树木,还是悬挂图片标语,或是利用墙报,我们都将从审美的高度深入规划,以便挖掘其潜移默化的育人功能,并最终连学校的墙壁也在说话。"因此,"和悦教育"下的班级文化建设首先要从抓好教室的环境布置入手,营造和谐的学习环境。

(一)保持教室整洁,养成主人翁意识

干净的教室不只是打扫出来的,更是保持出来的。我要求每位学生以身作则,身体力行,从自身做起,看到纸屑主动捡起来,课桌椅歪了主动扶正,卫生洁具摆放整齐等,从而让每个学生都树立起主人翁意识。

(二)美化教室墙壁,打造学习乐园

认真对待班级教室环境的布置,让小小的一块墙壁成为教育的一片天地,让学生在浓郁的氛围中受到"和悦教育"的熏陶。

(1)在教室前面黑板的上方张贴班级的座右铭,让学生一抬头就能看到。

(2)在教室墙壁的入门处精心布置一棵"成长树",并将全班学生的头像贴在树上,作为我班全家福;在空白处建立"展示台""我最棒"等板块,"展示台"里为表现好的同学贴上星星,树立学生的竞争和挑战意识,"我最棒"中张贴学生的优秀习作,以及有关韩愈文化思想的书画作品展,让学生在展示中张扬

个性，表现自我，让学生置身于"和悦教育"的环境中。

（三）精心办好黑板报，展示"和悦"特色文化风采

黑板报是一个班级的文化宣传阵地，是营造班级文化氛围的重要舞台，是传播知识、启迪智慧、播撒文化气息的"一方宝地"。我充分利用黑板报，集思广益，把每次板报办得内容丰富、各具特色。例如三月份的雷锋日，黑板报主题为"向雷锋叔叔学习"；四月份的地球日，黑板报主题为"保护环境，爱护地球"；五月份的母亲节，黑板报主题为"感恩母亲"等，通过围绕黑板报上的一系列活动在班经中营造出一种奋发向上的"和悦"氛围。

（四）设置班级图书角，体会分享知识的快乐

我引导和发动学生把自己最喜爱看的课外书捐献出来，建立一个班级图书角，从而培养学生的奉献精神，每个月轮换一次，对于捐得多的学生给予小红花奖励；不定期开展读好书、写读后感的评比活动，以此充分调动学生的读书积极性，提高学生的知识水平，引导学生进行思考，增强学生"动之于心、开之于口"的素质水平。

总之，我们要不断加强班级物质文化环境建设，使班级里的各种设施都能体现班级个性，把教室建设成一个"愉悦的场所"。

二、班级管理制度建设

"没有规矩，不成方圆。"建设小学班级制度，要在教师的指导下，本着民主、平等、一切为了学生发展的原则，共同协商制定班规，并让学生认同自己所制定的制度。

（一）制定切实可行的班规，保障班级正常运转

班规是全班共同遵守的制度，包括文明礼仪、学习常规、考勤常规、基本规范、卫生值勤、奖惩制度等多个方面，是班级活动的行动指南。班规的制定和完善要激励每一位学生积极参与，广泛听取每一位学生的意见和建议，最后由班主任确定下来，这样可获得学生的心理认同，从而内化成其追求的目标，使他们以积极的态度去执行，促使他们进行自主管理。

（二）培养优秀班干部队伍，强力支撑班级运行

班干部队伍就像一列火车的车头，影响着整个班级的正常工作。每学期的学生干部任命都应恰当地发挥民主集中制，首先由学生推选候选人，再由教师指派，经过一段时间的试用期后才能正式被任命为班级的小干部。

（三）实行班干部轮换制，培养学生责任意识

每个学生都有各自的闪光点和发展潜能，因此我改变了班干部在班级中的特殊地位，淡化"终身制"的观念，让每一名学生都能体会做班长的经历，增进学生对小干部岗位工作的理解与支持，让学生在竞争中找到自信，在自信中强化

竞争意识。

（四）增设管理岗位，锻炼办事能力

利用各种岗位引导学生、锻炼学生，提高学生的办事能力和责任意识。在班级里增设多种学生岗位，锻炼学生履行不同义务，从而为班集体服务。设置早读与课前带领同学读书的领读员、监督课间纪律的安全员、管理卫生角的环保小卫士、分管图书角的图书管理员、负责饮水机的饮水管理员等。

（五）创建班级激励制度，培养小学生竞争意识

在小学班级文化建设过程中，除了注意公平公正的原则之外，更重要的是建立和健全激励机制，树立榜样，这样才会充分发挥小学生的积极性。设置标兵栏，每周评选一次文明标兵、学习标兵、卫生标兵，并把这些标兵的名单和照片张贴在标兵栏内，以此来激励学生。

班级文化建设搭建了学生当家作主的舞台，每个学生在班级中都能发挥自己的价值，感受班级生活的愉悦、集体成长的快乐，从而更加积极主动地展现自我，学会自我管理、自我教育。教师把班级管理的权力交给每一个学生的同时，也为学生提供了发展社会意识和能力的实践舞台，为学生提供了有序的生活空间。

三、班级精神文化建设

班级精神文化是班级文化的核心和灵魂。班级向心力的形成对人的感染力是巨大的，它用一种无形的力量和高尚的精神引领着每一位学生，有意或无意地影响、支配着学生的行为，陶冶学生的情操。

（一）确立班级的奋斗目标，培养学生目标意识和奋斗意识

一个优秀的班级应该有一个集体的奋斗目标，这样才能形成强大的班级凝聚力。在创设班级的奋斗目标时教师应充分发挥民主精神，听取每位学生的意见，按大多数学生的愿望设置这个目标。必要时还可以和学生进行沟通，因为有学生参与并提出意见的目标才会更吸引学生。

（二）培养正确的舆论和良好的班风，增强班级凝聚力

教师要注意培养正确的舆论，引导学生对班集体的一些现象与行为进行评议，努力把舆论中心引导到正确的方向，营造良好的班风、学风。班级精神文化的主体是班风，优良的班风能对班级成员的心理产生一种内在的激励因素，从而增强班集体的向心力和归属感。

（三）发挥"玉兰花芬芳"综合评价体系的作用

玉兰花为昌黎路小学的校花。为了更有效地激励学生，调动学生的积极性，激发学生的潜能，学校结合本校实际和特点，采取"玉兰花芬芳"学生成长卡这一具有特色的综合评价方式，通过每周一次考核评定，将学生各方面的点滴进

步用一朵朵不同的玉兰花记录于成长卡，学生在争取获得玉兰花数量与种类的过程中展现个性，提高素质，从而有效促进学生全面、健康、快乐地成长。

班级文化建设是"和悦教育"的重要组成部分，对"和悦课堂"的构建有着重要的意义，作为班主任，必须在班级文化建设上大胆探索，不断创新，进一步完善"和悦教育"的内涵，拓展"和悦教育"的空间。

参考文献

[1] 戴联荣，薛晓阳. 小学班级文化建设 [M]. 南京：南京师范大学出版社，1999.

[2] 王长华，郭春梅. 我和我的教室：密云县第二小学班级文化建设的探索与实践 [M]. 北京：华文出版社，2015.

[3] 季兰娟. 杨梅之花悄然绽放：和悦班级文化建设初探 [J]. 启迪与智慧（教育），2015（8）.

和合共促　悦乐成长

——小学家校互助心理健康教育模式的探索与实践

林轶桦

教育部 2002 年印发的《中小学心理健康教育指导纲要》指出，"良好的心理素质是人的全面素质中的重要组成部分。心理健康教育是提高中小学生心理素质，实施素质教育的重要内容"。"根据中小学生生理、心理发展特点和规律，运用心理健康教育的理论和方法，培养中小学生良好的心理素质，促进他们身心全面和谐发展。"诚然，小学生良好心理素质的形成，受到遗传素质、外在环境、学校教育、个人主观努力等方面的影响。后天环境中，虽然主要依托学校教育，但更是学校、家庭和社会三方面共同努力的结果。由于受到多种因素的影响，目前在我国小学的心理健康教育中，学校、家庭和社会这三个方面存在着不相一致甚至脱节的现象，主要表现在以下两个方面：第一，学校教育和家庭教育无法形成合力，学校倡导和推行的心理健康教育工作难以得到家长和社会的支持；第二，众多的社会教育资源缺乏有效的整合和利用。此外，社会上也存在一些不利于少年儿童健康成长的环境因素。如果学校、家庭和社会教育不能协调一致，那么心理健康教育的目标将很难全面得以实现。因此，促使学校、家庭和社会在心理健康教育中形成合力是一个关乎心理健康教育成效的关键问题。

"和悦"思想可谓真正的"昌黎遗泽"，是儒学文化的精髓。"和悦教育"思想是昌黎路小学践行"传承创新，追求卓越"学校精神的具体表现。"和悦教育"是让每一名小学生的身心得到健康调和，树青云之志，铸芳华希望，激扬青春梦想，开放生命颜色。围绕"无限和合教育情境，无限悦乐成长心理"两条法则，以教育系统论（1 + 1 > 2）整体功能大于部分功能之和为理论依据，我校创建了家校和合共促小学生心理悦乐发展的心理健康教育模式，旨在建立家庭、学校和社区新型合作伙伴关系，其涵盖家庭教育指导、学校生活参与、家校互助沟通与社区融合协作等内容。家校合作共育有利于树立和发展家庭教育的正向功能，构建亲子与师生、学校与社区之间的"和合共促"，进而有利于小学生的"悦乐成长"，从而实现家庭的幸福完整，社会的和谐稳定。

一、和悦家校互助心理健康教育模式的含义与必要性

和悦家校互助心理健康教育模式是指在对小学生进行心理健康教育的过程中，在共同目标的指引下，学校、家庭和社会三方面的教育合力相互补充、"和

合共促"，共同构建"学校—家庭—社区"多层面、立体化的交叉融合，最终实现少年儿童"悦乐成长"的心理健康教育模式。

教育部颁发的《中小学心理健康教育指导纲要》（2012年修订）指出，"心理健康教育的总目标：提高全体学生的心理素质，培养他们积极乐观、健康向上的心理品质，充分开发他们的心理潜能，促进学生身心和谐可持续发展，为他们健康成长和幸福生活奠定基础"。同时指出开展心理健康教育的途径和方法是多种多样的，除了"始终贯穿于教育教学的全过程、开展心理健康专题教育、建立心理辅导室"之外，还应"密切联系家长共同实施心理健康教育、充分利用校外教育资源开展心理健康教育"。可见我国的政府部门对中小学生心理健康教育十分重视，通过一些文件规定了中小学心理健康教育的指导思想、原则、内容以及方式，同时也明确了学校、家庭和社会的结合对心理健康教育的重要意义。

昌黎路小学在心理健康教育实践探索中发现：心理健康教育中两大重要角色，即家庭与学校，存在不可分割的关系；单靠家庭或学校的力量去维护小学生的心理健康，效果不佳。创建"家校合作、悦乐成长"心理教育创新模式，将学校与家庭的资源进行有效整合，实现小学生无限悦乐成长心理的最优化，避免了以学校为中心，双方交流甚少，流于形式的局面的产生，从而实现优缺互补，交互促进。

二、和悦家校互助心理健康教育模式的目标与任务

昌黎路小学的实践探索证明，家校要达到密切合作，还必须搭建一个平台，构建一个相对稳定的模式。和悦家校互助心理健康教育模式，首先营造"学校—家庭"共情模式，双方在一个和谐、愉快的氛围中，为共同的目标而密切合作。其具体形式就是亲子活动，学校和家庭拧成一股合力，家校在和谐的氛围中协助孩子解决棘手的问题。在这个过程中，家长与孩子都能得到一定的成长，亲子关系、家校关系也变得和谐融洽。"学校—家庭"共情模式下，学校、家长、小学生三者之间和合共促、共同成长。

和悦家校互助心理健康教育模式的目标与任务主要包括：发展性、前瞻性、指导性三个板块。

（一）多层次的发展性目标和任务

发展性是指和悦家校互助心理健康教育模式应明确以发展为核心的教育目标，致力于提高心理素质，开发潜能，培养积极、乐观的品质，促进少年儿童人格健全发展。实质上该目标就是以发展性为导向的，根据小学生年龄和个性特点的差异，设置不同的目标。例如，将纠正小学生偏差的行为和矫正消极心理作为底线目标；将培养小学生适应能力、自主性以及自我观作为中等目标；将促进小学生潜能开发和自我完善作为高等目标。根据学年段的不同，心理健康教育的目标也不一致，1～2年级的小学生主要是帮助其适应新环境，明确学习任务，养成初步的学习习惯；中年级阶段的小学生应将调整学习心态、塑造健康人格、开

发智力潜能作为目标；高年级阶段的小学生应将增强小学生责任感、自我个性的完善作为目标。

和悦家校互助心理健康教育模式的最终目标是促进少年儿童人格的健全发展，形成良好的个性心理品质，增强他们全面、主动地适应学习、生活和社会的能力，全面提高他们的心理健康水平，为实现可持续发展打下坚实的基础。

（二）全方位的前瞻性目标和任务

前瞻性是指和悦家校互助心理健康教育模式要按照"教育在前，预防为先"的原则，"立足当下，着眼未来"，提高学生抗挫折能力，培养他们积极进取的精神，帮助他们正确地评价自己、悦纳自己，认识自己的内在潜力，充分发挥个人潜能，提前预测成长中可能遇到的各种心理危机，学习并能掌握自我危机干预的方法，帮助他们顺利解决未来成长过程中可能遇到的困难，增强其自我调适能力、心理防御能力和承受能力。

（三）立体的指导性目标和任务

指导性是指和悦家校互助心理健康教育模式针对少年儿童业已产生的心理问题与行为偏差，应采取科学有效的方法和手段，给予立体的指导和引导，帮助其排解心理困扰，重新找回健康、阳光、自信的自己。

三、和悦家校互助心理健康教育模式的实施途径

家庭和学校在小学生成长环境中起着至关重要的作用，为促进小学生身心全面发展，需要构建"家庭—学校—社区"三位一体的教育模式，家校携手共育也已经成为教育发展的重要趋势。但是目前家校教育过程中合作观念、合作内容、合作方式等方面存在问题，导致实践多流于形式，因此需要积极构建家校协同机制，形成教育合力，使小学生健康成长。

（一）开展专题讲座，注重学科渗透，提升业务水平

昌黎路小学会定期组织教师参加中小学心理健康教育 A 证、B 证、C 证培训及校本课程培训。教师在沟通学校与家庭双边关系中起着至关重要的作用，教师的素质决定其业务水平。教师的心理素质以及对待心育的态度和认识在班级管理、处理学生问题、沟通学生家长等方面有着决定性作用。通过班团活动、团体辅导及心理健康活动课对学生进行心理健康教育。此外，以学科为中心渗透心理健康教育，尤其是学习心理方面的知识，帮助学生掌握学习的心理规律，从而提高学习效率。利用校本课程进行心理健康教育，利用班主任工作交流会探索心理健康教育，在各学科教学中开展学习心理辅导。

（二）营造"和合共促、悦乐成长"的校园心理生态环境

"学校环境是一个开放的系统，作为一种微观社会环境，它与社会大环境经常进行着物质、能量和信息的交流。我们可利用学校的隐性课程——校园文化，把这无声的教育与有声教育相结合。"加强校园心理健康教育的文化建设，营造

"和合共促、悦乐成长"的校园心理生态环境。比如我校主校区会定期设立心理健康教育的专题板报,作为紧密联系学校及家庭重要纽带的《家校协作简报》中的特色板块包括"心育园地""家教论坛""教子心得"等,被誉为家长的心理教育学堂。此外,我校图书馆还专门设立"心理图书、杂志阅览专区",中高年级开展"心理专题"手抄报等,以期营造"和合共促、悦乐成长"的心理健康教育氛围,从而发挥渗透性、暗示性的作用,使学生潜移默化地受到影响,在不知不觉中接受心理健康教育。

(三)"家庭—学校"和谐共育,形成心理教育立体网络

1. 凝练和提升家长学校的质量

家庭是影响少年儿童心理健康发展水平的重要因素。家长不健康的心理、不健全的人格、不恰当的教养方式以及不和谐的亲子关系都会直接导致小学生产生各种各样的心理问题,从而影响小学生的心理健康。因此,应采取"家长与学生同时接受教育"的策略,把心理健康教育延伸到家庭中去,提高家长的心理教育意识。主要措施有以下三点:

第一,办好家校协作简报,定期组织家校协作小组学习,选拔优秀家长学员,组织优秀家长学员进行"国旗下的讲话"等都是办好家长学校的重要环节。我校是"全国优秀家长学校"示范基地,办好家长学校能更好地整合家庭与学校的力量,让家校形成有效的共育合力,提高教育质量,引导学生健康成长。

第二,举办不同专题的家长会,通过家访、家长来访等形式互动交流。家校双边的交流是了解学生信息的重要途径。学生心理状态、异常行为的发现与矫正、危机心理的干预等,都需要教师和家长及时地交流、反馈,通过家长会、家访、家长来访等形式,教师和家长双方均可了解孩子在另一种环境下的表现,这对孩子的评价和培养有十分重要的意义,促使家长与学校积极配合,共同做好心理健康教育工作。

第三,举办家庭心理健康教育系列专题讲座,向家长宣传普及心理教育知识。学校定期邀请高校专业教授为全体学生家长开展系列心理健康教育专题讲座。帮助家长了解青春期学生的心理特征及在这一阶段容易出现的心理问题,如《新形势下的家庭教育》《引导孩子正确认识网络世界》等专题讲座。家长们表示获益良多,在育儿及提高自身素养等方面均很受用。

2. 搭建和谐愉悦的亲子互动平台

和悦家校互助心理健康教育模式旨在通过多种多样的亲子活动,尤其是心理健康教育类的亲子活动,让更多的家庭在这里展现各自的风采。亲子活动中主动邀请有亲子沟通不畅、家庭成员关系紧张、单亲家庭等情况的孩子参与,让这些孩子在轻松愉悦的活动中解决自身的难题。

3. 树典型,立榜样

以典型家庭为例,举办了由潮州电视台董芳女士主持的空政歌舞团独唱演员袁东方的专场演出。家校间的和谐融洽造就了优秀的学子,这将带给更多的家庭正能量。

4. 咨询室对家长开放

通过家校平台、简报等媒介以及班主任推介等方式，向家长介绍心理咨询，让家长了解并尝试主动预约咨询，由专业辅导教师协助家长解决问题。

（四）建立"家庭—学校—社区"互动机制，整合社区资源

家庭、学校可充分发挥当地优势，依托并整合社区资源，联合开展多元的集体活动。昌黎路小学的"和悦教育"本身就是儒家文化的集中体现。昌黎路小学的校址坐落在潮州市的古城牌坊街，对如何利用社区资源开展特色主题活动，促进学生了解区域文化，增强民族自豪感方面有重要意义。同时，学校依托社区其他资源，开展生动活泼有趣的活动，如：潮汕主题文化节、体育比赛（登山、游园等）、心理健康知识竞赛、爱国主义的主题演讲、交友联谊会等，促进学生间的人际交往，建立团结合作、友爱互助的人际关系，促进少年儿童的身心和谐发展。同时，鼓励并支持社区设置心理信箱、开设热线电话，多渠道开展心理咨询，从而构建和谐稳定的区域社会环境，让小学生心理在社会这个宏观系统中健康发展。

和悦家校互助心理健康教育模式以"家庭为主，学校为辅，社会为补"，学校为促进者，家庭为主导者，社会为有利补充。该模式是在深入考察家庭教育和学校教育各自的优势与不足的基础上形成的一种优势互补、各展所长的教育运作方式，其立足点是家庭和学校教育资源的有机整合，其目标是构建教育合力。创建家校和合共促学生心理悦乐发展的心理健康教育模式，再一次验证了教育系统论的思想，拓展和充实了教育系统论的本质，为大教育思想的推广提供了新的理论支持；同时也为新形势下学校教育的发展开拓新思路，为和悦心理教育工作的开展开辟新途径，提供更好的指导和支持。

参考文献

[1] 刘力. 家长参与学校教育的功能及方式[J]. 教育研究与实验，1992（1）.

[2] 马忠虎. 家校合作 [M]. 2版. 北京：教育科学出版社，2001.

[3] 王艳玲. 发达国家基础教育课程实施的经验 [J]. 外国中小学教育，2006（5）.

[4] 吴旻，吴诗涌. 生态学视野下中小学心理健康教育模式初探 [J]. 成都大学学报（教育科学版），2008（3）.

"和悦教育"活动之开笔礼

李冬娴

"和悦教育",就是教育者在实施学校行为时,充分尊重教育规律和人的身心发展规律,创设和谐愉悦的环境氛围,通过有效的过程方法,使师生体验成功、获得和谐愉悦发展的教育。

作为昌黎路小学德育教育的工作者,在情境文化建设中充分依托本校有限的资源条件,借助有利的外部因素,遵循规律,实施"文化立校,品质强校"发展策略,在传承"昌黎遗泽"的基础上,以"和谐高雅,赏心悦目"的原则,体现"和悦教育"理念,是我们一直在思考、实践的内容。下面,我以昌黎路小学开展"开笔破蒙启智慧 明志崇尚立人生"主题开笔礼为例,阐述"和悦教育"思想如何在本校德育活动中生根、发芽、结果……

一、和悦精神指引

昌黎路小学是潮州市一所百年名校,对学生进行传统文化教育既是学校特色,也是学校责任。学校比邻儒学宫,这是一所有着千年历史、深厚文化底蕴的学宫,承载读书人的梦想,自古是读书人求取功名的一座大门,按照潮州的传统习俗,很多家长在孩子入学、考试时,都会来儒学宫祈福,讨个好彩头,沾点文昌运。

于是,每年开学的第一天,昌黎路小学都会为一年级新生精心策划一场令人终生难忘的开笔礼。活动既发挥潮州国家历史文化名城传统文化的魅力,吸收儒学精华,又践行社会主义核心价值观,营造崇师习礼氛围,进一步激发升入一年级的孩子们的读书热情,激励同学们珍惜读书机会,勤奋学习,健康成长。

二、和悦情境塑造

虽然开笔礼并非真正的古礼,但古礼今用,现今的开笔礼仍然有其特殊的意义。首先,开笔礼增强了孩子的仪式感和敬畏心。古代许多礼仪非常有仪式感,有仪式感才能使人产生敬畏之心,有敬畏之心才能有恭敬之心。现在之所以"熊孩子"多,就是孩子乃至家长没有敬畏之心,没有恭敬之心。其次,现如今受教育成了一项人人必有的权利,大家不必担忧无学可上,九年义务教育确保了学龄儿童都能入学,大学扩招,拥有本科、研究生学历的人也越来越多,当上学成了一件普通平常事，开学仪式则更显特别。启智的寓意和期望，让孩子和家长更加明白：上学是一件神圣而庄重的事情，一件令人敬畏的正经事。开笔礼这一仪式不仅包含了对于传统习俗文化的传承，更包含着对学习的推崇和对知识的尊重。

三、和悦组织规程

昌黎路小学的八字校训是"崇贤、尚学、守正、笃行"。开笔礼主题"开笔破蒙启智慧　明志崇尚立人生"有着"昌黎"特色，既包含开笔礼的流程和内容，也阐明了开笔礼的意义，学校希望通过这样的仪式让学生感到上学是一件庄重的事情，也以传统文化"塑造健全人格，奠基幸福人生"，这与昌黎路小学的办学理念是完全吻合的。

开笔礼的第一项议程：正衣冠，行尊师礼。所谓童蒙之学，始于衣冠；先正衣冠，后明事理。同学们正衣冠，向各位老师三行礼。

潮州人崇尚传统教育，是历史积淀的风气，当你出门在外，常听闻外人对潮州人的评价，多数人认为潮州人温文尔雅，守传统，知礼义。中国传统国学日渐沉沦，科技越发展，传统文化丢失越严重，当下的教育方式使不少人忧虑不已。孔夫子的所谓"大学"与如今所谓的高等学府"大学"已经不能相比，自小读四书五经、古典名著的现象已经很少了，年轻人一味崇拜西方文化，对中华几千年传统文化缺乏了解及学习。泱泱大国，博大精深的传统文化不能流于皮表的宣传，要得到真正意义上的传承。站在孔子像前，面对这尊弟子满天下的圣人的塑像，让人想到他以身作则，培养道德完善的人格，教导学生温文好礼，指导学生学习礼、乐、书、数。希望新的一代人，能继续发扬传统教育，孩子们能用心地感受得到家长及老师的期待。

第二项议程：朱砂启智。在古代，学童入学读书前，都会有启蒙师长用红色的朱砂在学子们的额头正中点上红痣，称为"开天眼"。当中的"痣"通"智"，意为开启智慧，以此寄托美好的愿望，从此眼明心亮，好读书，读好书。

第三项议程：第一课《说人字》。郭永波校长用一个简单的"人"字，向学生们阐述做人的基本道理：这一撇一捺是上天给人的，从天到地，上顶天，下立地。"人"字的结构就是互相支撑的社会，可见古人创造这个字的良苦用心。一个和谐的社会就是人与人之间相互支撑，亲人间互相支撑，朋友间互相支撑，邻里间互相支撑，甚至陌生人之间也互相支撑的社会。人人相互支撑，天也能被撑起！看似简单的一撇一捺道出了做人的根本：为人在世，应该互相支撑，互相帮助，做人要做正直的人、高尚的人、有修养的人！

第四项议程：高年级的哥哥姐姐带领一年级的学生一起诵读经典《弟子规》，意寓新生来到新的环境，既有师长语重心长的教导，又有哥哥姐姐的传帮带。我们相信，一年级的学生一定不会辜负期望，认认真真读书，堂堂正正做人。

第五项议程：击鼓鸣志。"鸣志"即"明志"，就是表明自己的志向，击鼓的声音越响，声音传得越远，说明志向就越远大。郭校长敲击大鼓三声，以示学生从今启蒙。一年级的新生个个都精神饱满，意气风发，他们手持击鼓棒，怀着理想，庄严而神圣地敲起大鼓，每一声震天洪亮的鼓声都孕育着一个崭新的希望。我们都坚信，在他们的不懈努力下，所有的理想都会开花结果。

第六项议程：瞻仰孔子像，在孔子像前合影。

四、和悦行为张扬

开笔礼对于学生来说，是一个非常庄重的仪式。对于家长亦如此，活动结束后许多家长感慨道：看到孩子们认真严肃的表情，我想这个仪式会在孩子们心里深深地扎下了根，对他们的影响将伴随一生；感谢学校举办这样的活动，让学生及家长留下终生难忘的记忆；开笔礼古典庄重，给人带来了极大的震撼，让孩子也感受到了传统文化的神圣；尊师重道是我国传统美德，可以帮助孩子从小树立良好的道德品质，学文化先学做人。

历届"书香潮州"全民读书节开笔礼都由昌黎路小学承办，这样的活动在本校已经成为一个传统保留活动，既是"和悦教育"的一个拳头项目，也是本校的一张名片。

孔子说"不学礼，无以立"，小小的开笔礼，包含着厚重的中国文化气息，蕴涵着求学问道、安身立命的儒家思想。开笔礼既培养孩子的仪式感，也培养教师和家长的仪式感，借助孩子对活动的新鲜感，启发和引导孩子从懵懵懂懂之中进入学习做人、开启智慧这个新阶段。

教育不是一朝一夕的事情，是一个长期的过程，是一辈子的事情。少年儿童阶段正是孩子形成世界观的时候，经过这种熏陶，孩子定会受益终身。这是开笔礼对孩子、家庭、学校的重要现实意义。昌黎路小学注重外显育人环境建设基础，以内蕴深厚的环境文化展现"和悦教育"思想，"和"于教育情境、"悦"于情感体验，基于"学生自主参与、愉快体验"，以特色鲜明、富有吸引力的教育教学活动，让学生健康快乐活泼成长正是"和悦教育"的核心追求。

平等地对待你的学生

刘漫漫

苏霍姆林斯基说过："教师不仅要成为一个教导者，而且还要成为学生的朋友，和他们一起克服困难，一起感受欢乐和忧愁；要忘记自己是一个教师，而只有这样，孩子才会把一切都告诉他。"作为教师的基本要求之一是爱孩子。爱孩子，就要成为他们的知心朋友。与学生之间建立起民主、平等、朋友式的师生关系，形成友好、愉快、轻松、和谐的心理气氛，会使你的教育事半功倍。

一、保护学生的自尊心，对每一个学生一视同仁

教师要像保护荷叶上的露珠一样保护学生的自尊心，所有的学生，无论是智商高的还是智商低的，无论是家庭条件好的还是家庭条件不好的，无论是安静听话的还是调皮捣蛋的，都需要教师的关爱和一视同仁。

（一）对优秀生爱而严

加强对优秀生的管理教育，不仅要督促他们学习，更要在思想上、行动上严格要求他们，这样才能促使他们成为学习优秀、人格健全、综合素质过硬的人才。

对成绩过分迷信，一切唯成绩是从，过多地注重知识能力的培养，而忽略对这些优秀生良好品格的培养，会导致他们以自我为中心的自私心理的膨胀，这显然与我们的教育培养目标相悖。有些成绩好的学生在班集体里独来独往，对周围的事漠不关心。例如轮到值日时随便拿扫帚扫一下应付任务；班里纸巾用完了、卫生工具坏了，也从不主动做好事；对有些集体比赛也是持事不关己的态度。由于教师的过分溺爱，造成一些优秀生狂妄、不可一世的性格，总以为自己很了不起，高高在上。他们中的很多人更认为教师对他们的好是应该的，没有丝毫的感恩之心。他们从不缺欣赏和表扬，教师也一直对他们呵护有加。但偶尔一次没有表扬，受到冷落，他们就会认为受不了这"窝囊气"，于是很失落。

小许是我班上的一名好学生，成绩好，作业认真完成而且书写工整，上课认真听讲又积极发言。因此，他成为我最喜欢的学生之一。然而这几天，他竟然连续犯了好几个小错误：

第一次，在评讲练习的时候，听到有学生向我反映，小许的练习本没有带。当时，我眉头一皱，用我平时不多见的严厉的目光看着他，他似乎也知道自己错

了，头低下去了。我有些不忍，便把自己的目光收了回去。

第二次，我刚进教室，一个男生"腾"地从座位上站起来，大声地向我投诉："老师，上课铃响小许还坐在桌子上大声地说话。我请他别说话，他还打我！"这时，小许也大声地争辩。这是我最不想看到的场面：一方，是自己喜欢的优秀生；另一方，是有责任感的普通后进生。从同学们的表情中我可以看出谁对谁错。但是，我明显感到自己心力的不足，我该怎么处理比较合适？批评自己喜欢的学生既否定自己又伤了孩子的自尊心，但是如果不批评，其他学生将怎样看待我呢？我在教室徘徊了一阵，最终下定了决心。我先安抚了那位男生，然后将小许叫了出来。我问："今天究竟是谁的错？"真没想到，沉默了两三分钟，我隐隐听到了抽泣的声音，我低头一看，他竟然流泪了。我心里一松，接着问："怎么回事，说说看。"他承认了自己的不对。看到他这样，我就先让他回到自己的座位上。课后，我告诉他："一个好学生，应该处处严格要求自己，做好同学的榜样。"最后他不仅承认了错误，还向同学道了歉。小许慢慢地改正了他的缺点，变成了名副其实的好学生。

这件事后，我觉得教育也应该说一是一。每位学生都会犯错，作为教师，我们不应该姑息，对待优秀生更不能特殊化，教师对优秀生所犯的错误不可忽视，更不可迁就，该批评就批评，该处理就处理，绝不能因为他们成绩好而"一白遮百丑"，网开一面。只有这样，才能使他们坦然地面对各种批评、挫折、打击，从而变得更加勇敢、坚强，锻造出健康的心理素质。

（二）对后进生严而爱

在教学过程中总会存在一批后进生，怎样才能正确地引导他们健康地成长呢？有的教师采取的是放弃的态度，这是极端错误的。教师的忽视会给学生的心理造成负面影响。被贴上"后进生"的标签以后，学生心理压力非常大，而且容易产生自卑心理。对学习有困难的学生要给予特殊关注，在一个优秀教师的眼里，学校中没有"差生"，只有学习有困难的学生。他们更需要特别的关爱和帮助，尤其需要尊重。后进生被表扬一次，在他们看来很难得，会很珍惜。而且这些学生很"讲义气"，一旦发现教师喜欢他，欣赏他，他就会用自己的真诚和感激来回报教师。

记得有一次，在上《位置》这一课，要求学生判断左右方向时，突然一位叫莹莹的女学生站了起来，说："老师，我不知道哪只是左手，哪只是右手。"语音刚毕，全班学生哄堂大笑。一刹那的惊讶之后，我制止了全班学生的笑声，问道："哪个同学愿意帮助莹莹同学分辨出左手和右手。"很多学生都伸出了友谊之手。我接着说："同学们，这其实并不可笑，我们每个人都可能发生这种情况，心理学上我们把它叫作暂时性遗忘。据说大科学家爱因斯坦有一次竟然忘记了自己的姓名呢。"紧接着我话锋一转："老师很佩服莹莹同学敢于提问的精神。敢于质疑是一种很好的学习习惯，也是非常好的学习品质。我相信有这种习惯的同学一定能把数学学得很好！希望同学们也像刚才那样，帮助学习上有困难的同学。"这些所谓的后进生更需要真诚的鼓励和欣赏。

教师必须时刻以一种公正、公平的原则对待每一名学生。因为学生不听教导而产生对学生厌恶、轻视的行为都是不正确的。让学生学会做人比学会知识更重要。培养学生形成正确的价值观更是社会和家长所希望看到的。

二、平等地对待学生，用真情去感动每一个学生

曾有一位教育学家说过："漂亮的孩子人人都爱，爱不漂亮的孩子才是教师真正的爱。"教育要得法，粗暴的教育恐怕只能适得其反。教师的爱心使学生能够在愉快的心态下学习和生活，是教育成功的原动力。陶行知先生说得好，"捧着一颗心来，不带半根草去"。这正是教师无私奉献爱心的典范。所有的学生都需要教师的关爱。关心学生的学习和生活，用自己的真情去感染学生，这样才能达到教育的目的。

教育实践一再证明，爱一个学生等于培养一个学生，讨厌一个学生也就意味着将要毁掉一个学生。请平等对待你的学生吧！

三、尊重学生人格，创建新型师生关系

在传统的学校教育中，特别是在小学阶段，教师通常扮演着十分权威的角色。很多教师会认为，学生毕竟是学生，就应该听教师的话。学生通常认为，教师是高高在上的。这样，师生之间就缺少平等对话与交流的机会。然而，让学生处于被动接受的地位，必须服从教师的权威的这种教育观念，已经不符合新课程教学理念。新型的师生关系必须建立在师生平等的基础上，教师必须积极转变传统教育观念，建立起新型师生关系，即平等、自由、尊重和信任。新课程理念下的小学班级管理，不再是为了管理而进行管理，而是重视"以生为本"的教育理念，把促进学生全方位发展作为主要内容。在具体的班级管理工作中，教师要多赞扬和鼓励学生，多发现他们身上的优点和长处。教师要引导学生对教学问题进行共同探讨，师生双方应该多进行交流与沟通。教师应敞开心扉，倾听学生内心的声音，用真诚与爱心对待学生。

虽然学生只是孩子，但是他们之间千差万别，而环境影响、家庭因素、自身的心理变化又使得学生出现各种心理障碍，导致一系列的负面情绪，干扰身心健康及正常学习生活。班主任要时刻关心学生，成为他们的朋友，平等地对待每一个学生，不因成绩的好坏、家庭背景的不同等重视或歧视某些学生，这样才能打开孩子的心扉，真正地把"和悦教育"落到实处，建立起积极向上的班集体。

参考文献

[1] 苏霍姆林斯基. 育人三部曲 [M]. 毕淑芝, 等译. 北京: 人民教育出版社, 2015.

[2] 粟莉芳. 小学班主任教育工作中的心理健康教育 [J]. 新教育时代电子杂志 (教师版), 2015 (10).

[3] 袁慧. 恩威并施引导后进生——浅谈小学班主任教育策略 [J]. 教育技术研究, 2012 (9).

[4] 李云洁. 小学班主任管理过程中与学生和谐关系的构建 [J]. 教育教学论坛, 2014 (34).

智育领航

和悦课堂模式的探索与实践

唐 琳

近几年，我校充分依托学校有限的资源条件，遵循规律，实施"文化立校，品质强校"发展策略，在传承"昌黎遗泽"基础上发展形成了"和悦教育"思想。

我认为"和悦教育"的重心在课堂。和悦课堂是着眼于教育教学实际而着力构建的一种新型教育理念。

一、和悦课堂的内涵及特征

"和"，意为和睦，和谐，另有平和、和缓之意。"悦"，主要含义是愉悦、高兴、快乐，心悦诚服，赏心悦目。和悦的意思就是和谐、平和、愉悦，最后达至成功。这既是和悦课堂的目的，也是过程，更是结果。和悦二字，从口从心，可以说口和心就是和悦课堂的精髓，让学生述说，让学生表达，让学生交流，让学生思考，让学生感动，让学生高兴，让学生能动之于心，开之于口，这便是和悦。和悦课堂强调在教学过程中要尊重学生富有个性的情感体验和思维方式，引导学生在凝重而厚实的情感关怀、人文气息、和谐氛围里接受熏陶，求真知、吐真言、抒真情，使课堂教学活动成为真正提高学生素质、张扬学生个性的活动。

二、和悦课堂模式的探索与实践

在"和悦教育"理念指导下，我校教导处积极深入课堂，参与各级科教师的听课、评课活动，拟探索构建"悦动激趣—和谐互动—和力探究—踊悦交流—和悦评价"的和悦课堂教学模式。

悦动激趣：即铺设教学情境。学生在和谐愉悦的气氛中集中了注意力，教师要认真筛选、精心准备，把知识融入情境。导入的内容一方面要与新学内容联系紧密，另一方面要激发学生的学习热情，唤起学生的求知欲，为整堂课的和谐自然发展定下基调。

和谐互动：教学活动是师生的双边活动。在课堂教学中，教师起主导作用，学生是课堂的主体，教师要尊重学生的人格，与他们平等相处，让学生在愉悦、和谐、民主的教学氛围中学习，多用鼓励性语言逐步提升学生参与课堂的兴趣和积极性，让他们感到教师的平易近人、亲切可信，从而乐于和教师交往，积极主动、自觉地参与学习。

和力探究：这个环节是把课堂还给学生，让学生成为课堂的主人，学生通过小组协作自主学习，自主探究，使思维飞扬，碰撞出火花。小组的所有成员开展观察、讨论、探索、操作、体验等活动，获取新知，发现规律或问题。在这个过程中教师应该给学生指明研究方向，使其建立研究目标，尽量多地选择一些贴近学生生活的内容作为研究素材。

踊悦交流：这个环节主要是小组代表讲述本小组的发现，阐明本组的观点，提出疑惑。教师就本节课普遍存在的疑难问题找出规律和方法并教给学生。学生扫除了学习上的"拦路虎"，学习自然会更和谐更快乐。

和悦评价：有效的评价是开启学生智慧的钥匙，是促进学生发展的一门艺术，需要我们认真研究、不断实践，不断总结经验，才能有效地提升学生的学习质量。首先，评价要适时适度；其次，引导生生互动，在课堂上引入师生之间、生生之间的评价机制，这既能让学生感受到成功的喜悦，又能使课堂教学十分有效；最后，倡导发展性评价。和悦课堂倡导发展性的评价观，建立目标多元、方法多样的评价体系，其目的是"促进每一个学生的全面发展"。引导学生在"学会"的过程中向"会学"迈进。

总之，在和悦课堂模式下，师用心，生动情，悦随情动，学生主动求知，开启智慧，教师乐教，学生乐学。今后我校教导处将不断在实践探索中完善健全这一模式，持续推动和悦课堂建设。

和悦书香　润泽心灵

——浅谈如何让学生从"阅读"走向"悦读"

何枋丹

"腹有诗书气自华，最是书香能致远。"阅读，能增长知识、拓宽眼界、陶冶心灵。阅读是一种精神的享受，但是在现实中，很多孩子却享受不到阅读所带来的快乐。我一直在积极地探寻"悦"读的有效办法，努力让孩子们从"阅读"走向"悦读"。欣喜的是，我邂逅了"和悦教育"，在这里，我与一群志同道合的语文教师，一起探索、交流、收获。

"和悦教育"是我校在传承"昌黎遗泽"的文化基础上提出来的，"和"，意为和谐、和睦；"悦"，则为高兴、快乐，即有愉悦的心态、氛围。它提倡教育要尊重教学规律和学生的身心发展规律，顺应并激发学生的内在发展需求，创设愉悦和谐的学习氛围，通过有效的方法，使学生在学习过程中体验成功、获得愉悦发展的教育。正如孔子所说："知之者不如好知者，好知者不如乐知者。"教育要想取得成功，就要从激发学生的兴趣出发，去发掘学生的潜能。

在学校"和悦"氛围的熏陶下，我发现要想让学生"悦读"，可以从以下几个方面入手：

一、广开渠道，营造书香班级

要营造读书的氛围，就必须让学生能随时随地接触到书籍，确保书籍在他们的学习环境和日常生活中随处可见。在教学楼的每一层，我校都设有"读书吧"，每当下课的时候，都会有学生来到"读书吧"阅读喜欢的书籍，畅游文学的海洋。教室里，每个班级也都设有"图书角"，各班图书角各有特色，而我班的图书角上有一个图书"数据库"。我让学生给自己的图书列了清单，上面写着"××同学的小书库"，并把清单张贴在教室图书角的墙上，称为"我们的小书库"。班里的同学可以根据清单上所列的书名，向书的主人借阅自己喜欢的图书。同时，我们还鼓励学生进行阅读资源的互换分享，比如设置"图书跳蚤市场"。在那里，学生不仅可以挑选到自己喜欢的图书，还能让自己闲置的图书发挥作用，给其他同学带来阅读的快乐。就这样，图书角成了学生的精神乐园，我和学生一起享受着阅读带来的乐趣，畅游知识的海洋。

二、多措并举，搭建"悦读"平台

教师要想办法为学生搭建"悦读"的展示平台，给学生创造分享阅读心得的机会，享受阅读带来的乐趣，达到知识的累积。

（一）倡导"经典诵读"，营造书香校园

我校高度重视学生语文素养的培养，为此，组织语文骨干教师编写了一套校本教材——《国学经典诵读》。为了激励学生的阅读兴趣，我积极组织本班学生参加学校开展的形式多样的"国学经典"竞赛活动，如经典诵读比赛、古诗词知识竞赛、讲成语故事比赛等。比赛内容涵盖了《小学生古诗词三百篇》《笠翁对韵》《弟子规》《国学经典诵读》等经典著作。

（二）评选"读书大王""读书小组"，增强阅读荣誉感

我在班级中开展读书竞赛活动，让学生把读书的页数、积累的好词好句及读书心得记录在读书笔记上，并让学生自己设计读书笔记的封面、内容等。我们每月举办"向你推荐一本好书"的读书推介会，让学生分享自己读过的有趣书籍，交流自己读书的心得体会。学生间的互相促进，不仅拓宽了知识面，也增强了他们的读书意愿。在学期结束时，我们会评出班里的"读书大王"和"读书小组"，进一步让学生体会到读书带来的荣誉感。

（三）自主编印图书，体验创作成就

教师可以引导学生利用课余时间自编图书。首先，让学生把自己以前写的作文进行整理和筛选，在每一篇文章的后面加上一些有价值的问题，吸引读者去思索，并且按自己的想法去设计封面、编排图书的内容，同时可以写上前言和编后语，最后抄写下来或打印成册。图书编好后，学生可以将自编的图书放在教室的读书角，供其他同学借阅。就这样，班里又多了45本有意义的"图书"——学生自己创作的图书。课间，学生都会带着自豪的心情，争相借阅这些经过他们辛勤付出编写出来的图书。在阅读图书的同时，学生还可以通过"夹书签"的方式，在书签上写上自己对这本书的理解和建议，为读者和作者创造了交流的平台。这每一本书，都凝结着学生的智慧，他们在书的海洋中互相学习、阅读……

三、课内课外有效整合，巩固阅读方法

课外阅读是课堂知识的延伸。在教学中，我们要以课内带课外，以课外促课内。教师应加强对学生阅读能力和阅读方法的引导，帮助学生掌握阅读的要领，培养学生养成良好的阅读习惯，这样才能让他们在"悦读"中获益。同时，教师在学生阅读课外书的时候，可以引导学生对书中的文章细致品读、用心感悟，发挥充分的想象力，走进文字构建的世界之中，充分体验阅读的魅力，激发他们阅读的兴趣。

例如我在教古诗时，拓展引导学生学习本校教材《国学经典诵读》，增加学生的阅读量，并通过有效、合理、多样的教学方法，丰富语文课堂的授课形式，营造愉悦的课堂氛围，让学生的创造性得以充分展示，这样才能在"悦读"中碰撞出智慧的火花。我还鼓励学生在课堂上诵读《国学经典诵读》中的古诗，分角色表演书中的成语故事等，让学生亲身感受故事，集知识性、趣味性于一体。同时，我对学生的表现积极做出评价和鼓励。学生在得到老师的肯定和赞赏后，争先恐后地上台展示，课外阅读兴趣也大大提高了。

四、关注阅读反思，培养综合能力

阅读是学生的个性化行为，学生如果能在积极主动的思维情感活动中加深对文章的理解体验，有所感悟，有所思考，那么他将受到熏陶，获得启迪。教师可以开展师生、家长共读课外书的活动，教师和家长有计划地指导学生进行探究性阅读，引导学生养成边读边思、独立思考的能力。例如在引导学生阅读课外书籍时，教师可以根据文章的内容合理设计一些问题，让学生在阅读后进行反思，对所理解的内容再回味，还可以将所思所想写成读后感。在语文课堂上，教师要重视学生阅读的反思过程，引导学生积极提出自己的见解，有效合理地阅读，培养学生体验和分享阅读的习惯；让学生在阅读中掌握自主探究、独立思考、合作解决问题的能力，使智育与德育的双重作用体现在语文教学中。

教师引领，营造"阅读"芳草地；素养落地，绽放"悦读"智慧花。作为一名语文教师，我将用"和悦书香"来润泽学生的心灵，让他们在阅读的海洋中畅游，感受阅读的魅力，真正地从"阅读"走向"悦读"！

参考文献

[1] 武志渊. 如何培养小学生的课外阅读兴趣 [J]. 教育界，2015 (31).

[2] 郑永芬. 让"阅读"走向"悦读" [J]. 读与写，2019 (15).

和悦课堂，和你"悦"读

陈虹宏

"得语文者得天下"，而"得阅读者得语文"，可见阅读在语文学科中的重要性。博览群书，是培养孩子语文素养的基本方法之一，甚至可以说阅读是语文学习的根本。大量的课外阅读，是提高孩子语文素养不可替代的手段。

在课堂教学改革中，我尝试通过构建"和悦课堂"，在愉悦的氛围下，推进阅读教学，贯彻"主体—和谐—高效"的教学，提高课堂教学质量，形成一定的教学模式。

一、主线为和，激趣为悦

著名的教育学家陶行知先生说过："学生有了兴味，就肯用全部精神去做事情。"怎样让学生的"学"，变成"乐学"？这就需要激发学生探究的乐趣和兴趣。如五年级下册第六课《冬阳·童年·骆驼队》，它是中国现代著名女作家林海音的短篇小说《城南旧事》的序言，我利用《语文主题学习》实验备课现有资源，展示图片介绍作者和《城南旧事》一书中的各种人物，并提出一系列问题：①在《城南旧事》众多人物中，你认为主要人物是谁？②在英子的心目中，他们分别是什么样的人？在你心目中，他们又是什么样的人？利用这一系列的问题，来引起学生的求知欲和探索欲。只要学生对学习产生了兴趣，就会促使各种感官共同引起对学习的高度注意，从而参与到学习活动中来。

二、自读自悦，其义自见

教师要在课堂上尊重学生的差异，从学生的需要和兴趣出发，设计课堂教学，让学生成为学习的主体，发挥学生学习的主动性、积极性。正所谓"读书百遍，其义自见"。自读，是学生独立阅读实践的机会。这时，我会让学生把《语文主题学习》丛书打开，找到同一主题的内容，带着问题，选取自己感兴趣的文章，用自己喜欢的方式来读书，可以是自由读，小声朗读，默读，边读边做旁注……琅琅的读书声顿时充满了整个教室。由于学生个性的差异，学习方式的不同，在这个过程中，我发现有的学生会只选择一篇文章，初读文章时快速浏览全文，整体感知；再读文章时圈出文中的好词好句；三读文章时在文中做一些批注，或提出自己的疑问。也有的学生会囫囵吞枣地选择主题中所有的文章通读一遍，整体感知。学生的学习能力不同，学习方式不同，收获的结果也将不同。在教学中，我努力为学生创造一个和谐、轻松的学习氛围。因为温馨的课堂教学氛围能够让学生自读自悦，身心愉悦。

三、和而不同，悦而不纵

交流探讨是学生最喜欢的环节，这个阶段，重在交流自读的收获，讨论自读过程中遇到的某些问题。阅读完文章之后，我会给他们一定的时间，让他们自己选择不同的文章，三五成群，自由分组进行交流探讨。分小组讨论学习，给每个学生提供学习的机会，这样能让所有学生最大限度地参与到课堂中来，生生交流，为他们提供一个和合的融洽氛围。在这样的氛围中，有时能看到学生对同一个问题的理解不同，答案不同，为此争论不休。正如孔子所说："君子和而不同，小人同而不和。"意思是说君子可以与他周围保持和谐融洽的氛围，但他对待任何事情都该有自己的独立见解，而不是人云亦云，盲目附和；小人虽然常和他人保持一致，但没有自己独立的见解，实际并不讲求真正的和谐贯通。学生对问题的争论，也是我最乐意看到的结果。学生在这个过程中会碰撞出思维的火花，既可以展示个性和特长，又可以相互学习、相互促进，形成和而不同的课堂氛围。

四、教学相和，知行相悦

和悦课堂的教学，是一个互动的教学过程，首先在于激发学生的参与度，其次是让学生获得学习的能力，最后是让学生掌握知识。反馈和积累，是阅读教学中最重要的环节。传统教学中，有时省略了学生反馈的环节，只是"填鸭式"地把答案告诉学生。只重视语文知识的传授，而忽视了学生的思维过程，缺乏热情和鼓励，造成学生想说而没得说，想说而不敢说的结果。和悦的课堂，应该要尊重学生，保护学生学习的积极性，让学生畅所欲言自己的收获、疑问、感受等。善意期望和热情激励是取得良好反馈的保证。例如，在教学中，我请一位学生反馈与同学交流之后的学习情况。可是，他一开口就把书中的"趔趄"一词，读成"哲足"。顿时，班里同学哄堂大笑起来。我见他面红耳赤地站在座位上，无法再说下去，就平静地微笑着对他说："课外阅读中有生僻字这很正常，读错了也没关系，来，这个词应读为'趔趄'！"在我热情的鼓励下，他又恢复了信心，声音越来越响亮地把自己的学习收获反馈给大家。在充满热情鼓励的教学氛围中，学生乐于将反馈展现在课堂之上，乐于在获取知识的过程中体会乐趣。老师的热情鼓励，能够使学生树立自信，学会探究知识和运用知识，体验到成功的喜悦。

知而行，化为积累。课堂上，学生们各抒己见之后，需要行动，才能成为积累，最终真正收获阅读中的知识。正所谓"好记性不如烂笔头"，学生会使用自己认为最简单有效、最喜欢的方式来积累阅读之后的收获。有的学生会在阅读文章后写上几句读后感；有的学生会找出文中带有修辞手法的好句进行仿写；也有的学生会为文章再提出几个问题，或写上自己的疑问……学生往往在这样的环节中，潜移默化地进行很多积累，如语词的积累、素材的积累、情感的积累等。这样的孩子在写作上往往有突出的构思、神奇的用词，在阅读理解方面也有杰出的表现。

孔子说的"知之者不如好之者，好之者不如乐之者"，强调了好学、乐学的重要性。在和悦、自由、放松的课堂中享受阅读，学生从独悦，到群悦，再到和悦，在"和"的过程收获了"悦"的结果，这不就是我们所提倡的"和悦课堂"吗？

参考文献

[1] 金春焕.和悦课堂理念在小学数学教学中的运用 [J].基础教育研究，2017（8）.

[2] 马晓彦.构建"和悦"课堂，彰显小学数学魅力 [J].中国校外教育，2017（29）.

小学语文教学"悦读三部曲"

郑佳倪

何为"悦读","悦"有快乐高兴之义,"悦读"就是指学生在阅读中能感受到乐趣,这对于学生阅读水平的提升具有重要作用。作为小学语文教师,如何让学生快乐阅读,是我们肩负的重任。结合语文课程标准的要求,我在语文教学实践中提出了"悦读三部曲"教学:激发学生阅读兴趣、指导学生阅读方法、创设和悦教学情境。通过这三部曲让学生亲近阅读,爱上阅读,享受阅读,有效提升语文综合素养。

一、第一部:激发学生阅读兴趣,让学生愿读

《义务教育语文课程标准(2011年版)》(以下简称"语文课程标准")指出:"阅读是收集处理信息、发展思维、认识世界、获得审美体验的重要途径。"因此,语文教学中的第一个重要任务是帮助小学生学会阅读,养成良好的阅读习惯。但目前,我国很多教师却采用"以教师的讲读为核心"的阅读教学模式来进行语文阅读教学,使我国的小学语文阅读教学常年呈现低效率状态。这样的教学方法不仅使语文阅读教学远离了学生的天性,破坏了语文的灵气,还使学生觉得阅读是一种负担。语文阅读教学也因此失去了它的魅力,渐渐地学生便丢失了对阅读的兴趣,严重的话还会拒绝阅读。作为小学生阅读道路上的引路人,语文教师应该重视学生的阅读,但不能把语文阅读教学变成学生的负担。教师应帮助学生把阅读由一种负担心理转化为一种愉悦的阅读行动。

古代教育家孔子曾说:"知之者不如好之者,好之者不如乐之者。"兴趣才是学生阅读的内驱力。阅读兴趣的产生与阅读自主性存在着密不可分的联系,学生对于无法主动参与的阅读教学过程会逐渐麻木,甚至厌恶,进而丧失对阅读的兴趣。阅读是学生个性化的行为,而个性化的第一要义是自主阅读。自主阅读又是创造性阅读的前提,真正意义的个性化阅读是富有创造性的阅读,因为阅读的过程本身就是一个富有创造性的过程。被动式教学不但无法起到教学效果,而且会使学生产生排斥心理。只有让学生怀着浓厚的兴趣,主动参与到阅读中,不断感悟阅读带给他们的快乐,才能使他们自觉地感受事物、感受人,并真正地形成属于自己的感知方式。为了激发学生的阅读兴趣,我制定了一份小学生优秀课外读物的书单,发动学生踊跃地自购书籍,建立一个班级的"图书银行",每月循环一次。紧接着让学生利用这些图书组建班级阅读合作组,以四人一小组的方式

组成读写组、读画组和读演组。学生可以用自己喜欢的朗读、书写、画画或表演故事剧的方式来进行阅读活动。这样的方式既可以发挥每个人的兴趣特长，又可以让学生在和谐的合作氛围中增长知识，体验阅读带来的精神愉悦。受央视《朗读者》节目的启发，我们还在班级中开展"小小朗读者"活动，先让学生自主选择喜欢的文章自行独立阅读，熟读后以自己喜欢的表演方式展示给全班同学。对于这种自主的方式，大部分学生都十分积极，有的还效仿节目，先做个简单的自我介绍，再绘声绘色地进行朗读，朗读后还发表了自己对文章的见解。这个活动极大地提高了学生的朗读水平和阅读兴趣。

二、第二部：指导学生阅读方法，让学生会读

语文课程标准指出："阅读应该是探索与创造的过程，是读者与作品和作者对话的过程。这种对话不仅提倡多角度阅读，而且提倡比较阅读、多元解读。"由此可见，对话是阅读教学的新形态。其中，师生平等对话尤为重要。教师只有解放自身的教学思想，才能在教学中真正地成为学生交互活动中的伙伴。教师应成为学生阅读的导师，引导他们掌握阅读的方法，把点拨、启发和引导留给自己，把领会、品味和感悟还给学生。如果教师能够将师心比生心，主动寻找教师与学生在阅读中的共同话题，在教学中提高师生交互活动的亲和力，让学生倍感亲切、有趣，这样学生自然而然地就会产生对"悦读"的期待。

在日常的语文阅读教学中，我指导学生利用"评点批注法"主动参与阅读，调动他们本身所具有的经验、知识和情感去领悟阅读文本。首先，教师要教授给学生一套适用的批注符号。它可以使学生通过动笔圈画，留下自己分析思考的痕迹，信息也容易保留在记忆中。评点批注式的阅读方法虽然给学生提供了发挥无限潜能的空间，但它的自主开放性也带来了一些不可避免的弊端。一部分学生的课前批注完成质量较差，对文本的理解停留在粗浅层面，感情体会也较浅显。比如，有的学生的批注是这样的："这里用了拟人句，生动形象！""这里的心理描写很好！"至于怎么生动形象，写得好在什么地方，学生却没有具体点出。这时就需要教师在授课过程中有针对性地对学生进行点拨引导，打开学生的思路，提高他们的批注水平。同学之间的相互沟通交流也会让学生自身的思维活跃起来。这种合作学习就如同一个"对话磁场"，会产生种种不可事先预设的偶然性效果。因而，语文阅读教学应积极提倡阅读过程中同学之间的对话。教师可在课前先翻阅学生的批注作业，把不同学生对同一问题的阅读批注用多媒体展示出来，组织学生展开交流和讨论。学生通过这样一系列的合作和互动自然会渐渐超越自我认知的局限。

另外，教师还要点拨学生大胆质疑和展开想象，不唯师也不唯书，才能让学生在五彩缤纷的阅读海洋中自由畅游。语文课程标准指出："教师的分析不应代替学生的阅读实践，因为阅读是学生的个性化行为。"教师要在平日的教学中为学生创造一个个性化的阅读空间，促进学生的个性化发展。教师不要一味地追求

"标准答案"，应尊重学生对文本的理解。师生就教学内容进行平等的交流，教学相长，才能凸现创造和成果，张扬个性和人性，形成一个真正的学习共同体。同时，教师还可以开辟渠道，在微信群、班级公布栏等将学生的精彩批注成果进行展示，发动学生展开交流和学习。在和谐自由的环境中，师生之间、生生之间才能充分交流，生成新的思想，建构起超越原有的认知水平。学生可以尽情地在语文的丛林中自主觅食，自然会热情高涨，也会感受到自身努力的价值与阅读的乐趣。

三、第三部：创设和悦教学情境，让学生乐读

传统的语文阅读教学课堂普遍是"写什么，怎么写，为什么写，这样写的好处"的模式。其自始至终贯穿着"教师中心"，形成"填鸭式"的教学格局。萨特曾说："阅读就是自由的梦。"人类只有在自由愉快的阅读环境中才能轻松快乐地享受精神生活。这样的阅读教学就不能靠灌输和机械训练来实现，阅读兴趣是基础，最终要落脚到"乐"字上。要改变这种格局，感人心者，莫先呼情。教师可以换位思考，从学生的角度和情感入手，创设一个和悦教学情境，让学生在轻松和谐的情境中习得知识，陶冶情操，把语文的人文功能真正发挥出来。古人读书"虚心涵泳，切己体察"说的就是这个道理。如果想要更好地发散学生的思维，拓展学生的视野，激发学生的情感，促进学生对文章的理解和体悟，情境化的阅读教学就是一种更好的教学方法。

和悦情境创设的方式可以趋向多样性：联系生活实际，构建生活化情境；分角色饰演，模拟真实情境；利用多媒体播放录音、录像，再现阅读情境；生动的演讲、课本剧表演、故事大会；配乐吟诵；唱歌跳舞等。教师如果能以饱满的热情创设不同的和悦教学情境，让语文阅读教学魅力永恒，学生就能在此基础上体会阅读的多姿多彩，深深体悟到阅读的乐趣，慢慢地延伸到真正的"悦读"。语文阅读中的童话、寓言都是让学生角色扮演的好材料。通过角色扮演把文字转化成真实的情境，自然使学生加快对文本的感悟。在《巨人的花园》一课的教学中，第一课时，我利用多媒体播放精心制作的动画片把学生带入课文的情境中，激发他们的阅读兴趣。第二课时，我又组织学生对文本中的巨人、小男孩和其他小朋友的角色进行扮演，使学生在轻松愉快的气氛中自然地感受人物角色的情感和性格，体悟童话的情感氛围。在教授《童年水墨画》中三首小诗时，我通过配乐创设三个不同的情境让学生在音乐声中吟诵，以读代讲，读中悟情，学生兴趣盎然，个个读得不亦乐乎，对于小诗中蕴含情感的理解也在充满感情的吟诵中水到渠成。每一个和悦教学情境都是激发学生阅读兴趣的一剂催化剂，日积月累，经过一段时间的引导，学生的课内外阅读兴趣都渐渐地提高了，读书热情也十分高涨。

阅读虽需要安静，但阅读人却需要交流。学生只有在和谐的互动里与和睦的合作中才能碰撞见解，拓宽视野，从而获得愉悦的阅读精神体验。从"阅读教

学"到"悦读教学"，我们一直在路上，用中国传统文化滋养着学生的心田、涵养着学生的生命，踏踏实实地扎根在中华源远流长的五千年文明中。我相信小学语文教学"悦读三部曲"的理念最终会转化为腾飞的翅膀，给学生带来一个快乐而自由的人生。

参考文献

陆燕. 阅读与悦读：试论如何构建精彩的小学语文阅读课堂 [J]. 亚太教育，2019（1）.

在小学数学课堂教学中如何建构和悦的课堂

欧阳艳容

"和"指师生之间、生生之间、师生与教材之间、师生与社会之间的和谐；"悦"指快乐、愉悦、享受课堂。和悦课堂是一个健康的课堂、智慧的课堂、有生命的课堂。其目的是通过和悦课堂建立一种新型的师生关系，以师生互动为抓手，实现课堂的自主化、生活化、情感化，完善学生个性，开启和丰富学生智慧。如何打造和悦的数学课堂是每一位数学教师的梦想和追求，和悦的课堂可以让学生在有限的时间内掌握更多的知识，提高学生的学习效率。我认为可以从以下几方面入手：

一、创设故事情节，激发学生学习兴趣

教学改革实践证明，激发学生的学习兴趣，是学生学好数学的前提，是学习数学的动力，是深化课堂教学改革的突破口，是学生由被动学习转向主动学习的重要手段。正如爱因斯坦所说，"兴趣是最好的老师"。小学低年级学生对故事很感兴趣，因此在课堂教学中，教师可用生动形象的语言描述故事情节，诱导学生置身于故事情境中，积极主动地参与教学活动。如在教学加法应用题时，我展示了小兔在野外采蘑菇的画面："在一个小山坡上，有 10 只白兔和 5 只灰兔挎着篮子在采摘蘑菇，其中山坡的左边有 8 只，右边有 7 只"，教师指着画面提问，"山坡上一共有几只兔子呀？你能说说是怎样想的吗？"看到这个有趣的画面，学生就极其自然地进入情境。通过细心的观察、饶有兴趣地讨论，学生中有了多种结果：一种是左边的 8 只兔子加上右边的 7 只兔子，一共有 15 只兔子；另一种是 10 只白兔加上 5 只灰兔；学生还发现：能看见眼睛的 9 只加上看不见眼睛的 6 只；弯耳朵的加上不弯耳朵的；能看见尾巴的加上看不见尾巴的。学生在教师的引导下，积极参与表达、思考等，产生了学习数学的激情。

二、创设实践情境，引导学生解决问题

新课程改革要求教师的教学重点不再是知识本身，而是使学生在学习的过程中体验成功、感受快乐；课堂上关注的不再是教师讲得是否精彩，而是学生学得是否有趣，同时让学生在获得知识的过程中学会学习。

如在一年级"物体的初步认识"的教学过程中，在学生初步认识物体的各

种形状的基础上，根据低年级学生的生活经验和身心特点，我要求学生去观察自己家中哪些物体的形状是长方体、正方体、圆柱和球状的，并与家长探讨这些物体可不可以做成其他形状。学生完成作业的热情很高，并且得到了多种不同的答案，如硬币是矮圆柱容易存放，茶杯做成圆柱体既美观又节约材料等。这样学生通过实践进一步认识了这些物体，并且留下了深刻的印象。

在一年级教学"分类"时，我充分利用本节内容的主题图启发学生："当你们来到商店时，发现货架上这些商品是怎样摆放的？你认为怎样摆放更容易让人们找到呢？"通过观察后，有的学生站起来说："毛巾是生活用品，不应放在卖文具的地方。"另一个学生马上发现："皮鞋也应放在卖鞋的地方，放在这里不方便卖也不方便买。"还有的学生说："墨水瓶太小，放的位置太高了，不好拿，与放地球仪的位置调换一下好些。"通过创设这样的情境，让学生去观察，去思考，去交流，学生不但懂得了分类的实用性、多样性，还体验到了探索者发现奥秘的乐趣，获得了学习数学的成功感。

三、创设竞争情境，激励学生追求成功

苏霍姆林斯基说过："成功的欢乐是一种巨大的情绪力量，它可以促进学生好好学习的愿望。"小学生具有好胜的心理特点，总是希望自己的学习能力得到教师和同学们的认可，得到较好的评价，在这种心理的支配下，教师在课堂教学中可以适时、适度采用竞赛等方法激发学生的学习兴趣，为学生创造展示自我、表现自我的机会，这样可以使学生增强自信心，从而转化为学习的动力。

如教学"9＋4"的计算方法时，学生们有的用点数法，有的用接数法，有的想到了"凑十法"，甚至还有的学生想出用"10＋4－1"的方法，对于学生不同的算法，我都加以鼓励，并为学生提供交流的机会，使学生之间能互相启发，互相借鉴，取长补短，从而持续完善自己的方法，突出了"不同的人在数学上得到不同的发展"这个基本理念。根据小学一年级学生心理特点，在教学中，只要发现学生有点滴进步，我都会予以肯定和表扬，并奖励红旗、红星或小红花。这样，有利于调动学生的积极性，特别是那些学习有困难的学生得到表扬后，学习劲头就更大了。再如，当学生全部学会四则运算后，我会适时地组织学生以组为单位利用扑克牌进行算"24 点"的竞赛，看谁速度快，把竞争引入课堂。小组之间进行比赛，比哪个小组听课认真，哪个小组会合作，哪个小组学得好。学生非常喜欢这种形式，学习积极性非常高，学习效果也很好。同时，培养了学生的竞争意识和合作精神。

要使学生学好数学，必须使学生喜欢数学。教师要善于根据学生好动、好玩的特点，在教学时适当采用游戏、操作活动，通过合作互动、竞赛和课外拓展等形式，把枯燥的数学知识学习与学生乐此不疲的活动有机结合，挖掘教材中的"快乐"因素，让学生在"玩中学""学中玩"，从而激发学生学习数学的激情，让学生感受到学习的乐趣并获得成功感和自信心。

参考文献

[1] 潘香云. 分析小学数学情境教学与提出问题教学 [J]. 科技资讯, 2017 (16).

[2] 罗明. 小学数学教学中有效情境的创设与利用研究 [J]. 学周刊, 2016 (35).

[3] 张元勋. 创设课堂情境, 激活数学思维——浅谈小学数学情境教学 [J]. 学周刊, 2016 (24).

[4] 张怡. 情境创设在小学数学教学中的有效应用研究 [J]. 科学大众 (科学教育), 2015 (8).

[5] 王英华. 在小学数学课堂教学中如何激发学生的学习兴趣 [J]. 数学大世界 (上旬), 2019 (12).

[6] 崔社华. 新课改中小学数学如何实施快乐教学 [J]. 读与写 (下旬), 2018 (12).

诗　教

刘燕珊

在小学语文课本中选入一定数量的古诗，主要是为了让学生从小接触我国优秀的传统文化，培养他们对祖国的语言文字、文学作品的情感，并通过对古诗意境的理解，得到美的熏陶，从而陶冶情操。

古诗虽篇幅短小，寥寥数字，却字精词妙，句连情绵。其中所含之音韵、美术、地理、历史、政治等各学科知识，广泛无比，牵涉甚多。古人作诗十分注重意境，或遇境而抒，或吟诵入境，情随境生，境中融情，或褒或贬，或憎或爱……包含着诗人对生活的感受、评价及思想感情。诗境是诗人提炼概括而描绘出来的一幅情景交融、形神结合的有艺术感的立体图画。使小学生领会古诗的意境，是古诗教学的重点，更是难点。而传统的说教法使古诗教学枯燥冗长，因而小学阶段的古诗文教学颇具难度，诗教的重要性也与日俱增，诗教艺术值得我们探索、改进。我于日常教学中总结出一些诗教艺术、导练花絮，归结大致可分如下方面：

一、乐教与诗教

古人主张诗要"诵而歌之，弦而舞之"，在教学活动中配以弦歌。因此，后人以"弦歌"比喻教学。把音乐中的旋律美、动态美、情感美引进教改领域，使学生于乐韵中品味诗韵，于乐境中品味诗境，寓教于美，寓学于美，这"愉快教育"怎能不令人欢愉轻快呢？例如，导学古诗《元日》一诗时，我选用了欢快愉悦的《春节序曲》作配乐，轻快跳跃的音符调动了学生的兴奋神经，欢乐喜庆的气氛也使诗中喜迎新春的热闹场面"爆竹声""春风送暖""曈曈日""新桃换旧符"变得非常生动形象，这种欢乐气氛与诗人开始推新革旧，希望取得成功的欢快心情完全一致。这样，学生融于乐境、诗境中，对诗中场面及诗人心境的理解就更贴切了。再如导学杜甫的《山行》一诗，则播放一曲描绘秋景和谐、色彩明丽的乐曲与之呼应。教学《赠汪伦》一诗，读至"李白乘舟将欲行，忽闻岸上踏歌声"时，如令学生齐声拍打节拍应和，又岂不妙哉乐哉？

二、诗情画意

古人曾有名言"诗中有画，画中有诗"，可见诗与画融成一体，正所谓"诗情画意"也。在古诗教学中运用绘画法，能使学生更好地品味和揣摩诗文精美的语言和隽永的意境。在学生理解和运用语言文字的过程中，着力培养创造性思维，通过学生自己的创造力去理解和运用语言文字，既培养了他们的观察力、想象力和创造力，又培养了他们感知美、鉴赏美和表达美的能力。

曾读《宿新市徐公店》的课例，该师的导引艺术确为因势利导，水到渠成，值得我们借鉴学习。

师：如果根据诗意作画，要画些什么？

生：画篱笆和小路。

师：篱笆画密一点还是疏一点？小路要画成什么样？各要说出理由的。

生：篱笆应画疏一点。因为诗中说"篱落疏疏"，"疏疏"就是不密的意思。

生：画一条细长的小路，因为是"一径深"嘛！

生：那树上只画些小叶，树下画些落花，就是"树头花落未成阴"了。

讲到是否画蝴蝶时，孩子们各抒己见，争论热闹而有趣。

生：要画蝴蝶，要不怎么说明"儿童急走追黄蝶"呀？

生：不能画蝴蝶，诗上不是说"飞入菜花无处寻"了吗？

师提示：注意是"追黄蝶"而不是"追蝴蝶"。

一学生受启发，拍脑门：噢！因为菜花和黄蝴蝶都是黄的，分辨不清哪是菜花，哪是黄蝶，所以"飞入菜花无处寻"。对！还是要画蝴蝶，但要画在菜花丛中。

生：蝴蝶要画成被菜花遮住一半，只露一点翅膀，才能表现"飞入菜花"中"入"的意思。

你瞧！多么活泼精彩的一节课。通过发展学生的创造性来理解课文，让学生在联想之后描绘出一幅幅栩栩如生的课文画面，这岂不是把语文课和美术课融为一体，把智育和美育熔于一炉吗？

苏轼的题画诗《惠崇〈春江晚景〉》写道："竹外桃花三两枝，春江水暖鸭先知。蒌蒿满地芦芽短，正是河豚欲上时。"短短四句集中了那么多栩栩如生的物象，青翠的竹林，粉红的桃花和嫩黄的鸭子构成一幅初春气息浓烈的春景图，给学生带来了惊艳又有趣的视觉冲击。

三、诗与地理

特级教师张景新最善于运用前人的诗文于地理教学中，使诗教成为教学艺术手段，而古诗与地理的联系也由此可见一斑。有些古诗教学时须先弄懂诗中涉及的地理位置、地理环境及地理因素，才有利于对全诗的理解。如李白的《早发白帝城》一诗，导学时须先向学生讲明白帝城位于四川的白帝山上。诗人李白从此城出发到长江下游的江陵去，要经过山陡峡窄、水流湍急的三峡，进而才引发学生通过"千里"之长与"一日"之短的强烈对比来理解三峡水流之急。

白居易的《大林寺桃花》中"人间四月芳菲尽，山寺桃花始盛开"更是将"山高地深、时节绝晚"与"平地聚落不同"的景物节候做了一番记述和描写，这地理位置的不同竟使作者用了"人间"二字，表达他始料未及的惊异和欣喜。

又如王之涣《出塞》一诗曰"羌笛何须怨杨柳，春风不度玉门关"。诗人以形象锤炼的语言，说明了祁连山与河西走廊西部气候干旱、水汽稀少而致使杨柳无法生长的地理现象。

导学此类古诗，可旁征博引，抄摘其他有关地理、历史、政治、自然等学科知识的诗句举例学习，让学生增长见识，触类旁通。

四、诗与作文

诗与作文，看似古今不相符，实则不然，古人作诗十分考究，对仗、顶针、排比、押韵等，其观察角度的选择，修辞手法的运用，推词敲字的精辟，及至真情实感的流露，都为我们写作提供了宝贵的借鉴路径。因此，我经常以板报、简板栏、活动课等形式来引导学生阅读古诗文，加以比较提炼，领悟吸收，让学生从中找到写作的途径，改进写作方法，或将古诗文运用于作文中。我想，这也是我们引导小学生鉴赏古诗文的目的所在。

（一）从观察角度学

正如苏轼的"横看成岭侧成峰，远近高低各不同"的诗句所表明的，每种事物都存在着多面性，要写出一篇好文章，首先应引导学生提高观察能力，从事物的各个角度获得现实、真切的感知，才能作文。诚如李白仰视而作"飞流直下三千尺，疑是银河落九天"；王之涣远望而作"黄河远上白云间，一片孤城万仞山"；再如李白《望天门山》中"两岸青山相对出，孤帆一片日边来"，诗人"望"的立脚点更是巧妙，诗人并不是站在岸上某一个地方遥望天门山，而是从"日边来"的"一片孤帆"，这巧妙的观察点使原本静止不动的青山富有动感，逼真地抒发了舟行江上，顺流而下，两岸青山"相对出"所带来的喜悦和新鲜。

（二）从修辞手法学

白居易的"可怜九月初三夜，露似真珠月似弓"，这妙曼新颖的比喻令诗句平添几许生动形象；贺知章的"不知细叶谁裁出，二月春风似剪刀"中将"二月春风"想象成能工巧匠，岂不大胆而巧妙？柳宗元《江雪》中"千山鸟飞绝，万径人踪灭"的"千山"与"万径"，"飞绝"与"踪灭"对仗得如此绝妙，霎时呈现出来一幅万籁俱寂、空旷凄冷的场面；杜甫《春夜喜雨》，全诗并无一"喜"字，但"好雨知时节，当春乃发生"的拟人手法却惟妙惟肖地抒发了作者内心的喜悦之情；李白的《赠汪伦》中那夸张的修辞手法"桃花潭水深千尺，不及汪伦送我情"以奇特的想象，把离别情与桃花潭水相比，进一步表现了汪伦对自己的感情十分深厚……古诗词中用比喻、拟人、夸张、排比、对比、借代、反问等修辞手法，为我们勾勒出一幅幅千变万化的自然景象，情真意切的离别场面；作者或抒发自己高洁的志趣和情怀，或感叹与珍惜朋友间深厚的情谊。这一首首诗词让我们体会到古人铮铮傲骨的写照，宽广豁达的胸怀，昂扬向上的抱负。

（三）从措辞功夫学

讲到作文中的遣词造句，就会想起韩愈关于"推敲"二字的典故。诚然，言简意赅比长篇大论更显精辟铿锵。因此，我特别重视引导学生学习古诗文措辞的精练隽永，于写作中反复推敲，以求达到"言简意赅"之境界。

措辞功夫之妙，最具有代表性的要数王安石《泊船瓜洲》中"春风又绿江南岸，明月何时照我还"之"绿"字了。据说作者曾先后用"吹""过""到"，终觉不妥，最后用一个"绿"字，活灵活现，给予春风色彩、生命力及强烈动感，确令人叹服！

（四）从真情实感学

每一首诗篇，能流传千古而不衰者，皆无不因其作者所抒的情感感人肺腑，引人共鸣。这表明，要学生写出感人肺腑的文章，需以情悟文，以情作文，于观察、构思、推敲中表达出自己的真情实感。正如孟郊"谁言寸草心，报得三春晖"所赞颂的广博深长的母爱令人感动；李绅《悯农》一诗中"谁知盘中餐，粒粒皆辛苦"为农民疾苦而呼发人深思，引人同情。

总而言之，诗教是一类重要而极具艺术性的教育，我们学之习之，和之悦之，陶冶艺术情操，培养审美能力，提高诗教艺术，使学生乐学、能学，与学生徜徉在古诗词奇妙愉悦的课堂中，传承博大精深的中华传统文化。

自然释放个性　回归本真课堂
——浅谈小学语文原生态课堂模式

李　洁

"把课堂还给学生，让课堂焕发出生命的活力"是当前实施的义务教育新课程标准中的重要理念。课堂是学生自我发展和实现的主要阵地，只有构建和谐有效的教学氛围才能够"唤醒沉睡的潜能，激活潜在的记忆，开启关闭的心智，放飞禁锢的情愫"，构建学生个人自主、全面、和谐的发展平台。下面我简要介绍构建语文原生态课堂教学模式的几点做法。

一、培养学生原生态自主学习能力，释放学生个性

义务教育新课程标准中一系列的新理念、新策略、新要求，都是围绕"学生是语文学习的主人"这一主题而展开论述的。语文原生态课堂教学模式的宗旨是学生在教师的引导下自由开放、独立自主地学习，在学习生活中学会感悟、体味生活，做到对学生个性的尊重，保护学生的个性，发展学生的个性。

叶澜教授说："我们的语文教学只有充分激活原本凝固的语言文字，才能使其变成生命的涌动、个性的张扬。"在语文原生态教学实践中根据学生的差异，创造条件，为每一个学生提供表现机会，让他们在有限的时间和空间里轻松愉快地在课堂教学中注入自己的内心体验和思想情感。

例如我在教学统编教材《去年的树》一课时，初步把握课文内容，在学生自己阅读课文、整体感知课文内容环节中展示图表，引导学生围绕"鸟儿为了寻找好朋友树，去了哪些地方，找了谁，结果如何"，圈画出故事中依次出现的人物——树、鸟儿、树根、大门、小女孩、灯火；找出故事中鸟儿飞过的地点——森林里、山谷里、村子里。通过自主学习，提取信息，合作交流，反馈完善，完成图表，梳理脉络，再引导学生将这些信息串起来说出故事主要内容。在词句段理解教学中，引导学生通过重要语段体会鸟儿的心情，走进鸟儿的内心世界；学生通过复述故事来深入体会鸟儿的情感，感受丰富的想象。让学生分角色朗读文中的 4 次对话，读出心情变化。第一次鸟儿和树的对话，我让学生想象快乐相处的画面，通过同桌练读、指名读、男女生合作读等多种方式感受他们相处时的快乐，即将分别时的不舍与彼此相约时的坚定。另外 3 次鸟儿在寻找树之旅中分别与树根、大门、小女孩之间的对话，鸟儿每次带着怎样的心情说话，我让学生发挥想象，用心体会，将鸟儿每次的心情用一个词概括，填入对话的提示语，从而

走进鸟儿的内心世界，进而体会鸟儿的心情变化。聚焦鸟儿两次看灯火的句子，走进鸟儿的内心世界。两次动作虽然都是"看"，但鸟儿的内心活动却不一样。第一个"看"表示的是鸟儿费尽周折，终于找到了自己的好朋友——虽然只是用自己的好朋友做成的火柴点燃的灯火；第二个"看"是鸟儿实现了自己的诺言。让学生通过两次"看"展开想象，联系上下文，想象鸟儿的内心活动，进一步体会鸟儿对树的真挚情感。

学生之间相互交流，相互启发，深刻体会了课文表达的情感，表达了自己个性化的见解，深化了感受。通过语文原生态课堂教学模式中所创设的和谐融洽氛围，让学生的个性得以展现，使他们能真正地在自主、合作、探究的学习过程中无拘无束地塑造并张扬自己的个性，实现个性化教学的目标。

二、营造原生态课堂和谐学习氛围，回归本真课堂

在教师的引导下，通过多元互动的教学活动，将学生带入具体的情境之中，实现学生与作者心灵的交流，激发学生主动感受、体会、想象和思考，在多向互动中表达、交流、质疑并创造，使学生在课堂的活动场景中获得心灵的滋养、能力的生成、情感的濡染、心性的陶冶，使每个学生的潜能得以发掘。

例如我在讲授部编版教材《金色的草地》一课时，让学生自读课文，思考：文中的这片草地在哪里？草地是金色的与什么有密切关系？"我"有什么新发现？草地为什么会变颜色？为什么小作者这么厉害，能发现这个秘密？然后让学生说说对草地的印象，引导学生带着欢快的语气朗读课文。接着了解"我"观察到草地的变化情况及变化原因，体会"我"观察的细致。第一个环节，引导学生了解草地的变化；第二个环节，引导学生了解草地变化的原因；第三个环节，引导学生体会"我"观察的细致。课文中的"我"不只观察了草地的颜色，还在不同时间观察了草地颜色的变化，更进一步观察发现了草地颜色的变化与蒲公英花朵张开、合拢的关系。

在教《一个中国孩子的呼声》一课时，我从"渴望和平"这一主题入手，向学生提出"这个中国孩子是谁？""他发出什么呼声？""他为什么要发出这样的呼声？""这只是'一个中国孩子的呼声'吗？"等系列问题，激发了学生学习的愿望。然后引导学生带着这些问题阅读课文，整体感知这封信的内容，最后通过有感情的朗读、想象、讨论交流等手段，帮助学生感受作者所表达的悲痛、缅怀、渴望和平的情感。学生朗读描写"痛失父亲"的句子时，读着读着声音就哽咽了，学生都被深深地感染了，有一位男同学读着读着竟泣不成声，在场的师生无不深受感动。

在原生态课堂和谐学习氛围指导下的课堂，是主动、互动、生动的课堂，是师生互动、心灵对话的舞台，是师生激活各自潜能的时空，让知识回归其文化，让教育回归其本性。

三、探索原生态合作探究课堂，实现平等合作

卢梭曾说过，"教育要回归自然"。我们语文原生态课堂就要在课堂教学中转变原来教学生态中的教师行为、学生行为，让教师与学生成为合作的探索者、平等的对话者，学生与学生成为协同的学习者。

例如我在教完围绕"生命"这一主题的课文后，指导学生习作。我让学生自由组合，互说互评，然后再选出代表在全班进行交流。在听、说、评中进行生生、师生互动交流，鼓励学生自由表达和创意的表达，然后结合自己实际从中选出习作内容。我还启发学生借鉴本组课文在表达上的共同点——由某件事或某一生命现象中引发思考，表达自己对生命的理解和感悟，鼓励学生学以致用。习作完成后，引导学生交换习作，互相修改。然后根据自己掌握的情况，就学生存在的问题给予指导，对有进步的学生给予鼓励，并组织全班学生进行欣赏评价。学生在互评互助的学习中，取长补短，相得益彰，写出了一篇篇好文章。

叶圣陶说："教育是农业，不是工业。"这就告诉我们：教育就像栽培植物那样，是让植物自然生长，而不是像工业生产，用模具去铸造成批的产品或机械零件。因此，面对植物的种子，我们要准备好土壤、肥料，充分利用好阳光和水分，顺应其内在的生长规律，相信种子内在的力量，构建和谐的生态环境，让他们快乐自主地发芽、开花、结果。

在原生态视角下的小学语文教学模式中，教师通过引导作用，把课堂真正交给学生，充分发挥学生的学习主体作用，让学生更加珍视学习机会，在原生态教学中释放个性；同时让置身其中的师生享受到教学所带来的乐趣，让课堂教学不断焕发出生机与活力。

读写相生： 语文核心素养
观照下的阅读教学

谢映慧

一、引言

叶圣陶先生始创"语文"一词，其言口头为"语"，书面为"文"，"文"本于"语"，不可偏指，故曰"语文"。兴起于 20 世纪初期的中国现代语文教育，从原点起程，走过百年旅程，一直伴随着中国现代教育历史的发展。中华人民共和国成立以后的 60 年代，以叶圣陶先生为主流代表的教育者提出了"阅读是写作的基础""写作的根是阅读"的主张，注重"以读带写""读写结合"，这就是阅读本位的语文教学理念。几十年来，这种理念深刻地烙在了语文教育者的心里，也烙在了语文课堂的细节上，以及语文课评价的言说里。

而在提倡"实用语文"的今天，以潘新和先生为代表的教育专家和学者提出了"写作本位"的主张。潘新和先生说："我始终认为，阅读指向言语表现，指向写作，这才是阅读的唯一目的。"在写作本位的读写观里，阅读的归宿是言语的表现。读完一篇文章，阅读教学才完成一半。另一半更重要，这就是使学生学以致用，就是要让学生把从阅读中学到的用在文章写作中，让他们把对文本的理解、感想说出来，或写出来。这才能算是真正完成了阅读教学的一个完整过程。

然而，无论是"阅读本位"，还是"写作本位"的语文观，都同样指出了读写互动的重要性。古人读书讲究眼到、口到、心到、手到，这既是阅读的方法，又是阅读的习惯，体现着完整的阅读历程：用眼睛去接触、感知文本，用诵读去转换、表现文本，用大脑去思考、体验文本，用文字去表达自己对文本的感悟和由此获得的启迪、乐趣。阅读时，需要对文本中的字词句段进行圈点、勾画与批注，适时地记录下自己在阅读过程中的疑惑，记录下自己的感受和体会。这种阅读方法理应贯穿整个阅读过程。我们的阅读教学要重视这一读写互动过程的达成。作为新课标所倡导的教学方式，读写互动教学的指向明确而具体，既包括语文能力中的阅读、写作和语文思维的训练，也包括语文情意中的思想感情、文化品位和审美情趣的濡染，以最终实现学生语文核心素养的养成。这是阅读教学的真义所在。

《义务教育语文课程标准（2011 年版）》的阶段目标中，对小学各学段的阅读和习作提出了具体要求，其中第一学段的阅读目标是"结合上下文和生活实际了解课文中词句的意思，在阅读中积累词语"，写话目标是"在写话中乐于运用阅读和生活中学到的词语"；第二学段的阅读目标是"体会课文中关键词句表达情意的作用；积累课文中的优美词语、精彩句段，以及在课外阅读和生活中获得的语言材料"，习作目标是"尝试在习作中运用自己平时积累的语言材料，特别是有新鲜感的词句"；第三学段的阅读目标是"在阅读中了解文章的表达顺序，体会作者的思想感情，初步领悟文章基本的表达方法"，习作目标是"能写简单的纪实作文和想象作文，内容具体，感情真实"。这些目标，传递着明确的信息：阅读和习作联系密切；阅读教学的基本任务是学会阅读和学习语言表达。

　　义务教育新课程标准实施以来，我们在大大小小的阅读教学观摩活动中看到"君子动口不动手"的现象少了，让学生进行练笔写话的现象多了。这种变化也正说明了我们的阅读教学既重吸收又重表达。但遗憾的是其中不乏费时低效、呆板僵死、任意发挥之举：有的写话点脱离文本，读写背离，纯粹为讨个"动笔"的噱头而动笔；有的写话形式单调，以感想式为主，千堂一面……一个好的读写互动应引导学生融入文本角色之中，打破固定的模式，寻找新的生命力，将个性化的解读、感悟流淌笔尖，书写心得和发现，在掌握言语的同时蓄积精神生命的源流。

二、着力于语言生长点，由读导写

　　叶圣陶先生说："阅读是吸收，写作是倾吐。倾吐能否合乎法度，显然与吸收有密切的联系。"在阅读教学中，我们要充分发挥文本对写作的引领作用。"语文教材无非是例子，凭着这个例子要使学生能够举一反三，练成阅读和写作的熟练技能"。"例子"中谋篇布局的精致巧妙，表达条理的清晰有序，语言形象的具体可感，遣词造句的准确生动……这些都是学生的语言生长点。着力于语言生长点，可用多种形式把学生的阅读视角引向语言表达，为培养学生言语生命奠定扎实的根基，实现由读导写。

（一）品味语言，仿文本之"法"

　　朱熹云："古人作文作诗，多是模仿前人而作之，善学之既久，自然纯熟。"儿童都有着天然的模仿才能，小学生的身心特点决定了模仿在教学中的价值。借助范文指导学生进行仿写，最能激发学生的写作兴趣，提高谋篇布局的写作技巧，发展创造性思维能力。"语言教材无非是个例子"，既然是例子，就意味着其具有概括性，隐含规律性，是语言知识和语言现象的载体，是学生极好的范文。因此，教师要注重引导学生对文本表达方式的吸纳和迁移，引领学生对文本所显现出来的特点、规律，心摹手追，体会语感，并能举一反三，触类旁通，联系自己的生活实际，学习文本中题材的选取、体裁的安排、观察的方法、典型的句式、段落的结构、遣词造句等，进行迁移、延伸和创造。

　　如《彩色的梦》一文第四小节中写道"我的彩色梦境，有水果香，有季节风，还有紫葡萄的叮咛，在溪水里流动……"这是诗，也是画。排比的句式和拟人的手法，以及嗅觉、触觉、视觉、听觉的多重感受，使"我"的彩色梦境有了动态美。教师抓住省略号引导学生想象"我"的彩色梦境里还有什么，用"有……有……还有……"的句式写一写。这就是模仿典型句式进行训练的范例。学生在句式训练中积累语言，发展思维，感受想象的奇特，体会大自然的美好，从而获得独特而深刻的审美体验。

《燕子》一文这样介绍燕子："一身乌黑光亮的羽毛，一对俊俏轻快的翅膀，加上剪刀似的尾巴，凑成了活泼机灵的小燕子。"简洁的文字，极具代表性的"三点"，清晰地展现了燕子的外形特点。教师就可在这一语言规律上做文章，引导学生观察身边的小动物，并尝试用这种方法来介绍小动物。这样的迁移，让学生很快就掌握了这种简单、易操作的外形描写方法。

又如季羡林的《怀念母亲》一文，是非常典型的首尾呼应结构。感悟了这种严谨、浑然一体的结构特点之后，可以要求学生学着用首尾呼应的方法来写文章。借鉴《七月的天山》一文中"移步换景"的观察与描写方法，也可以组织学生观察校园或者教室，运用表示方位的词语，准确地描述各种景物。

"于无法之中求得法，有法之后求其化。"每个文本，如果都能破解其最具特点的一"法"，让学生在"仿"中求其"创"，求其"新"，长此以往，范文中独特的语言组织和语言表达方式就会在学生的心头生根、发芽，开出美丽的语言之花。

（二）放飞思绪，补文本之"白"

西方的接受美学认为：文本是一个"召唤式结构"，其意义具有一定的空白性。这里的空白，就是文本中未写出来或未写明的那部分。在小学语文教材中，也不乏这样一些意味深长的文章，其往往能给人制造一种兴味无穷的空白艺术，是学生放飞思绪、锤炼语言的天地。

这里的"空白"有很多种形式，如结构上的分节换行；欲言又止，语至嘴边留三分；质疑不答、无可奉告；主次有别、厚此薄彼……这些空白，或是言外存意，让读者去猜想；或是言此意彼，让学生去琢磨。教学时，可充分利用这样的空白之处，引导学生动动笔，凭借语境进行适当的想象、填补和拓展。爱因斯坦说过："想象力比知识更重要。"学生展开想象，通过写话把它还原成具体可感、触手可及的鲜明形象，将帮助他们从另一个侧面深化对文本的情感和理解。

如《我的伯父鲁迅先生》中有这样一段话："我们走过去，看见他两只手捧着脚，脚上没穿鞋，地上淌了一摊血。他听见脚步声，抬起头来，饱经风霜的脸上现出难以忍受的痛苦。"这里，没有关于车夫脸部的细致描写，是一个可进行情节扩展的空白点。教师就可因势利导，抓住"饱经风霜"一词，让学生想象车夫那"饱经风霜"的脸是一张什么样的脸，想好后，用几句话写出来。"这位拉车的不过三十多岁，可看上去足有五十多岁，黑瘦黑瘦的脸布满一道道皱纹，眼圈深深地凹了下去，蒙着一层灰，看上去这张枯瘦的脸像极了一个霜打的茄子。"学生建立在文本解读和生活体验上的补白，使车夫从一个模糊的影像中清晰起来，形成了文字，形成了思想中的一个稳固的人物印痕。这样的练习，既让学生理解了"饱经风霜"的意思，又是一次有效的人物描写训练。

又如《穷人》一课，文章以桑娜拉开帐子，让丈夫看西蒙的遗孤作为结尾，给人无穷的遐想和悠长的回味。这样的空白，教师就可以挖掘一下，让学生展开想象，写写渔夫和桑娜怎么对话，收留西蒙的两个孩子后，全家九口人怎么生活……使文本的情节得到进一步延伸，更深切感悟穷人善良高贵的品质。

（三）披文入境，悟文本之"情"

刘勰云："夫缀文者情动而辞发，观文者披文以入情。"文字是表情达意的工具，文本也融入了人们丰富的心理感受和情绪体验。语文教材中不乏一些情感色彩比较浓重的文本，一旦学生与文本产生情感共鸣，便会形成巨大的情感磁场。学生迫切地想表达，有很多的感悟想抒发，这就是练笔绝好的时机。作为教师，必须穿透语言表层深入文本，洞悉文本的"动情点"，去拨动学生的心灵之弦，引领他们在生命律动中完成与文本、作者灵动的情感共鸣，达到心灵与心灵之间的自然契合。

听过王崧舟的《长相思》，伴随教师声情并茂的引领和背景音乐《怆》，学生沉浸在诗人身在征途、心系故园的哀愁幽怨中。这时，教师话锋一转，让学生展开想象，写下纳兰性德心中和记忆里的故乡、故园的画面。伴着舒缓的《琵琶语》，学生沉睡的情感一下子被唤醒了，文思泉涌。在练笔过程中跟随诗人追忆似水年华，想象家乡的安宁、亲人的温暖，感受"聒碎乡心"的酷烈，体会诗人思乡怀故、戍边卫国的高大形象。

又如梁晓声《慈母情深》一文，当学生读着读着，情感逐渐升温，当他们被文中这位劳苦、憔悴、疲惫，甚至有些可怜的母亲，对孩子那份伟大、深沉的爱深深打动时，教师就可以不失时机地根据学生对文中作者情感的体悟，引导学生回忆自己脑海中最刻骨铭心的关于母爱的一幕，用人物的语言、动作、外貌、神态、心理等描写下来。这样的语言训练激荡着学生澎湃的心潮，因此他们的文字也发自肺腑，感人至深。

三、挖掘语言增值点，以写促读

读写离不开"互动"，究竟怎样"互动"？我的理解至少可以分为三个步骤：读写对接、读写转换、读写交融。首先，读写对接。教师在教学预设的过程中要善于捕捉读写互动的对接点，意在感悟写作意图，积累语言范式，进行情感蓄积。其次，读写转换。把文本的人文意义、文本的语言范式、学生的学习兴趣、学生的个性解读这几点结合在一起的读写互动才是高效的读写互动。续写、扩写、补写、改写、批注、仿写、悟写……才有其价值和意义。最后，读写交融。在这里我们希望看到阅读作用于写作，写作也反作用于阅读；更希望看到言语作用于生命，生命反作用于言语。

在执教《跨越百年的美丽》一课时，教师面对冗长的句子、陈述性的语言和一个看似很熟悉的伟大女科学家，抓住"美丽"这个核心，从三个层面展开，引领学生走进文本，走近居里夫人，感受居里夫人的人格、生命之美。这个"美丽"就是进行读写互动的对接点。

师：玛丽常对自己说：人要有毅力，否则将一事无成。正是因为玛丽生命中有着这样不屈的信念、可贵的性格，经过三年又九个月，几万次地提炼——

生：（接读）他们终于在成吨的矿渣中提炼出了 0.1 克镭。

师：这 0.1 克镭，引爆了科学界一场真正的革命。历史定格了那一个瞬间，1902 年的年底。（板书：1902 年）在一个废弃的破棚子里，经过三年又九个月，几万次地提炼——

生：（再接读）他们终于在成吨的矿渣中提炼出了 0.1 克镭。

师：它真的有极美丽的颜色，在幽暗的破木棚里发出略带蓝色的荧光。当居里夫人凝视着这点美丽的淡蓝色的荧光，她想到了……她还想到了……她在日记本上写道……

（生写话）

师：同学们，居里夫人的一生是执着追求的一生，是无私奉献的一生，回味着她一生的美丽，我们仿佛又看到一百年前报告会上的居里夫人——（音乐起）

生：她的报告使全场震惊，物理学进入了一个新时代，而她那美丽而庄重的形象也就从此定格在历史上，定格在每个人的心里。

师：我们怎能忘记，三年又九个月，一千多个日日夜夜，化验室里——

生：玛丽终日在烟熏火燎中搅拌着锅里的矿渣。她的衣裙上，双手上，留下了酸碱的点点烧痕。

师：我们又怎能忘记，她获得了许许多多荣誉，但是——

生：她视名利如粪土，她将奖金赠给科研事业和战争中的法国，而将那些奖章送给 6 岁的小女儿当玩具。

师：（指着板书小结）这就是居里夫人美丽的一生，她的美丽是融——（生：美貌，精神，人格）于一体，正是这样的美丽，它定格在历史上，也定格在——（生：每个人的心中）也正是这样的美丽才是——（生：跨越百年的美丽）我们相信，只有这样的美丽，她才能——（生：跨越百年）

教师建筑在"美丽"之上的读写转换，帮助学生将感动流于笔尖，通过深情的朗读宣之于口，读和写在这里相得益彰，和谐融合，大写着居里夫人那美丽的生命和伟大的人格。就是这样一位为科学事业做出伟大贡献的女性，她的美，她的精神，她的人格魅力早已在每个孩子的心中留下不可磨灭的印象，征服了孩子们的心。

以写促读，读出深邃，以写促读，读出多元。挖掘内涵丰富、语义深刻的词句展开写，在课文情感凝结点动笔，是无声胜有声的心灵沉淀。叩问文本，撞击情感，对话心灵，使文本的生命力得到更真切、更集中、更有力的张扬。以表达促进理解，以表达促进课文语言的内化，读写才能相得益彰。

着力于语言生长点，由读导写，品味语言，补白个性，蓄积情感，入境而辞发的文字变得流畅、恣肆而日臻精妙；挖掘语言增值点，以写促读，实现语言的语义、意蕴、情感、语用的增值，获得思想与语言的提升。从读走向写，再从写回到读，这是一个"语文人生"的完整历程，也是一个"言语生命"的守望生辉。读与写不断地拓展、交融、深邃、相生，母语的言语修养也就匠心独运，水到渠成，扎根在学生的心中。

参考文献

[1] 潘新和．语文：表现与存在 [M]．福州：福建人民出版社，2004．

[2] 秦训刚，晏渝生．全日制义务教育语文课程标准教师读本 [M]．武汉：华中师范大学出版社，2003．

浅谈如何在作文教学中
培养语文核心素养

唐 琳

《义务教育语文课程标准（2011 年版）》（以下简称"语文课程标准"）指出："语文课程应致力于学生语文素养的形成与发展。语文素养是学生学好其他课程的基础，也是学生全面发展和终身发展的基础。"语文课程不仅要培养学生的语文基本能力，更要注重优秀文化对学生的熏染，让学生的情感、态度、价值观，以及道德修养、审美情趣得到提升，良好的个性和健全的人格得到培养。那么，作为一名小学语文教师，该如何在作文教学中培养小学生的语文核心素养呢？以下从四个方面来谈谈我的实践过程：

一、"头脑风暴"助燃，在说中培养语文核心素养

语文课程标准要求写作教学"要为学生的自主写作提供有利条件和广阔空间，减少对学生写作的束缚，鼓励自由表达和创意的表达"。对于小学生而言，写作前的引导是很有必要的。因为年龄特征的关系，他们平时在生活和阅读中的感受毕竟是模糊、粗糙的，如果没有加以适当的提示、点拨，可能一时很难上升到理性的层面上，总觉得头绪众多，一片混沌，无从下手。这就需要教师充分发挥主导作用，站高望远、胸有成竹地进行指导。南北朝著名文学评论家刘勰在《文心雕龙》中说过："情以物迁，辞以情发。"要促使学生"情动"，然后才能够"辞发"。

教学中，教师首先要满腔热情地进行启发谈话，用精练而文采斐然的话语回忆、描绘生活或阅读中的某个场景或某个章节，引起学生的再造想象，激发学生的情感，勾起学生的文思，从而自然地让学生进入自由写作的境界。如《父母的爱》的训练，如果直接让学生写作，很多学生会写生病了，父母怎样照顾我等等，这类材料，既缺乏新意，又很难体现真情实感。因此，我们也可以通过"头脑风暴"的形式引导学生回忆生活上、学习上父母对我们无微不至的照顾、辅导。这样，不仅拓展了学生的选材面，同时也教会了学生在写作文时如何更好地传情达意。

二、选择借鉴点，在模仿创新中培养语文核心素养

古人讲："大匠诲人必以规矩"，从心理学的观点看，模仿是学习时心理的需要。在教学中，"依葫芦画瓢"更是入门阶段一种必要的手段。因此，我们要以教材为依据，从教材中选择借鉴点，读中悟写，读中学写。

（一）句子、句式仿写

在小学中高年级的课文中，句式、段落的训练随处可见。例如三年级下册中"蒲公英的花就像我们的手掌，可以张开、合上"，"一棵高大的橡树像草原的哨兵挺立在路旁"。在教学中，要让学生懂得，通过想象，运用比喻，能使我们所描述的事物更加具体、形象、生动。又如《燕子的专列》课后的连动句式仿写训练、动词的运用，让人物形象更加高大。又如五年级下册《白杨》课后，仿照课文"白杨树从来就这么直。哪儿需要，它就在哪儿……不管遇到……不管遇到……它总是……"的句式夸夸祖国建设者或保卫者。我们可以引导学生在多次有感情朗读的基础上背诵下来，再用这些词说一说其他的树，如青松、白桦、木棉树等，最后再让学生用这些词写几句话，夸一夸像课文中的爸爸那样的祖国建设者或保卫者，如筑路工人、清洁工人、乡村医疗工作者和军人。像这样的点滴训练，持之以恒，学生写话能力就能大幅提高。

（二）段落、篇章仿写

学生习作时无话可说，常常是因为平时素材积累不够。教师要有意识地结合课文的学习，引导学生观察生活、积累素材，乐于把所见、所闻、所思、所想记下来。随着知识水平的提高，课后安插的小练笔也越来越多，如六年级上册《草虫的村落》的小练笔："丰富的想象使课文中的小甲虫有情有意。请你写写自己观察过的小虫，注意展开自己的想象，融入自己的感受。"这种类型的小练笔，对于当今沉溺于电子产品的学生来说，是难有素材的。教师在教学本组文章前，要有意识地引导学生融入大自然中，去校园的各个角落感受自然景物的魅力，让家长带着孩子走进乡村的田野去感受大自然的独特神韵，认识植物，看看小动物，激发学生热爱大自然的感情，这样，到习作指导时学生自然就有话可说，作文也就水到渠成了。如六年级下册《真理诞生于一百个问号之后》的课后小练笔，要求学生仿照课文的写法写一段话，用具体事实说明一个观点。又如《匆匆》的课后第三题："作者是怎样具体描述日子来去的匆匆的？仿照课文的写法，再写几句。"再如《北京的春节》的课后第三题，布置学生简单写写自己是怎样过春节的。这样的安排，只要教师紧紧抓住这个训练点，不仅可以使学生及时把阅读中学到的表达方法自然迁移到习作中，更能使动笔成为一种常态，成为学生的一种习惯。

三、开放命题，用我手写我口，培养语文核心素养

语文课程标准关于写作的基本理念是："写作是运用书面语言进行表达和交流的重要方式，是认识世界、认识自我、进行创造性表述的过程。"由此可知，新课标特别重视鼓励学生放开种种束缚，进行自由的表达，并在写作中培养创新精神，这为我们的作文教学指明了一个大的方向。但是，由于大多数教师的命题过于呆板，如描写人物的，大都是《我的小伙伴》之类的；寒暑假过后，作文题目必然是"假期见闻"。这样，学生早已产生了"审题疲劳"，厌倦了这样的作文题目，本来就不大喜欢作文的学生怎能不兴趣索然呢？因此，教师要抛开这些俗套的做法，让学生选择自己喜欢的内容进行写作。在一次教研会上，一位教师讲了他们班上有这样一名男同学，语文的知识底子薄弱，学习的积极性也不高，语文考试经常不及格，作文更是经常一片空白。但是，有一天他跟数学教师发生了点误会，心里很纠结，就写了一篇周记，把这件事的来龙去脉记下来，里面还有他当时真实的心理活动。这件事给我们很大的震撼，让我不得不反思，是学生不会写，还是我们的作文教学已经开始偏离轨道了呢？语文课程标准贯彻了这样的思想：只有为学生提供广阔的写作空间，减少对写作的束缚，才能实现写作的个性化，使学生表达出自己的主观感受。不同学段所强调的重点是不同的。于是，我们探讨布置命题作文时，除了按照重点训练项目逐步提高要求、有序地训练以外，也要更多地联系学生的实际，拟一些贴近生活的题目，做到有新鲜感，不生搬硬套，不大、空、远；对于作文基础差的学生，训练或者考试的时候，鼓励他们在写作时大胆落笔，哪怕只写几十个字，只要有进步，及时表扬并给予一定分数……这样，学生渐渐有了兴趣，班上喜欢写作的学生也越来越多了。

四、在生活中积累素材，培养语文核心素养

生活才是写作的真正源头。与来自生活的素材相比，书本上的东西固然必不可少，但至多只能算是一种"流"。无论何时何地，"流"都是代替不了"源"的。不要迷信"能读千赋，则能为文"，因为"纸上得来终觉浅"，使用别人消化过的东西，它对心灵的震撼力可能会大打折扣，毕竟与来自生活的真知灼见是不同的。很多时候，这些书本知识是无法在学生的心湖荡起涟漪的。

我从三个方面入手培养学生积累素材：第一，在开展活动中积累素材。教师可以结合语文教材中的训练点，有针对性地开展综合活动，对学生进行作文材料积累的指导。如六年级下册第二单元"各地的民风民俗"，特别是《北京的春节》《各具特色的民居》等课文，很好地展现了不同文化的特点。但如果我只是直接要求学生按单元训练点进行机械训练，那学生很有可能不知从何说起。所以，我要求他们结合当地的民风民俗，选择自己喜欢的一个方面，通过采访周围

的人、上网查阅相关资料等，再把资料制作成手抄报，然后在"口语交际·习作二"课上进行展示。有的学生介绍潮州的戏剧——潮剧，有的介绍地方特色建筑——龙湖古寨，有的介绍当地的传统节日……学生展示的内容丰富多彩，无形之中很好地实现了写作素材的积累，也培养了语文的学习能力。第二，在体验生活中丰富素材。教师要引导学生深入生活、感悟生活，做生活的有心人，从生活中撷取原始的生活素材。在我们的身边，无论城市还是农村，都有着广阔的生活天地，和同学、邻居的相处，参与民俗活动的举办，与市场商贩打交道……如果教师善于引导学生多看、多听、多想，很多的人和事都能够触动学生的心灵，引发他们的思考，学生自然就有话可说，语言积累自然就材料充盈。第三，在亲近自然中充实素材。我们的家乡潮州是历史悠久的文化名城，有着深厚的文化底蕴和人文景观，这既是作文教学的直观教具，也为作文教学提供了取之不尽、用之不竭的写作素材。我们的学生也能在这得天独厚的自然环境中耳濡目染，培养人文素养。建立学生与生活的有效联结，从而也进一步促进学生核心素养的提升。

　　总之，教师要立足于核心素养来开展作文教学活动，引导学生多思、多写、多悟，用一颗慧心、用一支妙笔描绘绚烂多姿的生活，让核心素养在教学中落地生根。

基于核心素养导向的小学语言文字运用探析

谢 樱

《义务教育语文课程标准（2011年版）》高度体现了国家基础教育课程改革的基本精神，体现了新时期我国对语文教学的指导思想和规格要求。这次语文课程改革的基本着眼点是面向全体学生，使学生获得全面发展、终身发展的语文素养。语文课程着力于培养学生的语文实践能力，引导学生丰富语言积累，培养良好的语感和整体把握的能力，多读多写，日积月累，在大量的语文实践中体会、把握运用语文的规律，培养学生的语言文字运用能力。强调学生积极主动学习，进而达到自主学习，在探究中学习，在深入思考和交流中获得感悟与深入理解，促进小学生的个性发展。

一、"核心素养"与"语言文字运用"的概念解读

（一）"核心素养"与"语文核心素养"

核心素养是学生知识、能力、情感、态度、价值观的统一，培养的是学生的综合素养。核心素养的培育注重培育的过程，即在培育过程中学生的感悟与发展，而不只是注重成果。另外，核心素养还具有稳定性与发展性，是个体终生可持续发展、与时俱进的动态培养过程，是个体能够适应将来社会变化发展、促进终身学习、培养终身学习能力、实现全面发展的保障。核心素养不是一朝一夕就能培养出来的，而是伴随个体在各种具体复杂的情境中慢慢培育出来的。

语文核心素养是指通过语文课程的学习，初步形成语文学科素养即学科核心素养，这些所习得的素养能够在未来生活中融入生活，是个人与社会发展所必须具备的关键能力。语文核心素养从宏观角度可划分为四方面，即语言的建构与运用、思维的发展与提升、文化的传承与理解、审美的鉴赏与创造。

（二）语言文字运用

语言文字运用，指学生在丰富的语言实践中，通过主动的积累、梳理和整合，逐步掌握祖国语言文字特点及其运用规律，形成个体的言语经验，在具体的语言情境中正确有效地运用祖国语言文字进行交流沟通的能力。语言文字运用作为语文课程性质的核心要素，在新一轮课程改革强调的教学目标中融合了三个维度的目标，语言建构与运用对应的是知识与能力目标。通过对学生语言文字运用能力的训练，为培养语感、理解阅读、交流沟通的能力奠定基础，有助于培养学

生的思维能力，尤其是创新性思维能力。除此之外，提高学生鉴赏与创造力也离不开语言文字运用能力的支撑。在小学语文教学中，要让学生感受到语言之美，这就要求学生具有较强的语言鉴赏力。如在词《忆江南》的教学中，学生在理解词人创作背景的基础上，抓住"忆"字，在反复的朗读中悟景、悟情，激发想象，在措辞中感受语言之美，在文本背后找到情感与价值观。可见，语言文字的运用过程对经典文学作品中精神性的解读和传承也有着重要意义。

二、立足语文核心素养，强化语言文字运用

（一）语言文字模仿运用阶段

学生学习语言文字运用是一个循序渐进的过程，要经历一个认识"运用"的阶段，在相似情境下模仿文本表达，强化运用能力。

1. 立足教材，熟悉文本

语文课程的工具性表现在语言文字运用过程。语文教材作为学生文本阅读的载体，其设计依照学生认知规律，将各类型文本进行系统化编录，构成学生认识、感知、理解、体验、想象、融合、拓展与运用的学习依托。

教师在语文教学中，针对不同文体确定不同的教学内容，引导学生发现和学习不同文本的语言文字运用的特性，总结其相应的阅读方法，利于在同类文体的阅读中培养语感，发现语言文字运用规律，为学习表达的模仿和创造阶段做足基础性语言知识储备。学生在五年级上册第六课《梅花魂》的学习中，通过外公的语言、动作、神态等描写感受他对梅花的钟爱并了解梅花的象征义，进而理解一位华侨老人对祖国深深的眷恋之情。回到文眼"梅花魂"，学生体会到了"借物喻人"这一写作方法的运用效果，更在往后的《落花生》《白杨》《桃花心木》等课文中得到该语言文字运用技巧的强化，在口头与书面表达中得到模仿的训练，逐步熟悉其思维建构模式，掌握其运用技巧。

值得一提的是，同种文体间语言运用的差异，也是教师应当引导学生纵向对比解读的重点之一。如在五年级上册第三组说明性文章的教学中，《鲸》与《松鼠》两篇课文的语言表达上都具备说明文语言基本特征——准确性及说明方法的运用，但两者的语言运用差异很大。《鲸》一课语言准确、客观、严谨，采用举例子、列数字、打比方等说明方法；而《松鼠》一课则更多地采用比喻、拟人等文艺性笔法来描写，语言生动形象，读起来情感色彩较浓厚。因此，立足教材，熟悉文本，是教师实施语言文字运用教学的第一步。

2. 感知内容，延续语境

相比其他语言体系，汉语语言文字更具含蓄、简约、多义、开放的特点。含蓄简约的文字信息可通过扩充、关联和想象，延续文本语境，再通过对原文的咏诵、品味来挖掘其语意和情感。多异性和开放性的特点则给语言文字建构了未知点和空白点，相当于一个多维的开放的图式化框架。这一开放性的文本结构赋予读者更丰富的填补空间和模式，从而实现文本意义的具体化，为个性化阅读营造

放射性思维路径，也为续写、改编、补白或扩充原有文本的不同表达形式提供了创作空间。

在语文阅读教学中，以小说片段人物描写的文本为例，教师可引导学生结合上下文，联系生活体验，揣摩语意语境，适当地展开设想和推断，从而丰满故事中的人物形象，或体悟作者创作意图。《临死前的严监生》一课以严监生"两个指头"的细微变化和周围人物的语言描写来塑造人物，学生在作者的悬念处不断被吸引，自发地对文本语言进行补白和推断，感知作者笔下的"守财奴"形象，从而获得语言震撼体验及语言表达方法的指引。

3. 模仿语言，学习运用

模仿文本语言，是"运用"的尝试。模仿训练是小学阶段培养语言文字运用能力的必经环节。学生对文本语言运用的体验过程是萌生"运用"欲望的关键点，教师要及时激发，适时引导其进入"运用"模仿学习阶段。从字词的搭配、造句，到句、段的仿写，都是教师常穿插于阅读教学课堂中的练习。《草原》一课中的写景语段大量运用了比喻的修辞手法。虽然比喻手法的基本特性对于高学段学生已较为熟悉，但该文中的比喻句突破了学生心中简单的"本体像喻体"句式。如"羊群一会儿上了小丘，一会儿又下来，走在哪儿都像给无边的绿毯绣上了白色的大花"，蕴藏两组本体和喻体，动静结合，画面感强烈，将作者眼前的小元素巧妙组合，形象展示了草原如诗如画的风光美。《景阳冈》一文中对老虎的凶猛亦是这样来写，"大虫见掀他不着，吼一声，就像半天里起了个霹雳，震得那山冈也动了，接着把铁棒似的虎尾倒竖起来一剪"。这也是比喻手法连用的一个模仿原型。在体会和模仿中，让学生再认识修辞语言运用并获得运用动机。

（二）语言文字实际运用阶段

1. 激发学生语言表达欲望

（1）创设情境。

小学生对外界的认识过程，必然是从生动、鲜活、感性的生活世界逐渐走向抽象、逻辑、条理的知识世界。情境教学正是学生先感知后表达的语言活动，或是在感受中内化语言的活动。生动可感的教学情境对孩子们有巨大的感染力，利于调动其内在情感，激发其表达欲望。

《桥》是一篇在文章结构和语言风格上较为典型的课文，其教学目标之一就是让学生在阅读过程中领会和分析文章写作特点并进行运用训练。其一是故事情节安排得独具匠心，设置悬念，给读者以"结局出乎意料又在情理之中"的深刻感受；其二是语言的简短性特征以及大量的比喻、拟人修辞手法的运用，加强了文本节奏感和形象性，让学生在朗读过程中自然而然地体会到洪水如猛兽般势不可当，理解了村民"惊慌"的原因，突出了老汉的关键作用。学生在语言文字能动建构的"洪灾"情境之中被感染，习得了对一件事要叙述得精彩，并非一五一十地平铺直叙，而可尝试铺垫、留白、倒叙等艺术技巧，也习得了长短句的设计亦可如音符般谱成文章的旋律，带领着读者的心绪随故事情节发展而跌宕起伏。这种深刻体验是语言的内化过程，学生在日常交流、口语表达、习作等实际训练中逐步加以模仿和运用，体会言语表达的感染力和趣味性。

（2）激发想象。

著名特级教师王崧舟曾说："语文教学应以点燃学生的感知、想象、情感、思维，广化、深化、美化、敏化学生的语感。"汉语言文字的直观或含蓄表达都可成为孩子们展开想象的触发点。教师在教学中应适时开拓学生的想象空间，化文字符号为生动可触的立体画面，提升学生对语言文字的敏感度。

如五年级下册诗歌《童年的水墨画》的教学中，教师借助文本语言，调动学生联系自身体验，展开想象，充分感受诗中描绘的儿童天真可爱、无忧无虑的形象，并尝试用诗意的语言动情地描述一件童年趣事。让学生在一定的情境中有话想说、敢说、能说，这个过程就是语言的积累与运用过程。

2. 提炼语言文字运用规律

语文学科与自然学科相比，其规律的认识和新经验的形成必须依托个体大量的言语实践来实现。学生通过大量的阅读、口语交际、习作等多渠道的语文实践，培养个性化的语感体验，形成个性化的语言风格，结合理性的语言概念、规则知识从似杂乱无章的语言知识现象中概括共同规律，提炼实践经验，促进新经验的形成。如"鼓励"与"鼓舞"、"寂静"与"安静"等存在细微差别的词语是学生学习和生活中的常用词，其运用影响了表达的准确性。那么，学生就必须运用一定的语言规律和语感经验来进行甄别、比较、领悟。丰富的言语实践是探索和学习语言规律的重要途径，为达到熟练地运用语言文字，全面提升语文核心素养奠定基础。

3. 注重语运与个体的联系

语言文字运用训练不可忽视文本的精神性与学生的独特性，即包括文本内容及创作背景、学生个性化阅读动机以及具有时代特征的生活参与和延展。一切教学得以有效进行的前提，少不了教师对学生的个体学情分析。这直接关系到教学设计、课堂实施和拓展等环节是否把握准确。语言的实际运用除了语言规律，更多是个体的实际体验。

《桥》一文塑造的是一位优秀老共产党员的光辉形象。然而，对于五年级学生来讲，他们对中国共产党组织的认识水平是参差不齐的，甚至对于大部分孩子来说是难以理解的。那么，文中老汉的语言描写"党员排后面"以及"党员"和"群众"的关系理解上就成了孩子们困惑甚至忽视的重要内容。因此，教师如果能及时对党组织有一个简要又形象的介绍，那么以上的难题则可迎刃而解。比如，让学生结合自身加入"少先队"的实际认识和体验，或是缩小到一个班集体中，对班干部的意义进行探讨，从中去感悟另一个先进组织在一个集体中的关键力量，从而真正认识"优秀"和"光辉"是如何在这个党员身上体现的。反之，又是对学生集体主义精神和先进理念认识的一个最好的德育过程。

基于核心素养导向的语言文字运用教学是体现语文课程价值的必经之路。教师应以提升学生核心素养为教学目标，关注学生个体知识的建构与运用，改革教学思路与方法，创设丰富的语文情境和实践活动，切实培养学生正确运用祖国语言文字的实践能力。

参考文献

[1] 王娜娜. 小学生语言文字运用能力教学策略研究 [D]. 武汉：华中师范大学，2014.

[2] 官炳才. "语言建构与运用" 的教学实施策略 [J]. 中小学教师培训，2017（7）.

春和景明　愉悦书写
——小学中低年级的识字、写字教育点滴谈

陈邦亮

识字、写字教学向来都是比较枯燥乏味的。一些小学生爱上文体活动课和体育课，可一见到语文课的识字、写字课则百般不情愿。小学特别是中低年级是学生识字、写字的启蒙阶段，如何把识字、写字课鲜活可爱的一面展示在学生面前，甚至令学生爱上它，而不是一开始就令学生产生厌学、逃避情绪，值得每个教师探索。

小学中低年级学生就应该在书写方面打好基础，否则等到高年级学业任务繁重时没有良好的书写习惯，"书写定式"已经形成，再想重新练习，写一手规范工整的汉字就为时已晚了。低年级学生的写字练习教学如何切入，笔者认为可以从以下几点来进行。

一、讲故事，激发练字兴趣

爱因斯坦说过，"兴趣是最好的老师"。对于低年级的小学生，讲故事的形式是最容易被接受的。比如讲"一字千金"的故事：西安碑林内有块"大唐三藏圣教序碑"，是件隔代合写的奇碑，东晋大书法家王羲之竟然书写了200多年后的唐朝文章！不少行家验看了碑上的每一字，确是王羲之的手笔；诵念碑文内容，也确是唐太宗为玄奘和尚撰写的《大唐三藏圣教序》。

奇事自有根由，《大唐三藏圣教序》是唐太宗为玄奘和尚翻译的印度佛经作的序文，再加上太子李治作述记及玄奘的谢表，通称《大唐三藏圣教序》。"大唐三藏圣教序碑"立于唐高宗咸亨三年（672年），当时朝廷要用东晋大书法家王羲之的字体来刻碑。长安洪福寺怀仁和尚知道此事后，感到是佛教界的光荣，因此下决心承担此任。经过怀仁和尚到处寻觅，终于按序文内容，把王羲之的字一个一个搜集起来，集成了这块王羲之字体的"大唐三藏圣教序碑"。

传说怀仁和尚在集字过程中，有几个字怎么也找不到，不得已奏请朝廷贴出告示，谁献出碑文中急需的一个字，赏一千金。这就是"一字千金"故事的由来，也是文坛上的佳话。后人把此碑的拓本也称作《千金贴》。

关于汉字的故事还可以讲很多，主要就是为了激发学生的兴趣，让学生明白写好字的重要性。

二、认识写好字的重要性

历史上许多有成就的人，他们都有共同特点：书法才艺都了得，比如伟大领袖毛泽东、周恩来。相反，一些人就是因为字写得不好而吃大亏。这时可举反面例子，如"一个错别字丢状元"的故事。

北宋仁宗年间，四川成都府有一个叫赵旭的书生，自幼博学多识。熟读四书五经，下笔成文，出口成章。一年京城科举，赵旭也上京赶考。考完，他自我感觉良好，很有希望高中。一天，宋仁宗早朝上殿询问考试的事，试官就将前三名的文卷呈给宋仁宗。他看了第一卷对试官说："此卷做得极好，可惜中间有一字差错。"试官便问宋仁宗哪个字写错了。宋仁宗笑着说："这是一个'唯'字，原来'口'旁为何写成'厶'旁？"试官解释说："此字皆可通用。"宋仁宗便召赵旭觐见，问他："卷里有错字，'唯'字，原来'口'旁为何写成'厶'旁？"赵旭回奏："此字皆可通用。"宋仁宗听闻，很不高兴，就在御案上写下六个字递给赵旭说："卿家看看，去言、吴矣、吕台，卿言通用，那么写与朕来！"赵旭看了半响无话可说。宋仁宗说："卿可暂退读书。"即将到手的状元桂冠就此落地。

对于易写错的字，教师要拆分字的偏旁部首，讲解造字依据，比如解说一般和水有关的字都带三点水旁。笔者的教学经验则是：容易写错（包括结构复杂）的字每字抄 20 遍，刚好形成一行"三百格"，让学生写出"定式"。

三、掌握正确的执笔姿势，多练习字体书写

执笔姿势是一年级学生的练习重点。教师要教授一年级学生正确的执笔姿势：头正距桌面一尺，身直距桌沿一拳，臂开，两脚自然并列与肩同宽，平放地面；右手执笔，拇指、食指、中指分别从三个方向握住笔杆的下端，离笔尖一寸左右，笔杆的上部斜靠在食指的根部，使笔杆与纸面约呈 45°角，以便观察纠正自己的书写情况。对于执笔姿势错误的学生，教师要不断提醒并跟进。科学证明，当一个行为或动作每天都做并坚持 21 天，那么它就会变成一种习惯。写字不是玩乐，刚开始可能会很累，但在家校配合下坚持不懈，逐渐养成稳定良好的书写习惯，甚至产生快乐的"多巴胺"，看上去很累的识字写字活动自然就变得轻松了。潮州有句俗语：字无"熘"，爬上树。意思是长时间不写字，过段时间会猛然发现许多字都写不出来。所以学生更要注重练习，最好与家长一起练写，营造氛围，共同进步。但是要注意中低年级的练习作业不能太多，以免学生产生"厌学""厌写"的情绪。

四、做游戏，与枯燥的练字互补

小学生最爱做游戏，从低年级的"数笔画""加偏旁"再到中年级的"成语接龙"，这些游戏可以加深学生对汉字的喜爱。一些新颖的游戏都出自教师的创意设计，比如一个叫"组词"的游戏，规则是：每个学生头戴不同的字，两人组合在一起就组成了新词，再由组成新词的学生说词语的意思或造句。通过开展不同的游戏，让学生爱上汉字，爱上练字。

五、开展书法竞赛，营造爱书法氛围

我校每年都会定期开展学生"硬笔字书法比赛"，并奖励表现突出的学生，营造浓烈的爱书法的学习氛围，也会开展青年教师基本功比赛之黑板字比赛。教室里，学生争着写一手好字；办公室里，教师都在忙着练习书法。学生在这种氛围中耳濡目染，自然想要练就一笔好字。

六、树立典型，树立榜样

因为年龄的关系，中小学生都有爱好模仿的特点，这时就需要在学生周围树立榜样，如班里小王同学学习成绩好，字也端正；家长写字端正，言传身教；教师坐姿端正，书写规范。这样可以激发学生把字写好、写标准的欲望。教师还要在班级树立典型，大力表扬，让同学们学习，进而形成良好的班风，这样会对学生良好习惯的养成起到事半功倍的效果。所以，学生良好的书写习惯需要教师在日常的教育教学工作中，一点一滴地加以耐心培养。学生一旦养成了良好的书写习惯，他们将受用终身！

家庭、学校如果都能够重视，并共同营造一种规范书写的氛围，那么小学生在良好环境的熏陶下，一定会早日养成规范书写的好习惯，且诸如发音不准确、写字潦草的现象将大有改观，每个学生都能写出漂亮的汉字。

基于小学数学核心素养培养的课堂实践探索

陆　畑

核心素养以培养"全面发展的人"为核心，分为文化基础、自主发展、社会参与三个方面，综合表现为人文底蕴、科学精神、学会学习、健康生活、责任担当、实践创新六大素养。核心素养是孩子适应未来个人发展与社会生活所必需的品格和关键能力。在小学数学课堂教学中，要注重培养学生的创新精神、实践能力、学习能力，为学生终身发展着想，做到培养学生的核心素养，进行科学施教。从我国目前小学数学学科日常教学实践工作的开展来看，做好学生自主性学习能力的培养和提升是发展学生核心素养的重要方面。

核心素养是人的素质的主体部分，是衡量人才培养质量的重要指标，也是未来课程改革的重点方向。当前中小学生核心素养培养的路径有三条：开展基于学生核心素养的课程改革，坚持课程育人；转变教学方式，坚持在课堂教学和课外活动中育人；转变传统教育质量评价观，坚持以教育质量评估育人。在课堂教学方面，需要教师在课堂教学中从关注学生知识点的掌握转变为关注学生能力的养成，是从关注教师"怎么教、教什么"到关注学生"怎么学、学什么"的问题。核心素养的培养，要求教师既要为学生打下坚实的知识技能的基础，又要培养学生正确的情感、态度和价值观，促进学生核心素养的不断形成，给予学生真正适合的教育。

首先，教师需要改变"重知识，轻能力"的传统教学观。受传统应试教育观念的影响，我国的教育过于注重对科学知识的传授和积累，而忽视学生能力和素养的培养。要改变传统教育"以教师为中心、以书本为中心、以课堂为中心"的旧的教育观念，切实转变到"以学生为中心"上，培养学生的学习素养。要有效地培养学生的核心素养，需要处理好知识传授和能力培养之间的关系。为此，教师在教学过程中，应更多地教给学生学习的方法，发展学生的学习能力。

其次，教师需要把重心从"如何教"转移到"如何学"上。培养学生的核心素养要以学生的发展为根本出发点，教学目的应致力于教学生学会学习，培养学生的合作与创新精神。教师要有意识地创造机会，在实践中培养学生的实际操作和动手能力。教师在教学过程中，要有意识地创造学习情境，引导学生逐渐步入知识生成的"现场"，让学生体验和领悟知识的动态生成过程。在教学实施过程中，学生既要结合自身的生活经验不停地动脑动手，同时还需要发挥同伴之间的互助作用。这样可以同时培养学生的合作意识和能力、直观想象能力、逻辑思维能力等综合能力。因为对于每一门课来讲，都不是强调让学生掌握哪些具体内容，不是简单地让学生学习具体的操作方法，而是为学生营造一个接近真实的实践情境，让学生亲自体验和参与学习过程，注重学生在学习过程中的反思，通过反思逐步使学生养成基本的思维素养，从而提升学生的综合素养。

最后，学生核心素养的培养，要落在学科核心素养的培育上。所谓学科核心素养，就是指学科的思维品质和关键能力。一个人成功的基础，包括知识的掌握、思维方法和经验积累。为此，在数学教学中，我们应重视培养学生的问题意识，培养其独立思考、自主探究、合作交流与解决问题等方面的能力，从而有效培养学生的核心素养。下面笔者将结合课堂教学案例，阐述相关的教学实践探索。

一、树立"以生为本"理念，让学生主动探究数学

数学课程标准要求培养学生"能积极参与数学学习，对数学有好奇心与求知欲"。在教学活动中，无论是设计、实施课堂教学方案，还是组织各类教学活动，都不仅要重视学生获得知识技能，而且要激发学生的学习兴趣，使其通过独立思考或者合作交流感悟数学的基本思想，帮助学生形成认真勤奋、独立思考、合作交流、反思质疑等良好的学习习惯。

生本理念认为，"儿童具有学习的天性"，所以作为教师应该为学生提升生命质量、激扬生命创造条件。课堂上，教师适当的点拨，及时的鼓励，以及相应的策略帮助学生理解和巩固，其他的探索活动尽量交给学生。"生本课堂"使学生真正成为课堂的主角，学生的思维不断碰撞出火花，这才是学生的有效课堂。有效的"生本课堂"教学，能够彰显师生生命价值。在"生本课堂"上，教学过程不只是教师传授学生知识的过程，更是学生全面展示各方面的能力和潜能，全面成长的过程。"生本"教育使数学课堂成为一个充满灵气的活动空间，真正"让课堂活起来，让学生动起来"。

比如，"'时、分、秒'的整理和复习"这一课的复习目标主要是让学生通过对本单元知识的整理，加深对时、分、秒的认识，能够准确地读出钟面上的时刻，能根据钟面说出经过的时间，掌握时、分、秒之间的关系，并能进行简单的时间单位换算；还要使学生在复习过程中体会知识间的内在联系，逐渐养成回顾和反思的良好习惯，并能运用所学知识解决简单的实际问题。根据这个目标，教师先让学生提前完成了"课前小研究"，让学生先自行复习和整理了本单元学习的内容，分成"认识分""认识秒""经过时间"三部分，课堂上再按"我来教教大家""我来提醒大家""我来考考大家"三个步骤进行汇报交流。学生在获得知识技能的过程中，只有亲身参与教师精心设计的教学活动，才能在数学思考、问题解决和情感态度方面得到发展。

首先，小组合作学习提高了课堂效率。课堂上的多向交往，除了师生讨论外，还要允许学生互相学习。这样有利于形成积极的课堂氛围，有利于各类信息的沟通，有利于学生间的互帮互助、相互启发，有利于学生思维的发展。这节

课，学生对"课前小研究"的内容先在小组内进行了交流讨论，在交流的过程中分享了自己对知识整理和归纳的情况。接着小组长带领小组成员上台汇报讨论的结果，在汇报的过程中不断询问其他同学"你们还有什么要补充的吗"，其他同学在认真倾听汇报之后，有不同看法的都可以大胆地进行补充或提出质疑，然后出题考考同学，最后还可进行互相评价。这样既激发学生不断思考，不断探究，同时也提高了学生的语言表达能力和综合能力。

其次，突出数学与生活的密切关系。小学数学与学生的生活密不可分，在这节课的教学中，针对学生对"经过时间"的知识掌握得不够透彻这一情况，教师增加了一个"知识运用"的题目："我们这一节课上课的时间是3：30，经过40分就下课，那下课的时间是几时几分？如果现在还差10分钟才下课，那现在是几时几分？"这个情景问题和学生目前上课的实际情况完全一样，学生分析起来就很容易了，同时学生也深刻体会到数学知识的实用性，提高了学习数学的兴趣，更加积极地参与数学思考。

二、感悟数学思想，积累数学活动经验

根据学生的身心发展特点，通过数学游戏、动手实验、实践应用等开展教学，引导学生在数学活动中思考、合作、体验、创造，这是立足于教学实践的方式，是提升学生数学核心素养的有效途径。

《义务教育数学课程标准（2011年版）》提出，数学活动经验的积累是提高学生数学素养的重要标志。帮助学生积累数学活动经验是数学教学的重要目标，是学生不断经历、体验各种数学活动的过程。数学活动经验需要在"做"的过程和"思考"的过程沉淀，是在数学学习活动过程中逐步积累的。教师教学中要注重结合具体的学习内容，设计有效的数学探究活动，使学生经历数学的发生、发展过程，这是学生积累数学活动经验的重要途径。

从儿童认识的发生、发展规律来看，儿童是通过活动在其心理结构和周围的环境之间的相互作用中构建知识的。积极主动的活动是儿童获取知识、发展能力的重要途径。

在教学"图形的拼组"时，教师可以设计一系列丰富多彩的探索性操作活动，让学生在各种操作活动中，观察、感知、猜测图形之间的关系与变化的奇妙，激发学生探索数学的兴趣，发展学生的创新意识。整个课堂学生参与热情高涨，在操作实践、与同学交流和分享的活动中逐渐获得更多的数学知识和学习技能。在数学活动中，要鼓励与提倡解决问题策略的多样化。问题情境的设计、教学过程的展开、练习的安排等要尽可能地让所有学生都主动参与，提出各自解决问题的策略，并引导学生通过与他人的交流选择合适的策略，丰富数学活动的经验，提高思维水平。

三、关注情感态度，培养思维品质

小学生数学素养主要由数学知识、数学思考、问题解决和情感态度四个方面构成。根据课程目标，教师要把落实情感态度的目标作为己任，努力把情感态度目标有机地融合在数学教学过程之中。进行教学时应当经常考虑这些问题：如何引导学生积极参与教学活动？如何组织学生探索，鼓励学生创新？如何引导学生感受数学的价值？如何使学生愿意学，喜欢学，对数学感兴趣？如何让学生体验成功的喜悦，从而增强自信心？如何引导学生善于与同伴合作交流，既能理解、尊重他人的意见，又能独立思考、大胆质疑？如何帮助学生锻炼自己克服困难的意志？如何培养学生养成良好的学习习惯？在教学活动中，教师要注重启发使学生积极思考，激发学生的学习潜能，激励学生大胆创新与实践，从而培养学生的核心素养。

比如在"7的乘法口诀"的教学中，教师先通过对口诀和乘法运算的数学活动让学生复习之前学过的知识，实现新旧知识的联结，为学生自主编制、记忆7的乘法口诀做好铺垫。注重唤起学生已有的知识经验，利用知识的类比推理，自主探索7的乘法口诀。在探究新知识的过程中，学生通过发现、总结，自主编制口诀，也进一步熟练掌握了口诀的结构和编制口诀的规则。最后创设情境使学生在实际应用中进一步领会乘法运算的意义，并积累运用知识解决问题的方法和策略。

在探究新知识的过程中，教师由学生摆七巧板图案的活动情境引出乘法问题，充分利用学生学习2～6的乘法口诀所获得的经验和思路，放手让学生自己编乘法口诀，从而使学生深化乘法口诀的产生过程，并在原有编制口诀的经验基础上，促使学生在思考中进行整理和反思，进而逐渐形成编制7的乘法口诀的方法和策略。这一过程给学生提供了足够的空间，让学生既独立思考又充分交流，自主发现7的乘法口诀的规律，并主动寻找口诀的记忆方法。

小学数学教学实践活动要以课程教材为载体，以课堂教学为阵地，为学生学习创造良好的氛围，从而提高学生的学习兴趣，培养学生的数学素养，实现学生的全面发展。

参考文献

[1] 崔小菁. 核心素养在课堂：谈小学数学自主学习的应用 [J]. 数学大世界（上旬），2016（25）.

[2] 黄宝权. 中小学生核心素养培养路径探析 [J]. 教育探索，2016（11）.

[3] 陈华忠. 如何培养小学生的数学核心素养 [J]. 辽宁教育，2016（15）.

[4] 中华人民共和国教育部. 义务教育数学课程标准（2011年版）[S]. 北京：北京师范大学出版社，2012.

让计算课"活"起来

刘漫漫

在多数教师和学生的眼中,计算总是和"枯燥""操练"联系在一起。上计算课难! 上好计算课更难! 通常计算课就是简单的三部曲:讲—听—练。先用 5 分钟复习,再用 5 分钟传授计算方法,剩余的 30 分钟则在学生一遍遍地练习,教师一遍遍地强调中度过,遇到新的计算内容,教师便继续传授,学生也继续练习……一节课下来,学生计算的正确率提高了不少,但学生普遍表示不喜欢上计算课,不喜欢做毫无生气的计算题。众所周知,计算内容在小学数学中占有很大的比重,掌握它是学生进一步学习的重要基础,也是他们今后参加工作所必需的基本技能。仅靠单纯的技能训练是不能激发学生积极的学习动机的,机械式、程式化地叙述"算理"更会让学生感到计算课枯燥、乏味,甚至产生厌倦的心理。

传统的计算课教学存在以下几个问题:

(1) 重知识,轻能力。

这主要表现在:课堂上教师"一言堂"地教,学生"正襟危坐"地学、"紧锣密鼓"地练;或者是师生打乒乓球式地一问一答,一问一齐答;甚至还有些教师把抄法则、默法则作为教计算的法宝,常用不倦。这样的教学过多地注重学生运算知识的掌握,过多地强调学生运算技能的训练,而忽视发展他们多方面的数学能力和计算知识实际应用。长此以往,致使许多学生感到数学枯燥无味,失去对数学学习的兴趣和信心。

(2) 重形式,轻实效。

在公开课上,常看到这样单纯为体现新课程理念而精心设计的如合作学习、自主学习的环节:当教师出示例题,学生列出算式后,教师引导学生分析,眼看学生就要齐答出等于几,这时教师的引导"戛然而止",要求学生合作探究出答案。这样的合作学习,究其实效,又有多大呢? 还有些数学课堂充满了烦琐的计算和推导,并美其名为"训练思维"。这样的大搞形式,忽视了数学计算的真正价值。

在新课程理念下,计算课的教学有了很大的变化,教学有了具体的情境,并提倡算法多样化。这给课堂创设了轻松有趣的氛围,也能充分激发学生的创造热情,使计算课彰显出巨大的魅力。无疑,这给教师带来了巨大的惊喜,灌输计算方法的教学方式暴露出明显的弊端,以探究为主、依靠算理理解掌握计算方法的教学理念渐入人心。

那么到底如何做才能让计算课堂真正地"活"起来呢? 我结合本人所教年

级学生的年龄特点，提出以下几点想法：

（1）创设情境，理解算理。

计算教学曾被认为是机械枯燥的学习活动，也许在较大程度上是因为采用了灌输传授的教学方式，抑制了学生的积极思维。在新课程理念下，教师已注重采用情境教学、动手操作等方式，帮助学生理解算理，促使其掌握计算方法。低年级学生尤其是一年级学生以具体形象思维为主要形式，因此，教学时要特别注意创设情境，让学生通过对事物的感知来理解算理。

例如，"9 加几"的教学，可以让学生通过实物操作来感知"凑十"的过程和方法，进而理解"凑十"的算理。"9 加 4"，出示有 10 格的盒子，其中已经装了 9 个皮球，盒子的外面有 4 个皮球。让学生通过观察，动手摆，知道为了能很快算出一共有多少个皮球，只要把盒子外面的 4 个皮球拿出 1 个放在盒子的空格里，凑成一整盒 10 个，盒子外面的皮球由于拿走 1 个，还剩下 3 个，即把 4 分为 1 和 3，进而说出 9 个和 1 个凑成 10 个，10 个再加剩下的 3 个就是 13 个，接着列出下列算式：$9 + 4 = 13$。

同样，教学"$9 + 7$""$9 + 8$"，先出示实物图，让学生画一画，凑成十，再相加。"$9 + 3$""$9 + 5$"要求学生在"动一动、画一画、摆一摆"中充分感知"看大数，拆小数，凑成十，再相加"的计算过程，从而理解"凑十"的算理。

在低年级的计算教学中，从学生的思维特点出发，恰当地运用直观教学、动手操作等教学方式可使计算教学锦上添花。

（2）比较方法，沟通算理。

算法多样化是新课程提倡的教学理念之一，然而正因为"算法多"，课堂环节松散、学生不知所云的现象时有发生。应利用多种算法为基本算法服务，建立算法与算法之间的联系，促使学生深刻理解基本的计算方法。

我的做法是引导学生反思：计算这道题要注意些什么？这一问不仅是要学生反思计算法则，而且还要说出他们在计算中容易出错、值得注意的问题。在学生做的过程中，教师再去纠错、点拨。如：我在教学"十几减九"时，出示例题：$15 - 9$，先鼓励学生独立思考、自主探究如何解决这个问题。有的学生说，从 15 倒着数，15、14、13、12、11、10、9、8、7，所以结果应该是 6；有的学生则是通过摆小棒，先摆 15 根小棒，拿走 9 根，就剩下 6 根；有的学生是想 $9 + 6 = 15$，所以 $15 - 9 = 6$……在学生出现众多的解决方法后，我接下来要做的就是引导学生讨论、分析、比较，感悟各种算法的优点，并找出其中一些方法的不足，从中建构起自己理解的、可以接受的喜欢的算法，优化策略。

教师是学生学习的组织者、指导者与合作者。学生由于个体的差异，对同一道计算题会产生不同的计算方法，教师的任务是帮助学生理清思路，异中求同，提炼算理本质，提升思维层次，建立知识结构。我们不能使课堂因为算理"多而散"，应力求课堂因为算理"丰而精"。

（3）紧扣本质，凸显算理。

有人说开放教学就像撒网一样要放得开，也要收得拢，否则所谓的"开放教学"将会成为不着边际的、弥散的活动，但关键要把好开放点。如20以内的进位加法可以采用"凑十法"为教学的主要算法，20以内的退位减法可以采用"破十法"和"连减法"为教学的主要算法进行教学方案的设计。这种设计不仅可以考虑课时的教学方案，还适合建立计算单元或长程教学的方案模式，弥补了算法多样化存在教学环节松散的弊端，使教学目标更加明确，使学生习得的知识更具结构性和整体感，让学生的思维在关键点上拓得更宽，钻得更深。

（4）开展竞争，形成技能。

开展竞赛符合儿童年幼好胜、不甘落后、喜欢得到表扬的特点，竞赛中，通过竞争可以促使学生计算技能的形成。常见的竞赛形式有：夺红旗、数学接力计算、抢答等。

如"夺红旗"比赛，将山画在黑板上，山上有2条路，每条路上有6道算式题，抽出12位"登山队员"，分成2组，每组一人算一道，最先完成且全对的一组为赢，可夺得一面小红旗。这样，让学生在"玩"中练，既能达到复习旧知识提高计算能力的目的，又能培养学生集体主义观念。

又如"数学接力计算"比赛，分组进行比赛，每组人数相等，各组的竞赛题目相同，开始各组由第一个计算，接着交给第二个、第三个……直到算完为止，看哪一组算得又对又快。

（5）严格训练，养成习惯。

从低年级开始培养良好的计算习惯，对于学生今后的学习有着举足轻重的作用。因此，在平时的练习中，我都要求学生认真书写阿拉伯数字和运算符号，并养成计算后检查的习惯。学生只有在教师严格要求下坚持反复训练，才能逐步形成良好的学习习惯。

21世纪是人的个性全面而和谐发展的时代，学校工作应当聚焦在未来人类社会的生存需要和未来社会创造者的发展需要上。因此，课堂学习应重视知识的发生过程，重视培养学生的自学能力和动手操作能力。计算课教学有其自身的特点，那就是计算内容本身的抽象性、逻辑性比较强，这就要求教师从学生的实际出发，设计合理的教学结构，使学生既懂算法，又明算理，达到知识、能力、情感的同步发展。进行人性化的、情境化的教学，并在教学中融入爱的理念，让师生共同体验教与学的快乐，这样的课堂才是理想的课堂，这样的课堂才会让学生紧随教师的引导思想大胆地"动"起来！

参考文献

[1] 李平. 新课改下小学数学计算教学的探析 [J]. 科学大众（科学教育），2012（3）.

[2] 余夕凯，刘娟娟. 小学数学计算教学中的热点问题与思考 [J]. 南京晓庄学院学报，2011（1）.

[3] 徐进. 如何提高小学数学计算教学的有效性 [J]. 当代教育实践与教学研究（电子刊），2015（9）.

[4] 潘旭青. 浅析小学数学计算教学 [J]. 考试周刊，2014（48）.

源于数学， 高于数学
——浅谈小学数学教学中如何培养学生的数学核心素养

黄楚佳

数学源于生活，用于生活，要使学生更好地掌握数学知识与技能，今后更好地用于生活，就要摒弃传统的教师讲学生听、课后死记硬背的教学模式。新课程标准提出，教学活动是师生积极参与、交流互动、共同发展的过程，有效的教学活动是学生学与教师教的统一。学生是学习的主体，教师是学习的组织者、引导者和合作者。因此在教学生数学知识和技能的同时，更应该教学生在日常生活中善于用数学思想与眼光，利用数学思维去解决问题，这正是当前需要培养的核心素养。小学数学的核心素养包含：数学知识技能、数学意识、数学信息交流、解决问题的能力、创新意识等。如何在小学教学中培育学生的学科核心素养，以下是我的几点教学策略。

一、课前要做足

无论哪一学科，要上好每一节课，除了教师要备好课外，学生的课前预习也很重要。随着课改的深入，学生在课堂上的自主地位有了明显的提升。每预习一节新课内容，我让每个学生都必须围绕新课内容自提问题，并带到课堂上和教师一起来探究，这样既能提高学生的求知欲望和兴趣，也能充分发挥学生的信息交流能力，知识技能容易掌握而且不易忘记。何为数学核心素养？南开大学顾沛教授认为，数学素养就是把所学的数学知识都排出或忘掉后剩下的东西。课前备足，能使学生在课上对新知识印象深刻，因此对培养学生的核心素养起着举足轻重的作用。

二、课堂要厚重

每上一节课，教师的目标不能只局限在一节课、一个内容甚至是一个单元，而应该把能形成相关的数学思想的每节课的宽度放大，让学生对这一知识体系有一个全面、正确的认识，从而使课堂变得比较厚重。比如，我在上"圆柱体的体积"这一课时，让学生在课前先画好思维导图，大多数学生在画思维导图时会联系到五年级学过的长方体、正方体、圆柱体的体积知识，会质疑圆柱体的体积是否也可以用底面积乘以高来计算。学生带着这个疑问在我的指导下认真探索，分组合作，收集组内相关数据，用切拼的方法得出了"圆柱体的体积 = 底面积 × 高 = $\pi r^2 h$"。看到学生已初步掌握了知识迁移，我趁热打铁，在这节课的课堂练习中还设计了其他立体直柱体的体积计算，如图1、图2、图3。

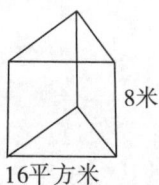
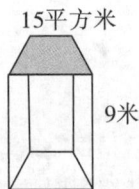

图1   图2   图3

在合作探究中学生利用刚刚推导圆柱体体积公式的方法，掌握了不同形状的立体直柱体体积公式并且发现了每一个公式跟"底面积×高"这一通用公式之间的联系。学生在这个过程中思维经历了由厚到薄的高度提炼概括，迈出了可喜的一步。

除此以外，我还让学生走出课堂，在生活中寻找数学的应用。例如图4，用学过的知识，计算这个杯子能否装得下这袋牛奶。我还设计了图5，已知圆柱体的底面半径和两条高，让学生求它的体积。学生看到这道题目一时不知如何下手，于是我让他们带着这样的问题回家找找答案，看家里有没有形如图5这样的实物，或用五年级学过的求不规则物体的体积的方法尝试求解。学生经过回家寻找实物，得出了以下几种方法。

（1）把两个大小相等的圆柱体茶叶罐制作成图5形状后，再把两个物体上下颠倒拼在一起变成了一个规则的大圆柱体，通过求圆柱体体积的计算方法计算出大圆柱体的体积后再除以2就得出图5的体积。

（2）用五年级学过的排沙法求。

（3）把一个长方体纸盒切成两半，形状如图6、图7，做成一个书架，也就想到了这是由长方体剪切出来的，那就可以把两个图5拼成一个完整的圆柱体，求圆柱体的体积后除以2即可。

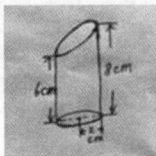

图4   图5   图6   图7

通过引导学生带着课本中的数学问题走出课堂，到日常生活中去找答案，感受到数学知识和技能来源于生活，并能应用于生活，让学生体会到数学的实用性，让课堂贴近学生的生活实际，使学生将知识与生活相联系，从而培养学生的数学核心素养。学生经过自己探索，在生活中收集数学信息，解决问题并尝到成功的喜悦，从而提高学习数学的兴趣和信心。

这样的课堂教学，已从课本上的知识拓展到生活中的数学，从一节简单的圆柱体体积计算课变成了一系列的直柱体的体积计算课，使课堂十分厚重。

三、课后评价要准确

课堂是教学的主要阵地，课后是提高教学质量的主要渠道。学校最直接的教学评价是作业和考试。教师在设计练习时要遵循学生的认知规律，从易而难，增强学生的信心，对于不同的认知程度要给予准确的评价。与此同时，教师要根据学生在考试或作业中出现的问题及时调整自己的教学方式方法，并及时与学生交流，共同解决问题。比如在讲授分数乘法分配律时，如：

$$7 \times 8 \times \left(\frac{2}{7} + \frac{3}{8} \right)$$

部分学生会这样完成：

$$7 \times 8 \times \left(\frac{2}{7} + \frac{3}{8} \right) = 7 \times \frac{2}{7} + 8 \times \frac{3}{8} = 2 + 3 = 5$$

很明显学生对乘法分配律的理解不充分，针对这一情况，我设计游戏让学生理解什么是"分配"，发现问题及时纠正错误并加以有针对性的强训，确保学生在以后的应用中不会再出差错。总而言之，教师在设计课后作业时既要确保让学生达到巩固课堂知识这一微观目标，又要在评价时落实培养学生数学核心素养这一宏观目标。

如何培养学生的数学核心素养，无论在理论上还是在实践上都提出了许多需要研究的问题，教师作为核心素养的教学研究者，更应该增强教学研究意识，把教学方法作为工作方法，把教学成果转化成教学艺术，并不断探索、努力。

核心素养在小学数学教学中的培养渗透

张巧芳

核心素养是指学生在接受相应学段的教育过程中逐步形成的适应个人终身发展和社会发展需要的必备品格和关键能力。《义务教育数学课程标准（2011年版）》指出：数学素养是人们通过数学教育以及自学的实践和认识活动所获得的数学基础知识、基本技能、数学思想和观念，以及由此形成的数学思维品质和解决问题能力的总和。那么在小学数学的教学中该如何促进学生核心素养的发展呢？我认为发展学生数学核心素养不能单纯在学生的考试成绩中反映，而是在他们未来的生活中体现。在教学中，要紧扣学生的年龄特点，根据学生身心发展的规律，培养学生独立思维和运算能力；并要注重良好的学习习惯的养成，提高学生的综合素质。下面就我在小学数学教学中的实践谈几点想法和做法：

一、因材施教，渗透核心素养

随着新课程改革的不断推进，教学更加注重学生的个性化发展。因材施教、以生为本，才能够促进学生个性发展，并使每个学生都能够在最近发展区前进，学有所得，达到知识的共同提升，推动核心素养的养成，满足社会现实需求。因此，在备课时，教师应该做到关注学生个体差异，从学习习惯、思维能力、动手实践能力、创新意识等几个方面对学生做初步评估，对某方面表现突出或者欠缺的学生心中有数，才能在教学中因材施教、取长补短，促进全体学生的共同发展，提高学生的数学素养。在教学中，我通过随堂检测、趣味数学竞赛和课后谈话等多种途径了解并掌握学生的学习情况，为对学科缺乏兴趣的学生找出症结所在并加以正确引导，利用课后查漏补缺，使其逐步跟上队伍。为充分调动学生的学习积极性和主动性，我根据学生好奇心强和活泼好动的特点，在课堂中创设出学与"玩"融为一体的教学方法，学生在"玩"中学，在学中"玩"，让更多的学生产生学习兴趣，从而更加主动地学习。在人教版四年级"线与角"的教学中，我发觉有些学生对角缺乏理解认识。针对这一现象，我准备了彩色纸条和胶水，让学生利用彩色纸条作角的边，制作出学过的5种角；让学生用彩色纸条表示出相交、垂直与平行。通过动手操作，让学生对角有了直观的认识，我再提炼相关知识点，使学生由感性认识上升到了理性认识。这样的教学过程不仅能够夯实图形知识基础，还能激发他们的学习兴趣，使每一位学生都能有不同程度的提高。

二、联系生活，渗透核心素养

数学跟我们的生活息息相关，密不可分。小到买菜的几斤几两、日历上的年月日，大到银行利率、股票的上涨与下跌等都可以通过数学运算来解决。心理学研究表明，当学习内容和学生熟悉的生活情境越贴近，学生自觉接纳知识的程度就越高。因此在课堂教学中要注重数学知识与生活实践之间的联系，创设一些生活化的情境，使学生在熟悉的环境中探索数学知识，逐步学会用数学眼光去观察和认识周围的事物，使其数学能力、数学应用意识都得到培养和发展。比如在教学"百分数的意义"时，先引入以下例子：学校订购了一批校服，下面是校服的面料成分：85%棉，10%涤纶，5%氨纶。你能读懂这个标签吗？在学生理解了百分数的意义后，又让学生用百分数的意义去解释生活中的百分数。这样安排，既彰显了数学"来源于生活又服务于生活"的教学理念，又增强了学生应用数学的思想意识。接着引入例子：一次性筷子是日本人发明的，日本的森林覆盖率高达65%，但他们的一次性筷子全靠进口；我国的森林覆盖率不到14%，却是出口一次性筷子的大国。请说出上面两个百分数表示的意义和你的感受。我牢牢抓住学生的学习经验和生活实际进行教学，把百分数的学习由数学延伸到社会问题上，通过学习，学生意识到植树造林的重要性，意识到乱砍滥伐给子孙后代带来的危害。有的学生表示，不但自己要懂得这方面的知识，还要把自己学到的知识告诉亲戚和朋友们，让他们爱护环境，少用一次性用品。在学习的过程中，学生开阔了视野，丰富了知识面，真切地感受到了数学知识和生活实际的紧密联系，还形成了健康生活的意识和保护环境的责任担当，提高了自身的素养。

三、加强实践，渗透核心素养

数学学科的实践性很强，特别是数学计算周密性强、程序性强，让学生通过数学实践，获得应用数学解决问题的方法，在解决问题的过程中丰富学生的经验，提高学生提出、分析、判断以及解决问题的能力，培养学生良好的思维品质和创新精神。因此，在数学学习中，要注重培养学生动手能力和思维能力，在教学过程中和布置课外练习时，应多提供让学生自己动手的实践活动，发现学生在思维过程中的漏洞并及时给予准确的指导。例如在学习"旅游中的数学"时，我布置了这样的习题：四年（8）班去公园春游，门票价格大人每人20元，学生每人15元，10人团体票价格120元，一共有6名教师和45名学生，请你设计几种购票方案，怎样购票最便宜？在这一过程中，学生必须思考并设计出不同的购票方案，然后再通过计算和比较最终确定最佳方案，这其中就有创新意识的激发和实践能力的锻炼。这样设计能够让学生综合地运用数学知识分析和解决问题，提高学生的数学素养，达到教学活动的预期目标。

培养学生的数学核心素养是一项长期的工作，教与学的过程也不是一帆风顺的。特别在课堂教学上，需要教师转变观念，通过实践、反思，及时调整教学策略，尽可能让学生经历有价值的数学活动，使其逐步形成数学思维并逐步提高解决问题的能力，促进学生的情感态度与价值观以及道德修养的提升，从而实现真正的成长，为其一生的发展奠定良好的基础。

参考文献

[1] 杨山锋. 小学数学核心素养在"花韵"生态课堂中的渗透 [J]. 科学咨询（教育科研），2017（2）.

[2] 崔改存. 把课堂还给学生，提升学生核心素养 [J]. 中国校外教育，2017（13）.

关于小学数学低年级教学方法多元化的几点思考

蔡倩娜

在 2018 年 9 月 10 日教师节当天召开的全国教育大会上，习近平总书记对建设一支宏大的高素质专业化教师队伍寄予了殷切希望，对加强教师队伍建设提出了明确要求。为更好地提升教育教学质量，增强课程教学改革的适应性，小学数学低年级教学方法多元化，符合课程教育教学活动的新发展形势。

一、实施教学方法多元化的重要性

传统的教学模式过于强调对学生应试能力的培养。虽然学生短期内能在考试中取得较好的分数，但在填鸭式的教学模式以及题海式的试题连番轰炸下，学生会渐渐失去对数学的热情，觉得数学学习是枯燥乏味的，甚至产生抵触、恐惧的心理，这不利于学生的可持续发展。为切实开发和利用各种课程资源，教师应树立多元化教学理念，组织课堂教学活动，挖掘学生数学潜能。在教学过程中，教师可合理借助教学方法多元化，因材施教，引导学生讨论、探究相关数学问题，帮助学生构建知识能力结构，领略数学之美，享受数学之趣，培养数学文化素养，提升数学综合能力。

二、教学方法多元化在课堂教学中的应用和分析

（一）以微信为平台巧妙进行翻转课堂教学方法

时代在进步，教师更应积极跟上教育的前进步伐。翻转课堂颠覆了传统教学结构，强调学生个性化学习。不同学生的学习、接受能力存在差异，学生在家可利用短小精悍的视频，自行控制播放进度，自主学习，针对性较强。目前，翻转课堂教学模式主要应用于高年级的学生，低年级学生采用翻转课堂模式需要家长的引导。"移动学习"的新型教学理念的提出，冲击着传统的教学模式，而微信在辅助课堂教学所发挥的作用，得到越来越多教师的重视。我利用微信为"颠覆传统"提供媒介平台，将两者有机碰撞，进行翻转课堂教学的尝试。由于低年级小学生认知与操作水平存在局限性，在开展教学之前，教师应做好家长的指导工作，以期达到事半功倍的效果。

在人教版小学一年级下册"找规律"的教学过程中，我将相关微课分享至家长微信群，学生在父母引导下观看视频后，自主完成练习。隔天，我及时将练习进行收集、整理、记录、总结。课堂上，针对练习反馈的问题，组织学生进行小组讨论，在学生展开充分交流后进行总结。课后，引导学生发现数学与生活的巧妙关系，找出身边有规律的事物，拍照并上传至家长微信群。同时，其他同学也可参考群里上传的照片，产生思维碰撞的火花，使数学教学生活化。在这个过程中，学生之间的横向交流和师生之间的纵向交流有机结合，把翻转课堂中知识水平的提升变成一个动态的过程，促进师生共同成长。

但这一教学方法，对教师的专业能力提出了更高要求。教师要改变"以教为主"的传统理念，根据学生"胃口"设置教学内容，要敏感意识到学生可能遇到的困惑，引导学生如何去学习和探索。同时，教师应及时检查学生学习效果，把握学习进度，科学合理地"以学定教"。

（二）游戏化教学方法

玩是孩子特有的学习方式，并且小学低年级的学生以无意注意占重要地位。教师可结合教材知识，遵循积极向上、有教学意义的原则，利用学生的无意注意，在教学设计中加入符合学生学习认知特点的游戏设计元素。以趣味性、目的性、参与性强的游戏形式，让学生有较强的积极情绪的体验，将学生的无意注意转变为有意注意，在玩中学，师生共同探索游戏里面包含的数学知识，使学生保持数学学习的向上力。

在教学人教版小学二年级下册"图形的平移和旋转"时，根据低年级学生易兴奋、好探求的心理特征，我将全班学生分成每6个人为一小组，每组分发一份事先准备好的卡片，让每组学生将一分为六的卡片各自上色，再粘贴起来。粘贴的过程中，卡片不能离开桌面，比赛哪一小组完成速度快、卡片整体颜色又好看。这一游戏环节，在刺激学生表现艺术情感欲望的同时，引导学生在粘贴过程中感知"平移""旋转"这两个概念，平移是沿直线运动，旋转是绕一个点或轴运动。接着是"我比手势你来猜"环节，一位学生站在讲台上，根据教室后方同学手中的图片，用手势、动作作出平移和旋转（如图1），进行小组竞猜。这个环节充分调动学生多种感官直接参与学习活动，将有限课堂变成无限空间，使学生在互动中更好地感受到数学的实用性与趣味性。

图1 关于平移和旋转的具体现象图

利用游戏化教学方法，教学是实施目的，在教学过程中合理运用具有数学思维的游戏活动，会带来事半功倍的效果。教师应根据课堂教学具体情况巧妙安排，切忌游戏内容偏离教学内容、组织游戏混乱、游戏"量"多"质"低等情况，做到明确游戏目的、严格组织游戏秩序、巧妙运用游戏时机。

（三）"小老师"教学方法

"学习金字塔"理论用数字形式形象地呈现了学习内容平均留存率，教授给他人是金字塔的最底端，其留存率高达90%。人的记忆，很大程度上依赖于活动任务的性质。当记忆的材料成为人的活动的直接对象时，可提高记忆效果。"小老师"教学方法，让学生根据教师设计的教学目标，在"小老师"的指挥下直接操作记忆对象，合力完成学习任务，共同体会学习的乐趣和合作学习的重要性。同时，学生可通过与组内同学间的互动，在思想的碰撞中迸发创新的火花，培养学生的协作精神，促进学生多方面综合能力的提高。

在教学人教版小学数学二年级上册"认识时间"时，我将全班学生分成四人一组，每组分配钟面一个和学习袋一份，各组"小老师"组织组员共同完成学习卡任务。首先，"小老师"根据学习卡提示，积极鼓励组员大胆发言，引导组员观察钟面，调动组员的学习积极性。同时，"小老师"可借助钟面一共有多少个小格，拨动分针走一圈，引导组员观察时针怎么走，得出1小时=60分。接着，"小老师"根据课本例题中的情景图，引导组员观察三个钟面的读数进行猜想、讨论、交流彼此的想法，并互相提问、交流，归纳看钟的方法，再用这个方法完成课本中的小练习，验证猜想。最后，由"小老师"把关，组织组员围绕所学知识的重、难点，提出有价值的数学问题。"小老师"教学方法，使学生在合作探索中共同获得新知，构建良好的学习体验，促进创造性思维的发展。

利用"小老师"教学方法，教师应明确目标，布置的学习任务要有价值，合作过程中要规范学生行为，并及时检测。同时，"小老师"的能力水平决定着小组学习质量，教师需培养其在小组合作过程中灵活协调的能力。当出现意见分歧时，"小老师"应请组员表达各自的观点；当组员保持安静时，"小老师"应起带头作用，带动"学困生"，让组员在合作中积极参与，学会表达见解、质疑、争论、决策等，激发自我成长。

（四）希沃白板教学方法

教师在教学小学低年级数学图形的过程中，受教学工具平面化限制，不利于学生理解课堂教学内容。而希沃白板，是一款可以实现大屏幕上书写、屏幕捕获等功能，并自带授课教学工具的多媒体互动软件。利用希沃白板，教师可不受教学环境限制，将图形问题转化为直观、形象的感性情境，激发学生多种感官参与，在带给学生启发性与吸引力的课堂体验的同时，对于学生逻辑思维及空间思维的形成具有辅助和推动作用，降低了学生理解和教师教学的难度。

在教学人教版小学数学一年级下册"认识图形（二）"时，遵循学生的生活经验和认知特点，我利用希沃白板，向学生展示学过的立体图形。借用旋转功能，让学生指出立体图形相对的面并上色，再任意旋转，刺激学生感官，让学生观察并提问："它展开后是什么样子？"学生根据已积累的对物体表面的感性认识，踊跃发言，激起了学习欲望。然后，我把立体图形展开的过程直观显现出来，并根据学生的接受情况，选择展开方式，重复播放。通过让学生看一看、数一数，缩短图形感知的时间，在获得直观感受的基础上，亲身感受长方体面的特征，体会"面在体上"，调动学生求知欲，提高图形教学课堂实效性。

希沃白板教学方法有助于创设更高效的课堂，教师应注意熟练使用希沃白板功能，以免影响课堂效果、课堂进度。此外，新颖的课堂教学方法，一定程度上能让学生的关注点集中在不断变化的希沃白板上。但在具体的课堂实践中，不可完全替代教师讲述，要合理地使用，令其成为真正服务于课堂、服务于学生的现代化教学手段，让数学课堂"活"起来。

在小学数学低年级教学过程中，合理运用多元化的教学方法，可深化小学数学素质教育改革，补充传统教育的不足，从而获得极佳的课堂教学效果，促进学生的成长和发展。

参考文献

[1] 唐发霞. 浅析微课在小学数学教学当中的应用 [J]. 亚太教育，2015（35）.

[2] 王海燕. 小学数学教学中如何发挥"小老师"的作用 [J]. 甘肃教育，2018（5）.

浅谈小学生英语课堂话语能力提高的途径

林 林

语言能力是英语学科核心素养的基础要素。而将语言能力转化为话语能力需要语言实践，课堂是语言实践的重要基地。小学生处于夯实英语基础、培养英语学习兴趣的阶段，英语课堂上师生产生的话语是学生语言习得的一个重要来源。基于此，提升小学生英语课堂话语能力非常必要。

课堂话语包括教师和学生在课堂教学中产生的话语和文字。南昌大学外国语学院副教授陈辉提出："话语能力是指在合适的语境中运用语言，形成语感的能力。话语可以是一个句子，也可以是若干句子组成的句群，只要是能表达说话人想要表达的意思，具有完整的交际功能的语言片段，都是话语。"语言能力包括听、说、读、写、译等综合能力，它并不等于话语能力。著名的应用语言学家威多森说过，"外语教学要在话语中使用语言才能培养出交际能力"。

一、传统英语课堂教学现状分析

（一）课堂话语英语输入量少

教师自身因素和对英语课堂话语不重视等，导致普遍存在"汉语型英语课"现象，英语课堂上"教师讲，学生听；教师译，学生记；教师读，学生跟"成了主要的教学模式。没有一定量的英语听的输入，很难有高质量英语话语的产出。

（二）课堂缺乏交际的机会

课堂上教师经常要求学生跟读单词、模仿视频朗读课文，全班读、小组读、同桌读、个人读，学生不断机械模仿，重复着所学内容。学生在课堂上缺乏语言实践，虽学的是语言，但由于真实交际运用机会较少，缺乏转换成话语的能力。

（三）设计的问题思维含量低

思维是语言的工具。但是由于不少教师低估了学生的能力，课堂设计的问题思维含量低，课堂提问多是一般疑问句或选择疑问句，学生在话语输出时只需要用"Yes""No"回答或从教师提问中选一个答案回答即可，学生无须进行比较、分析、推理等高阶思维。缺乏高阶思维活动，是很难有高质量英语课堂话语产出的。所以，无论是刚接触英语的三年级学生或是已有一定英语基础的六年级学生，不少学生在英语课堂上，话语输出多是单词或词组，完整句子偏少。

以上问题是学生英语话语能力低下的桎梏，是制约学生该学科核心素养发展的瓶颈。

二、提高小学生课堂话语能力的途径

对传统的翻译、朗读等"哑巴"英语的改革刻不容缓，注重学生核心素养的培养，提升学生课堂话语能力是打破传统教学模式的有效途径。经过教学实践和探索研究，笔者认为提升学生英语课堂话语能力可以从以下几方面着手：

（一）提高教师英语课堂话语使用的数量和质量

英语教师的课堂话语是知识传授与活动组织的媒介，是师生情感交流的桥梁，能促进师生之间有效开展交际活动，调动学生学习英语的积极性，提高学生英语运用的能力，教师在课堂上要尽可能使用英语授课，使用大量的英语课堂话语，比如课堂教学的安排、教学内容的呈现与讲解、课堂活动的组织与实施、师生交流、学生的课堂评价等。教师坚持使用英语教学，用英语与学生交流，可以为学生营造良好、自然的语言环境，给学生提供大量语言输入。

英语教师在加大英语课堂话语使用的同时，更要注重话语质量的提高。话语质量直接影响着教学效果。所以作为小学英语一线教师，要通过多阅读、多学习、多练习提高自身表达能力，同时也要丰盈自身英语知识储备，提高教学组织能力、应变能力等。

比如笔者在教学三年级课外绘本 Ben and Ken 时，在学生理解掌握绘本内容后，逐层深入提问，最后用自己的话语配以图片，总结为"We live on the earth. We know, the sky is blue, the trees are green. The clouds are white. The flowers are red, yellow, pink…Everything is great. The world is colourful. Let's study hard and work hard, make the earth be more colourful. "老师用简洁又富有感染力的话语向学生介绍多彩的地球时，也勉励学生努力学习。这些课堂话语合理、得体、循循善诱，既增加了对学生英语话语的输入量，也从情感上使学生感受到语言的美好，激发学生学习积极性。英语教师课堂话语数量和质量可以有效帮助学生吸收与模仿，更好地将教师的话语内化为自己的语言。

（二）创设真实自然的语言环境

语言学习离不开环境。语言环境即指说话时人所处的状况和状态，它一般包括自然语言环境、局部语言环境和自我营造的人工语言环境。自然语言环境是指以该语言为母语的生活环境。局部语言环境是指学习者部分时间生活或学习于该门语言环境中。在缺乏自然环境的现实中，英语课堂就是最常见、最佳的局部语言环境。英语教师要在课堂上组织学生进行语言游戏、角色扮演、调查等紧密联系学生生活实际的活动，努力为学生营造良好、真实的学习情境，让学生在真实、具体的语言环境中学习英语，在学习中实践，在实践中运用，在运用中提高。

比如一节英语活动课，学生学习水果沙拉制作过程 "First wash the fruit. Peel the oranges and bananas. Next cut them and put them into a big bowl. Then mix them up and add salad and stir. Finally you can enjoy your salad."

如果是简单地在课堂上让学生看图跟读背诵句子，就缺乏真实自然的语言环境。因此，笔者在课前让学生准备好各种材料，每四人为一小组，在课堂上观看、学习后，每个学生都参与水果沙拉的制作，在制作过程中用英文表达每个步骤，情境真实且学生参与热情高，学生记忆和运用知识的效果好。

单纯模仿、机械重复不仅不利于记忆和实际应用，还会降低学生的学习兴趣和学习积极性，严重影响学习效果。因此，英语教师要在机械模仿的基础上有所创新，在课堂上创设情境，培养学生在真实情境中的话语能力。如：在课前把教室布置成晚会现场、利用电脑图片投影等手段营造逼真环境，让学生戴上头饰、分角色进行对话表演，也可开展组与组之间的比赛，这样能活跃课堂气氛，让学生在模拟、真实的情境中理解语言、运用语言，提高学生的英语口头表达能力，升华他们的情感。

（三）提高课堂提问的思维含量

布鲁姆教育目标分类理论认为，记忆、理解和应用属于低阶思维，分析、评价和创造属于高阶思维。与学生年龄和思维相匹配的问题，能激发学生课堂话语表达的欲望。

1. "留白"启发学生分析、推理

"留白"源自艺术手法。在英语教学中，恰当使用"留白"能启迪学生思维。在故事教学中，恰当使用"留白"能启发学生分析、推理故事情节的发展，提升课堂提问思维含量，激发学生进行课堂话语活动的欲望。

如阅读新 PEP 四年级上册 Unit 2 C Story time 时，教材提供了五幅图，教师创造性地设计"留白"，遮掩第六幅图。学生阅读故事前五幅图，了解 Zoom 每天养成自己收拾书包的好习惯，因图五说 "my schoolbag is so heavy"，教师适时提问 "Why is Zoom's schoolbag heavy?" 学生结合自身实际，进行分析、推理，回答："He has many story books." "Some toys are in his schoolbag." "Zoom has many candies." ……通过这一活动培养了学生的逻辑推理能力，思到言随，话语能力也得到了锻炼。

2. 设置"信息沟"增强提问实效性

交际是建立在"信息沟"基础之上的。所谓"信息沟"，就是人们在掌握信息方面存在的差距，彼此都知道对方不知道的东西，那么，两人之间便存在"信息沟"。在英语课堂上，巧设"信息沟"可以增强提问的实效性，让学生有话可说。

学生学习新 PEP 六年级上册 Unit 3 一般将来时 B Talk 一文时，教师展示文中人物图片和对话插图，将全班学生分为两组，第一组学生知道文中对话的关键信息 "Jack and John" "the cinema" "space travel" "next Wednesday"，第二组学生只能看图，通过不同疑问词向第一组学生提问，"Where are John and Jack going?""What are they going to do?""When are they going?"等。

　　由于存在"信息沟",有了真实的交际意义。通过生生之间的问题,对话内容被学生一一呈现,学生也通过问答了解对话内容,能够用自己的话语将对话复述出来。

3. 设置发散性思维的问题

　　发散性思维(Divergent Thinking),是从一个目标或思维起点出发,沿着不同方向,顺应各个角度、提出各种设想、寻找各种途径、解决具体问题的思维方法。多提出能引发思考的问题,才更能调动学生学习主动性,使他们积极主动地参与到话题讨论中,培养提升学生的话语能力。

　　"头脑风暴"是运用发散性思维策略的一个方法。如在句型的教学中,教师不要仅仅局限于课文内容,要与前面所学的知识相联系,拓展一些与课文相关的、有趣的内容。

　　在新 PEP 五年级下册 Unit 2 谈论 My favourite season 的学习中,学生主要学习的句型是"Which season do you like best? …Why? Because…",教师可把四年级学习的有关"weather""my clothes"作为发散点,多角度引发学生进行思考。这样,既复习巩固了旧知识,也让问答的内容更丰富多彩,学生会更充分利用对话,主动积极地与老师或同学进行有意义的互动,课堂话语能力自然而然也随之提升了。

　　英语作为一门语言,它并不局限于能背诵英语单词,看懂英语文章,更多的是用于交际活动。提升学生的话语能力是提升学生英语交际能力的必要环节,更是培养学生语言能力与核心素养必不可少的环节。因此,英语课堂上,教师要深刻理解、重视自身有效语言大量输出在学生语言学习中的重要性,重视其潜移默化的影响力,努力为学生创设自然真实的语言运用情境,有效帮助学生把语言内化吸收,从语言知识向语言技能转化,提升话语能力,最终能够熟练掌握语言。

参考文献

[1] 张柳珍. 一名小学英语教师课堂教学的思与行 [M]. 北京：北京燕山出版社,2018.

[2] 耿玉梅. 利用"信息沟"提升学生英语表达能力 [J]. 北京教育(普教版),2017.

[3] 冯燕芳. 运用高阶思维策略,提升英语写作能力 [J]. 中小学英语教学与研究,2018 (9).

> 多元发展

谈核心素养引领下学生自主探究能力的培养

丁仰纯

随着现代科技的迅速发展，当今社会迫切需要具有创新精神和实践能力的新型人才。因而"以学生发展为本"的教育理念逐步被广大教师所重视。引导学生自主探究，促进学生主体发展成为进行素质教育的必由之路。在数学课堂教学中，教师应努力培养学生自主探究新知识和解决实际问题的能力。学生只有在努力探究新知识、解决问题的过程中，才能充分发展学习的自主性、主动创造性。那么在数学教学中，怎样使学生的主动探究在课堂上呈现呢？下面笔者将结合自己的教学实践谈几点体会：

一、创设情境，激发自主探究的兴趣

兴趣是学生主动探究知识的心理基础，更是"注意"的重要源泉。教师可通过实物或图片展示、故事演讲、猜谜语、表演、多媒体等多种手段创设情境，将教材内容生活化，数学知识情趣化，静态情境动态化，生动活泼地呈现数学内容，以激发学生主动探究新知识的兴趣，变被动学习为主动获取。如在教学"认钟表"一课时，笔者从一年级小学生的认识经验和生活能力出发，拍摄了本班一位学生星期六一天的生活情景，并让学生观看这位同学星期六一天的生活录像。录像内容包括起床、写作业、吃饭、踢球、看电视、睡觉六部分。由这段录像定格为六幅图，并请学生讨论，他在什么时候做了什么事情。学生通过真人真事及自己的生活体验，主动探索，很顺利地认识了整时，掌握了识读钟表的基本技能。随着小闹钟的铃声丁零零响起，教师展开提问，"同学们，几点了？"学生不约而同地站起来说"九点了"。

又如在教学"千克的认识"一课时，笔者创设学生熟悉的超市购物空间情境，在模拟的货架上、柜台里摆满水果、蔬菜等各种物品。请每个学生猜一猜：这一堆鸡蛋大概有多重？那一包肥皂粉又估计有多重呢？学生置身于这样一个购物情境里，非常迫切地想去掂一掂、称一称，弄个究竟。这时笔者再让学生分组探究，课堂气氛极为高涨，激发了学生的求知欲，学生在不知不觉中进行着学习数学的实践活动，既轻松有趣，又特别难忘。

二、鼓励参与，提供自主探究的时空

学生主动参与是自主学习的基础。"促进学生主动参与的基本条件是学生的心理安全和心理自由，而保证学生心理安全的重要途径是建立平等和谐的师生关系。"因此，教师应放弃外在性权威，努力形成以知识素养、人格魅力为外部特征的内在性权威，与学生平等相处，成为学生的朋友，让学生有宽松自主的学习环境。

首先，教师要充分发扬民主，注重激励，让学生保持愉快的心态，主动积极地参与和畅所欲言地表达。教师一句激励的话语，一个会心的微笑，都会给学生无穷的动力和百倍的勇气。平等的师生关系使课堂充满了浓浓的感情，学生置身于宽松、愉悦、安全的氛围之中，享受着人间温情，他们会无拘无束，无所不敢，无所不能，参与的欲望、表现的激情自然会释放出来。其次，要为学生提供充分的自主学习时空，帮助他们在动口、动脑、动手中自己去发现、去感悟、去体验。如：教学"秒的认识"时，笔者先引导学生观察钟面，在钟面上找到走得最快的指针——秒针。接着，通过看秒针走动，听秒针走动的声音，随着秒针走动的频率数数、拍手等方式感悟"秒"的实际意义。同时再观察分针和秒针，体验"分"和"秒"的关系（1分＝60秒），最后通过多种形式的活动，让学生脱离钟面的辅助作用进行再体验，进而形成初步的1分、1秒的观念，使学生体验到数学的价值。如，随"眼保健操"的音乐节拍做"眼保健操"，体验1拍用的时间就是1秒；闭眼睛数出60秒；推荐一名学生跑50米再返回，估计跑100米大约用多少秒；估计"画一幅画""穿好一件上衣""跳20次绳"各用多少秒。学生在这个过程中切实体验到了"秒"的实际意义，建立了形象的、有关"秒"的感性认识。这样，既给学生提供了自主探究的机会，又取得较好的教学效果。

三、操作讨论，教给自主探究的方法

教师不仅要传授知识，更要教给学生探索知识的方法，让学生学会观察、操作、归纳、类比、猜测、交流、反思等，在探索的过程中，培养学生勤于思考、善于发现、敢于质疑、敢于创新的探索精神，让学生经历和体验探究的过程，不断摸索和完善探究的方法，在探索中运用，在运用中探索，使教师真正成为课堂的组织者、指导者和合作者。

如教学"能被3整除的数的特征"时，笔者提出这样的问题："我们了解了能被2、5整除数的特征，那么能被3整除的数有什么特征呢？"当学生的猜测达到火候时，教师开始引导学生先观察一组能被3整除的数，发现个位的数没有任何规律；个位上是3的倍数的数也不都是3的倍数，排除了两种猜测；然后动手操作。分别用2根、3根、4根、9根火柴棒在数位上摆任何数，从中发现："凡是3、6、9根火柴棒摆出的所有数都能被3整除，而用2、4、5、7、8根火柴棒摆出的任何数都不能被3整除，这是为什么？"经过学生的进一步分析，发现："摆出的火柴棒根数恰是这个数各个数位上的数字的和，而这个数字的和只要是3的倍数的，这个数就能被3整除。反之，就不能被3整除。"这正好是此类数的特征。先创设情境，在学生进入一种"心求通而未得，口欲言而未能"的状态时，教师加强学法指导，使学生保持继续探索的愿望和兴致，从而在探索中发现规律，培养学生的创新意识。

四、合作学习，培养自主探究的能力

小组合作学习是在班级授课的背景下，把一个教学班的学生分成多个小组，在课堂教学的某些环节，组织各小组学生在各自独立思考的基础上，经过与人合作，互相帮助来共同解决问题。在数学课堂中开展合作学习，首先，能够密切师生和生生之间的相互关系，从而形成师生平等、协助的课堂氛围；其次，合作学习能够活跃学生思维，扩大思维广度，帮助学生从那些与自己不同的观点中得到启发，加深并丰富对问题的理解，从而促进思维向广度和深度发展；最后，合作学习还能弥补教师一个人不能面向每个学生进行教学的不足，通过师生之间的互动，学习好的学生帮助学习差的学生，从而达到人人教我，我教人人的目的。小组合作学习能给学生创造自主探究的机会，使每个学生都能有充分表现的机会，集思广益，取长补短，形成集体的凝聚力，增强学生合作意识，提高交往能力，从而促进其主体发展。如在教学"长方形、正方形的认识"时，笔者先跟学生通过数一数、折一折、量一量等活动逐步抽象概括出长方形边和角的特征。然后在研究长方形特征的基础上，让学生6人一组合作讨论，并得出正方形边角的特征。通过这样的讨论，学生能自由发表意见，其主体性也得到充分的发挥。再如，在教学"长方形的周长"时，笔者提出这样一个问题：计算长方形的周长有哪几种方法？然后，学生通过分组讨论、摆长方形，得出了许多种方法：①长＋宽＋长＋宽；②长×2＋宽×2；③长＋长＋宽＋宽；④（长＋宽）×2；⑤长×4－（长－宽）×2；⑥宽×4＋（长－宽）×2……再让学生讨论比较，哪种方法是计算长方形的简便方法。这样逐步引导学生讨论，使学生从被动到主动，在探索知识的过程中加深对知识的理解，保持对知识的强度，使他们的思维得到启发和训练，提高学生语言表达能力、分析问题能力、解决问题能力、团结协作能力和自主探究能力等，促进学生主动发展。

五、体验成功，感受自主探究的乐趣

在教学中，教师还必须注意经常使学生具有成功感，因为成功感是学生完成某项学习任务后产生的自我满足，是一种积极而愉快的情绪状态，是激发学生以更大热情投入自主学习的需要，也是增强学生的自信心，走出失败阴影，培养学生健全人格的要求，能使学生继续努力学习探究。正如苏霍姆林斯基所说："成功的欢乐是一种巨大的情绪力量，是继续学习的动力。"因此教师在教学中可选择带有更多具有现实背景和时代气息的材料，设计各种解决生活问题的实践活动，面向全体学生，让不同层次的学生在参与学习活动中关注自身发展和社会环境，使学生体验更多的使命感和成就感，享受成功的喜悦，从而为进一步自主探究创造条件。

如在教学"长方形、正方形的认识"时，让学生通过比一比、折一折、量一量等方法进行自主探索，并将自己的发现写到黑板上，当第一个学生写上"我发现长方形的四个角都是直角"时，其他学生的情绪被调动起来了，他们再也按捺不住，纷纷走到讲台前写出自己的发现，这时学生的思维被激活了，黑板上又出现了："我发现长方形的对边相等""我发现正方形的四条边都相等、四个角都是直角""我发现长方形会变形""我发现长方形、正方形对折后可以得到三角形和其他图形""我发现两个同样的长方形可以拼成正方形或长方形"……进而教师让学生在分析、比较中共同归纳出了长方形和正方形的特征，教师只是在学生写出的各种发现中用红色粉笔圈出了长方形和正方形的基本特征，就完成了本课的板书。什么样的方法是最好的方法，在学生的心中，自己发现的方法就是最好的方法；什么样的板书是最好的板书，在学生的眼里，自己完成的板书就是最好的板书；当学生回顾探究的过程，寻找自己的发现，欣赏自己的"杰作"时，脸上都表现出喜悦的神情，通过自己探究体验到了成功的愉悦，感受到了自主探究的乐趣。

总之，学生是学习的主体，不是知识的容器。教师在传授知识、技能的过程中，只有充分发挥学生的积极性，引导学生自己动脑、动口、动手，主动探究知识的形成，才能让知识变成学生自己的财富。教师要把学习的主动权交给学生，要善于激发和调动学生的学习积极性，要让学生有自主学习的时间和空间，要让学生有进行深入细致思考的机会、自我体验的机会。只有这样，才能激励学生不断积极主动地学，逐渐养成自主学习的意识，提高自主探究的能力，促进学生主动健康地发展。

地方音乐对小学音乐骨干教师专业成长的促进作用分析
——以潮州音乐为例

李 婷

　　小学音乐教育是进行系统的音乐知识传播的初始阶段。按照教学大纲要求，此阶段学生的任务主要是学习音乐基础知识、演唱符合学生年龄特点的儿童歌曲，以及对经典音乐作品的欣赏。教材编写往往要考虑选取作品的典型性、代表性，使得一些具有地方特色的传统音乐成为音乐课堂的门外客，不利于地方优秀传统文化的传承。某些地方老一代艺术家们不免感叹：传统艺术后继无人。因此，作为一名小学音乐教师，笔者认为应该尝试将地方音乐融入教学中，让地方传统音乐艺术传承下去。那么，这将对音乐教师，特别是音乐骨干教师的知识结构、专业成长有什么影响和要求呢？

一、潮州音乐的特色及其传承现状

（一）淳朴、优雅、形态不一的特点，展现潮州音乐的艺术魅力

　　潮州音乐是潮汕地区民间乐种的总称，其传统深厚，源远流长，地方色彩浓郁，风格独特，是我国汉民族文化遗产的珍宝之一，被誉为"华夏正声"。潮州音乐是一种内涵丰富，具有浓厚地方特色的音乐。它结合地方方言并融入历史典故，其艺术欣赏价值不可估量。

　　潮州音乐以古朴、平和、细腻著称，它不是单一的音乐形态，而是形式多样的音乐形态，主要包括民俗音乐、潮州大锣鼓、潮剧、歌册、潮州歌谣等。除了源自中原古乐、词牌曲调、民歌小调、兄弟乐种和戏曲伴乐之外，更多的是由潮汕劳动人民在生活实践中创作的、经过历代艺人不断加工与润色而形成的具有浓郁乡土特色的民间音乐。潮州音乐实际上是淳朴而又丰富多彩的潮汕民间风俗习尚的真实体现。因此，在欣赏潮州音乐作品时，要了解潮州的民俗典故，要传唱潮州音乐，更要学讲潮州的地方语言。换言之，我们是在潮州音乐的教学传承过程中很好地学习和传播地方传统文化、风俗习惯。对于这一具有历史文化价值的艺术而言，传承教学显得非常必要。

（二）时尚、激情，多元文化并存，冲击着潮州音乐的传播

　　潮州虽然是一座历史文化名城，古老、传统的艺术文化受到广大潮汕老百姓

的喜爱，甚至许多远离故乡的游子身在他乡也常常渴望能听一段潮乐，唱一段潮剧。但现代人的生活节奏、审美角度发生改变，信息传播的速度变快、广度变大，来自世界各地不同的文化，特别是不同的音乐风格丰富了人们的视听内容。

近年来，潮乐在异国他乡仍然深受潮人喜爱，成为潮人游子思乡的情结。然而，潮州音乐在国内，甚至在潮州本地，并不是很热门。反思这一现象，我认为这与教育方式单一、传播渠道不畅通密切相关。随着时代的变化，信息传播速度加快、信息量增大，年轻人追逐快节奏的生活，审美观也随之转变，网络音乐、快节奏音乐等对于他们来说更具有吸引力。相比之下，优雅、细腻的传统音乐，在现代人心中地位越来越弱。传统音乐被认为是拖拉、沉闷的声音。因而在小学生的世界里，他们对本土的传统音乐感到非常陌生。

据调查，目前潮州音乐的听众主要是中老年人，大多数青少年儿童对潮州音乐毫无了解。其中只有约15%的青少年儿童喜欢潮州音乐，经常听的仅有6.7%，有兴趣学习的为9%，对潮州音乐中的经典名曲知道较多的只有3%，78%的人知道得非常少。青少年儿童大多认为潮州音乐过于传统，没有流行音乐好听，形式单调，没有活力，缺乏创意，也有人认为潮州音乐过于深奥，难以听懂。但是值得庆幸的是大部分的青少年儿童都认为潮州音乐作为一笔宝贵的文化遗产，应该继承和发扬。

二、潮州小学音乐教学现状及音乐教师在专业成长中的困惑

(一) 潮州小学音乐教学现状

1. 教学条件有待改善，城市与农村的情况各不相同

目前，潮州的小学音乐教育教学条件还有待改善。硬件设备不健全使音乐课堂还未能全面实现电脑教学，大部分学校仍然采用最传统的教唱方式，致使课堂教学方式单一、缺乏吸引力。

财政收入偏低，导致地方政府在教育方面的投入偏低，在音乐教育上的投入就更微乎其微。加上应试教育给办学带来的压力，学校一般都将有限的资金投入语、数、英等学科建设中，对于音乐、美术课程的重视程度远远不够。在农村和城市的情况又各有不同。

农村地区的学校没有独立的音乐教室、舞蹈排练厅，没有专职的音乐教师。有的农村学校还缺少音乐教学所必备的各种教学设备和相关音像资料，甚至连音乐教材配备的磁带都没有。这些基本的教学条件得不到保障，致使这类学校的音乐教学常常形同虚设。

市、区一级重点学校的设备相对齐全。如昌黎路小学就有专用的舞蹈排练厅，师资力量较足。全校学生两千多名，配备音乐专职教师5名，达到0.2%的师生比。5名音乐教师均为大专以上学历的小学音乐高级教师。在课堂教学方面，教师们经常开展一些教学教改活动，尽量让学生能够在愉快、生动的氛围中开展音乐学习。同时，学校也重视第二课堂的教学。在完成教学大纲要求之余，

针对有兴趣、有特长的学生开展第二课堂活动，并以地方特色的音乐形式作为第二课堂教学的核心，旨在弘扬民族文化、传承地方文化精髓。其第二课堂教学成果在市里一直名列前茅。

2. 传承的重要性还未能引起重视，音乐骨干教师的专业优势有待发挥

大多数学校都没有推广潮州音乐，盲目地认为学生排斥潮州音乐，开展潮州音乐教学难度很大。大部分教师也未对潮州音乐进行系统学习，缺乏足够的认识，甚至有排斥心理，因此更谈不上钻研潮州音乐的传播方式。但是，潮州音乐作为地方音乐，是与地方文化、风俗习惯、语言特点、审美观念等密切相关的。如果在当地不能很好地传播，那么这一地方艺术将难以保留、传播。笔者认为：作为"华夏正声"，传承地方的文化精髓是必需的。如果在小学音乐教育中引入本土的音乐欣赏、传唱地方音乐，将能使新一代有机会接触并认识它。通过学习和传唱启发兴趣，引起共鸣，只有这样才能真正达到弘扬民族文化、传播民族文化的目的。而各地方音乐骨干教师的专业优势和特长也要在音乐课堂和第二课堂活动组织中得到发挥。

3. 音乐培训机构商业意识重，影响传统潮州音乐的传播质量

由于现代教育理念的转变，大部分家长都希望孩子能多才多艺。于是，各种民乐学习班如雨后春笋般大量地涌现，这些学习班大多以教授乐器弹奏为主，同时也会介绍一些地方特色音乐，譬如潮州音乐。但这些学习班的教师大多没有系统地学习过潮州音乐，并不完全知道潮州音乐特殊的演奏方法和技巧，只能凭借自己片面的理解来演绎潮州音乐。这样，潮州音乐就在这种传播中变得不纯正了。

有些专家并不是专门研究潮州音乐的，凭自己的意思随意改编潮州音乐中的曲子，打着创新的口号，随意去修改潮州音乐，破坏了它原有的韵味。因为他们是某方面的权威，所以音乐学习者都十分地信任他们，这就造成很多民乐学习者不能学到原汁原味的潮州音乐，不能充分感受到潮州音乐本身的魅力。看到这种情况，那些潮州音乐的老艺人无奈地叹息：潮州音乐是一种值得尊重的音乐，怎可如此无规则地乱改动呢？

4. 个别学校初步尝试推动地方音乐传播，将地方音乐融入小学音乐教学中

个别音乐教师在第一、第二课堂的音乐教学活动中进行了一些尝试：让这些对地方音乐不了解的学生在课堂内外被动地接触潮州音乐，想探索一条教学的新路子，真正实现将地方艺术融入小学音乐教育，推动民间音乐、地方音乐的传承。这样的一些尝试并没有被学生排斥，相反，有些学生还会感觉有意思、有荣誉感。这说明潮州音乐进入课堂并非不可能，也并不是一概受到学生的排斥，这需要我们好好研究教学方式和方法。这更使笔者兴致勃勃，对将潮州音乐融入教学的做法充满了信心。

那么，我们必须要搞清楚影响地方音乐传播传承的主要因素有哪些。

（二）青少年对潮州音乐不感兴趣的原因分析

1. 青少年儿童的年龄特征及现代生活节奏对传统潮州音乐传播的影响

青少年儿童受流行音乐的影响较大，对那些动感快节奏的音乐较易接受，而潮州音乐是古朴优雅的，需要深入地欣赏才能体会到她无穷的魅力。也许是这明显的差别，才使得青少年儿童难以接受潮州音乐。

2. 学校音乐教育中本土音乐内容的缺失，造成学生对本土音乐不了解、不熟悉

大多数中小学的音乐课上没有提及潮州音乐，在第二课堂的教学和校园文化建设中也缺少对本土音乐的宣传。音乐课是大部分青少年儿童接受音乐教育的重要途径，所以必须让潮州音乐走进校园，走进音乐课。首先要让青少年儿童了解潮州音乐，认识到它巨大的艺术价值和在潮州文化中的重要地位，然后才能增强他们对潮州音乐的兴趣，并且以它作为潮州人的骄傲，积极地投身于潮州音乐的推广活动中去。

3. 生活方式的改变影响着潮州音乐的传播

青少年儿童从小受到潮州音乐的熏陶较少。潮州音乐不是一种贵族音乐，它是非常平民化的。从前人们的娱乐方式还不是很多的时候，几个人聚在一起就演奏潮州乐曲，街头巷尾的小孩觉得有趣也都争着来听，有时还可以受大人的邀请，充当打击乐手，打打鼓、敲敲木鱼。那时候，不论男女老少都觉得潮州音乐非常亲切。随着生活方式的改变，特别是城市的变化，各家各户都搬进楼房，青少年儿童也就很少能听到这种传统音乐了，久而久之，就产生了陌生感，出现了隔阂。

4. 潮州音乐原生态遭破坏，影响其艺术魅力

对民间音乐的肤浅包装，曲解了创新的本旨，再加上有些专家学者主张传统音乐要走向现代化，潮州音乐原生态受到破坏，古典艺术魅力受到冲击。

有些人为了使潮州音乐能迎合现代人的口味，对潮州音乐进行了改良，却没有考虑到对一些特有元素的保留。我们既要大力地推广和弘扬潮州音乐，同时也要谨慎地走好每一步，尽量让潮州音乐保持原有风味，这样才有意义。

（三）音乐教师在专业成长中的困惑

在音乐教育过程中，音乐骨干教师追求进步，希望不断提升自己的专业素质和教学水平。但长期从事同一工作，同样的教材、同样的设备，容易让音乐教师产生惰性。教学改革有时流于形式，课堂氛围的营造成了教学改革的重点。这让笔者常常思考，音乐教师现在总是在钻研如何让学生快乐，事实上应该更多地思考：如何让学生在有限的课堂时间内快乐地学到更多的知识？如何让他们更多地认识音乐、了解音乐、喜欢上音乐？如果只是在教学方法上进行钻研，那么我们的进步是有限的。音乐教师要打开思路，在更多的方面进行研讨和学习，才能取得更大的进步。

许多音乐教师也反映：简单的教学设备、单一的教材、有限的经费投入，这使得教学改革的幅度不大，动力不足。有些教师外出学习回来，很想将学习到的教学方法应用到课堂上，但是苦于没有设备、没有环境，很多好的想法、先进的教学模式都无法实施。这样一来，音乐教师不免会感到气馁，常常以没有条件为由，认为维持现状就好。这对于学科的建设和发展是致命的，而对于音乐教师个人的专业成长也是有害的。于是，音乐教师也会经常抱怨自己的教学水平、专业

能力与发达地区的同行们正在日渐拉开距离。工作的成就感随之减弱。

笔者认为，音乐教师急需在某些方面找到专业成长的突破口，找到原动力。回顾曾经开展的一些教学活动，笔者发现将潮州音乐这一传统的地方音乐融入教学，是一项有意义、大胆的教学尝试。在这些实践中，我们有了新的收获。

三、潮州音乐教学实践

近年来，在教学条件的限制下，音乐骨干教师找不到新的突破口，又不甘于停留在传统单一的教学模式中，于是做了一些新的尝试：将地方音乐带进课堂，引入第二课堂的活动中，意外地受到了学生们的欢迎。这里介绍两个例子：

（一）潮州市昌黎路小学在音乐教学改革中探索传统地方音乐的传承渠道

1. 以"潮州音乐如何融入小学音乐教育"为主题实施集体备课

为推进教学改革，昌黎路小学音乐教研组开展了集体备课活动，以"潮州音乐如何融入小学音乐教育"为主题实施集体备课，以"初备定稿—主备发言—集体讨论—个人复备"模式进行，初步形成集体教研的模式。在集体备课过程中，从作品选择到作品分析，大家相互交流、相互学习，提升了教学水平和专业修养。

2. 在第二课堂上邀请地方艺术家进课堂，排练地方戏剧

根据教师调查，学校里有很多学生在潮州戏苑（一个民间潮剧培训机构）学唱潮剧，因此，学校决定在第二课堂增设一个潮剧班，特邀潮剧团的教师来指导。潮剧团的教师根据学生的声音特点分配不同的角色，并成功排练了几个节目：《梅英表花》《桃花过渡》《十八相送》等，其中《梅英表花》曾参加潮州市艺术展演，并获得二等奖。跟着艺术家组织教学，学生学得不亦乐乎，教师也从中受益匪浅。

在这些教学活动开展过程中，我们逐渐发现：由于过分关注小学生的年龄特点，在对小学音乐课堂进行教改研究的时候，教师常常重视的是如何让课堂生动活泼，让学生快乐学习这一教学本位的内容。然而，却忽略了学生除了活泼、快乐以外其他的需求。现代小学生的智力、审美感受能力都与以往不同了，他们喜欢有现代生活气息的作品，却不能理解传统音乐的艺术精髓。

3. 特色教改活动受到学生的欢迎，也得到文化教育部门的肯定

昌黎路小学的特色第二课堂教学受到学生的欢迎的同时，也得到了当地教育、文化有关部门的肯定。

学校利用第二课堂时间排练了潮州地方特色的童声表演唱节目《姐妹山》，获得第八届广东省少儿艺术花会"银奖"。节目的歌曲选取了畲族和高山族的语言素材与音乐动机进行创作，把两个民族的音乐特色巧妙地糅合在一起。学生在排练中学习到一些地方的民俗文化知识后，学习兴趣就更浓了。当学生穿着特别的民族服装，唱着、跳着民族歌舞时，他们体会到了劳动者在劳动生产过程中亲密无间的、朴实的友谊。学生都认为排练《姐妹山》让他们进一步了解了潮州音乐和文化，并开始喜欢潮州音乐了。

听到学生的这些评论，作为音乐教师的我们也感到了一丝欣慰！

（二）绵德小学将潮剧带进音乐课堂教学中，收到良好的教学效果

潮剧作为潮汕地区唯一的地方戏，是用潮州方言演唱的一种古老的地方戏曲剧种，至今已有四百三十多年的历史。它是宋元南戏的一个分支，由宋元时期的南戏逐渐演化，吸收了弋阳腔、昆曲、皮黄、梆子戏的特长，结合本地民间艺术，最终形成自己独特的艺术形式和风格。这一宝贵的地方戏曲被绵德小学的音乐教师带入课堂教学中，也收到了意想不到的效果。

在音乐课上，教师通过讲授潮剧的形成和发展过程，帮助学生初步了解、认识潮剧。通过请班里学习潮剧的同学进行演唱，全体学生都直观地感受潮剧的魅力。当同班同学表演《柴房会》《桃花过渡》等经典作品时，学生都被吸引住了。他们发现，这些原本以为沉闷的、晦涩的音乐，变得生动、有意思了。慢慢地，他们也有点喜欢潮剧了。当教师再着手教一两首简单的潮剧，学生竟也学得不亦乐乎。

（三）在推进地方音乐的教学过程中，音乐骨干教师也有了新的收获

在实践中，我们得到了意想不到的结果：原本以为学生会不喜欢、会排斥，事实却相反。我们的教学、作品还得到了专家及有关教育部门的好评，受到了欢迎。更重要的是，我们在备课和组织教学的过程中更深入地学习了地方音乐。作为一名潮州音乐人，我们也提升了对地方音乐艺术的认识，提高了音乐的修养，实现了音乐教师追求进步的愿望。

四、地方音乐融入教学后，对小学音乐骨干教师专业成长的影响

通过尝试，笔者对地方音乐融入小学教学活动充满信心。同时也发现，它是对地方音乐的有效传播和对地方文化的传承；是符合课程标准"弘扬民族音乐，理解多元文化"的要求的；是对音乐教师专业成长的一种促进。

（一）促进音乐教师主动参与地方音乐知识学习，做地方音乐的推动者和传播者

随着教育形势的变化，基础教育课程改革呈现出前所未有的景象。作为一名小学音乐骨干教师，只有努力于课程的实践，在教学过程中不断完善自我，提升自身专业素质，促进自身专业发展，才能在课程建设中发挥主力作用，适应新的教学需要。

音乐骨干教师的专业知识应该更广泛，要具备建构自己的知识体系的能力；还要具备带动团队的能力，发挥专业领头人的作用。那么，通过组织地方音乐融入教学活动这一项目，开展教学改革的研究和探索，将推动音乐教师积极主动地了解、学习潮州音乐的相关知识。在学与教中不断学习新知识，提高对地方性音乐的认识。对于面临传承危机的地方音乐，通过音乐课堂的推动，每一个学生都能或多或少地了解自己家乡的特色音乐。这是对地方音乐的传承发展做出的贡献。

（二）通过组织教学实践，创造集体备课的机会，实现资源共享，提供相互学习的机会

虽然大部分音乐教师都是通过音乐专业的学习才走上工作岗位的，但是他们对于潮州音乐的学习是有限的。通过集体备课的模式，获得与同行相互学习的机会，不但可以学习到原来不懂的知识，还可以交流教学过程中的感受体会和教学经验，这是一个难得的学习机会。音乐教师对于各自掌握的知识和资料，在备课时也可以适当共享，从而提高教学水平。

（三）多种教学模式并存，使教学活动更丰富活泼，提高了音乐教师的教学水平

由于音乐教师在潮州音乐的演、唱、奏等方面都不具备专业水平，在有可能的情况下，通过听看音像资料，或邀请当地艺术家进入课堂，可以让学生更直观地认识潮州音乐。这也将使教学模式变得丰富，教学过程更加生动活泼。在这种多元的教学活动中，音乐教师从寻找资料到邀请专家，都获得了与地方艺人、艺术家交流学习的机会。同时，在课堂上，让有一定基础的学生参与课堂活动，也能使学生充当主人翁，变被动学习为主动参与，获得更好的教学效果。

通过对近些年教学经历的回顾和对潮州各类小学的音乐教学情况的调查了解，笔者感受到，作为一名音乐骨干教师，推动地方音乐的传播是我们的光荣使命。而将地方音乐融入课堂不是一件不可能的事情，相反，它将促进音乐教师在音乐专业方面得到更大的进步。在今后教学工作的组织中，音乐教师要将这一项目进行到底；让潮州的新一代认识珍贵的潮州音乐，让古朴典雅的潮州音乐代代相传；让音乐教师在专业成长中有新的收获。

参考文献

[1] 王小玲. 潮州大锣鼓音乐传承和发展探究 [J]. 兰台世界，2011 (17).

[2] 郑诗敏. 丰富多彩的潮州音乐 [J]. 中国音乐，1984 (3).

[3] 郑绚. 传承潮州音乐 弘扬民族艺术 [N]. 潮州日报，2008-07-29.

[4] 谢丽清. 潮州音乐的传承 [J]. 神州民俗（学术版），2011 (2).

[5] 杨清雪. 潮州民间音乐在校园中传承的现状与分析 [J]. 大众文艺（理论），2009 (7).

[6] 陈俊时. 浅谈小学音乐教育课堂教学改革 [J]. 音乐天地，2006 (11).

悦乐育人

——发挥音乐教学立德树人的作用

陈楚霞

音乐家冼星海说："音乐是人生的最大快乐，音乐是生活中的一股清泉，音乐是陶冶性情的熔炉。音乐是情感艺术，优秀的音乐作品总是具有很大的感染力，它以自己独特的音波来穿透人的心灵，从而使人产生了五彩缤纷的情感波涛。"

德育、美育、智育和体育是互相协调、密不可分的有机统一体，对人的精神培养，人格的完善完美起着综合作用。"和悦教育"思想的核心是"培养真、善、美和谐共生的知、情、意全面发展的人"，它全面诠释了立德树人的内涵，体现了德育教育培养人的正确的人生观，树立良好的道德规范，体现为求"真""善"；美育则重在陶冶人的情感，完善人格，使人具备审美心理结构，个性发展和谐，体现为求"美"。培养学生德、智、体全面发展，提高全民族素质和建设社会主义精神文明，是音乐教育的总体目标。在音乐教学过程中，以"和悦教育"思想为核心，通过生动、直观的感性途径去感染人、影响人，并将这种审美情感转化为理性认识，从而产生一种积极向上的精神力量，使人的思想、道德情感得到净化和升华。

一、从教材中发掘德育因素

音乐作为反映现实生活、表达思想感情的一种艺术，尽管创作手法不同，形式风格各异，题材体裁有别，但每首作品都具有不同程度的现实意义和感情色彩，特别是中小学音乐教材的曲目选定，更有其明确的目的性和针对性。小学音乐教学中的德育是以爱国主义教育为中心展开的。此外，音乐教材中还教育学生爱家乡、爱自然、爱学习、爱劳动、爱科学，树立远大理想、继承革命传统，尊敬师长、互相友爱等，从多种角度帮助学生形成高尚的道德品质。在义务教育课程标准实验教科书中就编入了很多爱国主义歌曲，如《国旗飘飘》《爱我中华》《小朋友，爱祖国》《先辈们唱过的歌》等，歌曲多以其鲜明的节奏、优美的旋律、丰富的和声、明了的歌词内容来表情达意，因而能直接触动学生的情感中枢、震撼学生的心灵，对学生的情感世界、思想情操、道德观念的感召和影响是很大的。教师在备课时要认真钻研教材，认真设计教学中的各个环节，分析和挖掘教材中的德育因素，做到每堂课都能有德育的侧重点。教材内容也要丰富、鲜活，要选择学生易于接受的教学形式，由浅入深地拓宽音乐教育的空间，不断培养学生对音乐的兴趣，在教学中融入德育内容。

另外，在备课时要特别注重作曲家和作词家，要把作曲家、作词家的高贵品质与作品的思想内容统一起来，让学生在学习音乐作品的同时了解历史、关注文化、感悟人生。伟大的音乐作品之所以能在历史长河中经得起时间的考验，主要是这些作品或凝结着不屈的民族气节，或展现出作者高贵的人格品质。可以说，聂耳、冼星海、田汉、肖邦、贝多芬的作品所展示的就是他们自己的人生。因此，在备课时教师不能忽视这一点，只有学生读懂这些伟大的音乐家们的人生，才能更深刻地理解他们的作品，更有效地受到教育。

二、课堂教学中渗透德育

在音乐教学中，德育因素无处不在。它贯穿于音乐教学的各个环节，从歌曲的学习到乐理知识、视唱、律动、节奏训练、欣赏教学、器乐学习等，随时都可碰出德育的火花。教学过程中应通过生动的音乐形象，在进行审美教育的同时，晓之以理，动之以情，寓德育于美育之中，不断发展学生德育上的自我教育能力。

教师要认真设计教学中的各个环节，使德育渗透到教学的全过程，不追求形式生硬的说教，要联系实际。首先，必须制定切实可靠的音乐常规来训练学生讲文明、讲礼貌的好习惯。从学生步入音乐教室、师生问好、坐姿站姿等都要养成一定的规范动作，以培养遵守纪律、举止文明、尊敬教师的良好行为；基本训练要通过发声练习、节奏训练、听音练耳等培养学生和谐统一的良好心态；新课教学要结合教材采用多种方法，使德育内容有机地渗透在教学中；课堂小结要面向全班学生，鼓励他们发扬优点，克服缺点，使学生逐步养成良好的习惯和高尚的行为。

其次，在课堂教学中为学生营造和谐、愉悦的课堂气氛，通过创设情境进行德育教育，结合教材内容讲音乐故事，将古今中外的音乐名家传记、名人与音乐的趣闻故事、作品等用故事形式讲给学生听或让学生说，都会在学生的心灵中留下深刻的印象，产生不可估量的影响。如笔者在教唱《歌唱二小放牛郎》时，先让学生讲述他们所了解的小英雄王二小机智勇敢、不畏强暴、敢于斗争，最终献出了幼小生命的悲壮故事。用故事情境打动学生并引导学生对歌词进行分析，理解每段歌词的感情处理。这样学生在学唱中既能够有激情地进行演唱，也便于记忆歌词。

最后，对于小学生来说，游戏是最感兴趣的活动之一，结合教材进行律动表演、做游戏，使儿童的个性得到充分表现，有助于培养儿童坚毅的性格及团结友爱、互相帮助的品质。如"捉迷藏""小青蛙找家""跟我一起去旅行""数蛤蟆"等游戏，鼓励学生主动去参与，激发他们的兴趣，这样不仅使学生感受到愉快的音乐气氛，而且还从游戏中受到启迪，从而达到德育教育的目的。

三、言传身教寓德育

假如教师不爱自己的事业，对自己的家乡、民族缺乏感情，对追求真善美没有热忱，他就不可能从教材中挖掘出深刻的内涵，也不可能按要求把德育渗透到教学中去。

一个投身于音乐教育事业的教师应当具有高尚的情操、丰富的知识、认真的态度，这将会对学生起示范作用。课堂上教师整洁大方的衣着、自然端庄的教态、形象生动的语言、富有激情的歌唱及优美动听的琴声都会时刻影响着学生，使学生耳濡目染。特别是教师的师爱品质、道德行为对学生一生都可能产生影响。因此，教师必须从自我做起，平时严格要求自己，注重个人师德修养，为人师表，时刻做学生的楷模。

正如贝多芬所说："音乐能使人的道德高尚起来。"在音乐教学中，德育因素无处不在，我们只有不断地去发现、挖掘并加以引导，才能实现音乐教育的社会目标。因此，在音乐教学中充分渗透德育教育，充分重视德育教育是每一位音乐教师的责任和义务。作为一名音乐教育工作者，应该用爱心和激情来实现音乐教育陶冶情操、净化心灵的作用，在孩子的情感世界里画出绚丽的彩虹，为祖国培养出优秀的建设者和接班人。

浅谈小学美术教学中学生创新
个性的培养和研究

许琳洁

正如我国教育家陶行知先生所说："敢探未发现的新理，敢入未开发的边疆。"他道出了我们的教学目标。创新是一个民族或国家的灵魂，源源不断的创新能力是一个民族和国家生存和发展的基础。培养有创新意识的学生，作为教师责无旁贷。《义务教育美术课程标准（2011 年版）》（以下简称"美术课程标准"）中指出：美术课程应特别重视对学生个性与创新精神的培养，采取多种方法，帮助学生学会运用美术的方法，将创意转化为具体成果。这说明在美术教学中创新个性的培养是一项非常重要的内容。美术课被公认为是对创造力的培养最具成效的课程之一。在美术教育中培养学生的创新意识和能力，保护学生独特的个性，给予学生发挥个性的空间都是教师要认真思考的问题。教师在教学中要想方设法培养学生的创新意识和创新能力。

一、创造能力

创造能力是指产生新的思想和新的产品的能力。一个具有创造能力的人往往能超脱具体的知觉情景、思维定式、传统观念和习惯势力的束缚，在习以为常的事物和现象中发现新的联系，提出新的思想，产生新的作品。在美术教学中，常常蕴含着独特的创造运作。学生在这种带有情感宣泄和富有独创性的活动中，身心都得到了充分的发展。美术教育教学中的创造力研究，是对学生的创造思维、创造心理、创造过程、创造才质以及影响创造行为的诸种因素的研究。

小学生因为自身的独特性，让他们"依样画葫芦"逼真地模仿他人的画作，是不可能的，也没有必要。许多艺术大师用尽一生努力回到童年。比如毕加索曾说："我可以很容易就画得像一个大师，但我要用一生来画得像一个孩子！"乔纳森·范伯格说："为了能直接地表达，很多艺术家借用儿童画中的语言，有的甚至窃用儿童画本身，他们转向孩子式的思维模式，按照这种方式更直接地体验周围的世界，毫无疑问，许多艺术家想要用'儿童之眼'去寻找一生都在寻找的那种本质的表达。"艺术大师们发现儿童在潜意识作画时，会闪现出艺术本体的灵光。这种灵光，其实就是创造性的思维。学生的头脑中藏着灵光，他们往往真实而富有想象力。这想象力就是创造力的酵母。创造力是人特有的一种能力。教师要保护好学生的创造力，致力于创造力的开发和研究。

二、创造个性的形成

创造能力的形成是一种综合性的行为过程，是在人的心理活动的最高水平上实现的综合能力。那么，什么才是富有创造性的个性特征呢？①勇敢地独创。这是创造个性中最重要的品质。标新立异，提出与别人不同的见解或运用不用的技法，都需要勇气。②会变通。就是不墨守成规，不因循守旧，能独辟蹊径，别出心裁。③富有幽默感。幽默感是十分重要的个性品质，往往使联想更灵活。④独立性强。能在复杂的环境中进行创造活动，并能做出自己的判断和设想。⑤有恒心。创造是一个过程，只有把注意力集中在某个问题上，才能成功。⑥一丝不苟。不满足于不确定的知识，遇到问题刨根问底。在小学美术教学中，我们总能发现学生或多或少的这些个性特征，一旦发现，就要及时地加以鼓励和肯定，使之发扬光大。

（一）创造个性与美术教学

美术教学是一种综合性的训练，它自身是发现美、表现美和创造美的过程，需要观察力和造型能力的训练，需要结合其他学科的知识，比如语文课的语言培养，数学课的逻辑训练，音乐课的节奏和想象力，体育课的游戏，科学课的自然常识，劳动课的手工劳作等。它的这些特性更容易开发学生的创造力，更容易培养学生的创新能力。

（二）美术教学中创新意识和创新能力的培养

作为教师，在美术教学的过程中，笔者发现了几个启发、培养学生创新意识和创新能力的方法。

1. 营造良好的创新气氛

原来的美术大纲按学科门类将美术课程内容分为绘画、欣赏和工艺三大课业。美术课程标准则根据美术学习活动方式将课程内容分成造型表现、设计应用、欣赏评述和综合探索四个学习领域，创设了基本的创新环境，且新教材丰富的内容更适应不同学生的情感和认知特征。笔者在教学时，把学生的个性特点和学校课堂的实际相结合，更多地利用网络资源，课前收集相关教学信息，如直观生动的图片、影像、有创意的设计、名家示范视频、世界各地有趣的创作等，集百家之长，与学生共享，创设一个"无墙教室"，开拓学生的视野，让他们学习更多的创新理念和方法，再按自己的方式去综合创新。学生把创意转化为具体成果后，还必须开展评价活动，这有助于记忆、相互交流和探索。评价活动不是为了甄别和选拔，而是帮助学生自我反思和自我评价，提高学习美术的兴趣。教师要及时表扬学生的进步和创意，在实践中发现，教师的鼓励往往很大程度能让学生产生浓厚的学习兴趣，低年级的学生更是如此。他们的思维会变得活跃，产生奇思妙想。评价活动由自评、小组评价和教师点评结合在一起，大家在一起分享己见的过程中，能更深入地去欣赏一幅画、一件作品，学到别人的创新点，日积月累，聚少成多。

2. 培养创新的兴趣

兴趣是学习的动力。带着兴趣做一件事，事半功倍。教师的赞扬能调动学生学习的积极性，增强其学习兴趣。批评学生画得不好，很容易扼杀他们的学习兴趣，久而久之可能会使他们产生厌学心理。所以，教师应该鼓励和引导为主。

在实践中，培养学生创新的兴趣如果经常运用单一教学模式，会让学生感觉疲劳。教师应结合教材，采用多样化的教学方法，丰富教学内容。笔者认为比较有效的方法有以下七种。

（1）游戏法。寓教于乐，这是学生最喜欢的形式。教师要掌控游戏的度，不能为了玩而游戏，而是为了课程的教学内容服务，让学生在轻松愉悦的环境中边玩边学边创新。

（2）巧设提问。巧妙的提问能让学生联想更多。比如，说到未来的汽车很容易就想到了飞行的汽车、水上的汽车，当提问学生："你能设计一辆有特殊功能的汽车吗？"学生的回答千奇百怪：有分离的、会跳的、能自动控制的、能变形的、防火的、防毒的等。如果提问："有什么造型的呢？"又会涌现几十种答案。

（3）夸张法。即夸张地表现某一个特征。比如在教学《巨人和小矮人》一课中，笔者在黑板上画出一个人让学生来判断他是巨人还是小矮人。学生给出了判断结果，但没有参照物对比，是判断不出高矮的。因此笔者夸张地否定了学生的答案。这个否定的效果很好，学生做作业时，明显记得需要添加参照物才能画出巨人或小矮人，夸张表现参照物让人物变得更高大或矮小。有的学生把巨人画大，再在巨人脚边画出小小的高楼大厦，这样夸张的画法让巨人显得更大；有的画出了占满画面的大大的蚂蚁正在袭击小矮人等。新奇的夸张法让学生运用活跃的思维创作起来。

（4）留空补白。笔者曾在课堂上做过留空补白的实验，让学生把笔者画的一个破裂的不规则的图形补充完整，不限定题目、绘画内容、技法和色彩，完全自由发挥。把画面画满很容易，但是要把这个图形补充得有意思就得颇费心思了。实践统计的结果是，全班48位学生，有28人没有重复画过以前画的东西，找到了创新点。

（5）想象编故事。故事生动有趣，学生也很喜欢。学生用画画的方式结合课本的内容，脑洞大开，自己编故事，在画中的表现各有各的精彩。

（6）音乐法。听不同的音乐可以调节学生的作画情绪，在学生创作时适当地播放背景音乐，有时还能启迪他们的灵感，让生动的画面一一展现在他们眼前。

（7）鼓励、表扬、积分奖励法。每当学生画得不是很好时，笔者会适时指导学生、鼓励学生继续努力；当他们有进步、有创意时，笔者都会及时表扬。每一节课学生都有积分，以"优"的等次记分，凑够10个"优"时，笔者会请他们到讲台上来领奖，奖品是印有大大"奖"字的美术作业本。学生最早能领到奖刚好是在期中，大大的"奖"字激励着获奖学生和未获奖的学生继续努力。

3. 在竞争中强化创新意识和创新能力

竞争有班级同学之间的竞争，也有让学生争取到参赛资格并参加各级美术大赛的竞争，通过校级、区级、市级、省级甚至国家级的美术大赛与其他参赛选手竞争，让学生更深层次感到创作的不易。在创作时，学生需要发散思维，寻找突出表现主题的创作内容，在心中对画面有一个总体的把握，选择最适合的新奇的技法，再对细节部分综合考虑，最后形成完整的画面。在竞争的过程中强化创新意识和能力。

4. 养成创新的习惯

培养创新意识和创新能力不是一朝一夕的事情。罗丹说："对于我们的眼睛，不是缺少美，而是缺少发现。"我们要多注意观察周围美好的事物，把它们记在心里，提高审美能力。养成创新的习惯，课外延伸也很重要。笔者会设置一些问题，让学生在生活中寻找答案并记录下来，再把答案带到课堂上和同学分享。课堂资源比较有限，笔者也会布置自主作业，让学生在家里用多种材料进行艺术创作。教师需要持之以恒地启发学生创新，让学生多动起来。平时多动眼、动脑、动心和动手。创作大型中国画《梅关精灵秀》的九旬画家蔡瑜老先生曾说："我们的世界是很美的，我们要把眼睛当成照相机，仔细观察，连续拍下美的东西，然后把它们当成照片储存到脑中，再由脑指挥手去画，眼到、脑到、手到，最后就成了心到。只要勤加练习，必将成器。"养成创新的习惯，将来必定能成为国家有用的人才。

总之，小学美术教学应保护学生独特的个性，教师在创设的愉悦的艺术氛围中，启发、培养学生的创新意识和创新能力，让学生用自己的方式来理解世界，创作出一幅幅极具想象力、创造力、生命力的艺术画卷。

参考文献

彭聃龄. 普通心理学 [M]. 北京：北京师范大学出版社，2010.

巧设学习空间，激发课程活力

——浅谈小学信息技术和悦课堂的构建策略

钱瑞扬

小学信息技术是一门以实践性为主要学习方法的学科，其以鼠标、键盘等工具与电脑进行特殊的"人机对话"，并即时呈现、反馈的模式，深受小学生的喜爱。然而，面对一周只有一课时的信息技术课，教师应如何把握好这一学科优势，让学生对本学科不仅仅停留于表层的喜爱，而是因为真正收获学习的快乐而喜爱这门学科呢？本文将通过教学现状分析、和悦课堂教育目标的提出、策略创建和探究三方面的论述，阐明基于"和悦教育"思想下小学信息技术和悦课堂的构建对改进当前教学现状短板具有实际作用，且实现了让学生在信息技术学科学习中获得愉悦感和成就感的设想目标。

一、信息技术课堂现状分析

（一）课时少，内容多

一般而言，小学信息技术的周课时安排是一节课。在短短的 40 分钟里，对于电脑操作处于起步阶段的小学生而言，要完全掌握所有知识点的操作是比较困难的。例如，四年级下册的教材安排前半部分是键盘的学习和中文的录入，后半部分是 Word 软件学习。在实际教学中，却往往发现在 Word 软件学习中，学生对于前边的中文录入还非常不熟悉，不能快速地录入文字，也就影响了编辑字体等排版知识点的学习。这说明键盘录入的操作学习需要更多的时间，然而在课时安排上却是不允许的。

（二）讲解多，实操少

在传统教学中，教师主要通过广播教学向学生示范教学内容。在这个过程中，教师既要兼顾课堂管理，维持学生纪律，如果有个别学生遇到学习困难或电脑出现故障，教师还得去询问或维护。因此，难免造成讲解时间过长而影响了学生上机实操的时间，造成学习效率低下。

（三）重技能，轻素质

正由于在传统教学模式中，教师普遍都以广播教学、教师示范为主要的授课方式，学生处于被动接受状态，未能更好地启发其自主思考、探索新知的欲望。另外，因为课时紧的关系，在布置实操任务时，教师往往偏重学生的操作技能，而忽视了学科核心素养，忽略了对学生自主、合作和交流能力的培养。

二、信息技术和悦课堂的设想

"和悦教育"指出，在实施学校行为时，应充分尊重教育规律和人的身心发展规律，创设和谐愉悦的环境氛围，通过有效的过程方法，使师生体验成功、获得和谐愉悦的发展。"和悦教育"的起点在于培养兴趣，从激发学生的兴趣出发，去发掘学生的潜能；和而不同，和谐不是千篇一律，和谐愉悦的发展也要面向全体学生，使每一个学生都获得发展。

基于"和悦教育"思想，信息技术和悦课堂以学生获得学习的快乐为宗旨，在适当的激励机制保障下，通过为学生搭建自主、合作、交流的学习空间，使学生从被动接受知识到主动探索知识，从模仿习作到个性化创作，从封闭性个人学习到开放式的合作学习，从限制性交流到自由互动交流进行转变。信息技术和悦课堂以轻松、活泼、和谐的学习氛围吸引学生自主快乐地学习，鼓励其大胆发挥想象，张扬个性，创作出多样化作品，从而形成和悦的学习课堂，让学生获得学习的愉悦感和成就感。

三、信息技术和悦课堂学习空间的创建策略

通过对传统课堂的现状研究分析，可见，针对只有一课时的信息技术课，课堂的结构设计尤其重要，特别要注意避免因教师"满堂灌"，而忽略给学生留出学习的空间。故此，为学生创设轻松的学习空间是构建信息技术和悦课堂的关键。基于以上目标，在信息技术和悦课堂中主要采取以下几种策略：

（一）巧设新知情境，搭建探索空间

信息技术学科与其他学科不同，其更重于上机实践，因此，教师讲解新知识的时间不宜过长，以免缩短了学生上机的时间，并且还应注重新授环节的情境设计，特别要注意给学生留出自主探索、自我发现的空间。

微视频的引入是优化新知环节的途径之一。它不但能更好地控制教学的时间，而且还能给学生提供直接的学习资源。微视频播放时，学生可以一边观看，一边思考，相互讨论，碰到重难点知识时，教师可以暂停视频播放，师生间进行互动交流。此外，微视频还可发布到学生终端，学生能根据自己的学习需要选择重看，操作过程中遇到困难也能在视频回放中寻找解决的方法。例如，在"多边形的使用"画图软件的教学中，微视频中的小贝以参观动物园为引入情境，演示动物园中的小狮子、房子和栏栅的画法后，小贝提出三个问题："仔细观察，多边形有几种画法？是怎样画的？""你能用其中的一种方法画出小草吗？""你还能用多边形画什么？"这样的新知学习，避免教师的"满堂灌"，给予学生学习资源（微视频和书本等），让他们去发现问题、解决问题，从而逐渐培养学生自主学习的能力与习惯。

（二）创建学习任务，搭建合作空间

合作学习是义务教育新课程标准倡导的一种学习方式，在培养学生核心素养方面有着显著作用。课堂学习中，除了培养学生自主学习的习惯外，还要逐渐帮助学生提高与人合作的能力，教师应巧妙地设置学习驱动任务，为学生搭建良好的合作空间，这也是构建信息技术和悦课堂的关键环节。如在"修饰文字"一课中，笔者将微视频作为课程的导入环节，配上相关的教学课件和资源包，创设了一个基于微课下的信息技术学习课堂。

课前，教师将学习资源包发至学生端（资源包包括：微课视频、课件、任务单、素材资源等）。课中，由"小猪佩奇"引入微课的学习，通过微视频让学生了解文字修饰的方法之后，发布"小猪佩奇挑战任务单"，请学生以小组合作的方式开展任务探索，组内同学可以通过重看资源包中的微视频或课件，共同探讨知识难点，互相帮忙，最终完成任务单。本课以"微课＋翻转"的课堂学习模式，以任务驱动为主要的教学方式，有效地为学生创设小组合作及个性创作的学习情境。学生学习兴趣浓厚，积极主动地参与小组探索任务的挑战，操作水平高的同学帮带操作水平较差的同学，很好地解决了学生间学习能力存在差异的问题，学生不仅收获了知识，还体会到了合作学习带来的快乐。整个课堂氛围变得更加轻松、活泼，充满着趣味性。

（三）注重互动学习，搭建交流空间

"石本无火，相击而成灵光"。新课标所提倡的自主学习、合作交流的课堂中，交流成了认知、讨论、提升的重要方式。因此，在信息技术和悦课堂的构建中，应注重建立平等、民主、合作的师生关系，建构师生合作、生生合作的集体交流模式，让学生在合作交流中学会参与、学会关心，并在交流中迸发灵感，体验思维的碰撞。例如：在画图的实践课"想象中的交通工具"中，先给学生观看一些作品后，让学生进行分组交流，谈谈自己想画什么。学生通过相互交流后，开拓了思路，有利于后期的创作。创作完成后，给予学生三分钟的"离位时间"，在这段时间里，学生可以自由地到其他同学的机位上，欣赏同学们的作品并进行交流。最后，在"自我推荐"和"我要推荐"的时间里，学生可以推荐自己的作品，也可以推荐其他同学的作品，教师通过平台转播展示给全班同学观看，学生可上台自我介绍作品，教师和学生均可对作品进行点评。如此宽松、和谐的交流空间，让每个学生获得了更多交流的机会并乐于参与其中，有效提升了学生的表达能力和组织能力，树立其学习的信心。

（四）设置作品园地，搭建展示空间

"和悦教育"思想提出"无限和合教育情境（和于境）"，这里的"境"不仅指教学情境的创设，还应包括学习环境的布置。学习环境对于学生的熏陶是潜移默化的，它对学生的成长起到举足轻重的作用。在信息技术学科中，学习环境主要指电脑室。教师如若能因地制宜对电脑室进行环境布置，将有助于提高学生学习信息技术的积极性，对提升本学科的教学质量起着重要作用。如笔者所在学校电脑室是做如下设计的，一侧的墙壁为"信息技术文化墙"，用于普及计算机教室使用规则以及计算机的相关知识。另一侧的墙壁为"学生作品展示区"，展示区中再分班级区域进行布置。这里的作品来源于学生自主完成的课后拓展作业，优秀的电子作品将获得奖励，将自己的作品打印出来贴到相应班级的区域中。

这小小的一方展示空间，足以让学生欢喜无比。它带来的积极效应是强大的。一是激励学生主动地参与到作品的创作中。每当学生看到自己的作品被打印出来并粘贴上墙，那份荣誉感和成就感是极强的，因此，学生们都乐于创作课后作品。二是为学生提供了又一个交流技能的空间。作品展示区不但有本班学生的作品，还有其他班级的学生的作品，他们可以相互学习，开拓创作的思路。

四、信息技术和悦课堂的激励机制设计

行为科学的实验证明：一个人在没有受到刺激的情况下，他的能力仅能发挥20%～30%；如果受到充分的激励，其能力就可能发挥80%～90%。这说明充分运用激励机制是促进学生积极主动学习的重要举措。在这里，激励机制更是构建信息技术和悦课堂的重要保障。设计激励机制应注意以下几点：

一要根据教学实际设置奖励项目。如在笔者创设的"信息技术花园"中，以"课堂花""纪律花""作业花""展示花"为奖励品。"课堂花"是对学生在课堂中能认真听讲，大胆回答问题或互动交流的奖励。"纪律花"则是对学生能在课堂中遵守课堂纪律，或在课堂上的行为表现有所进步的奖励。"作业花"是对学生能认真按时完成课后拓展作业，而"展示花"便是课堂中作品获得上台展示，或课后作业获得打印上墙的奖励。多样化的"花种"设置是为了让受奖励面更广，能更全面地调动学生争"花"。

二要适当设计奖励坡度。既要激励学习能力强的学生，如积分换更高等次的奖励；同时还须顾及学习能力较差的学生，如适当降低此部分学生获得奖励的标准。比如获得"展示花"5朵起可换取一朵班级的"技能花"（源于笔者学校的"玉兰花芬芳"学生成长评价方式卡），由信息技术教师出具证明，学生可以拿着证明条去向班主任申请。这样一来，增进了班科配合，很大程度地提高了信息技术学科的教学效率。

三是灵活给予额外的奖励。这里的奖励指的是物质上的鼓励，即使是一支笔，一块橡皮擦，一个小本子，对小学生而言，只要是老师奖励的，就格外珍贵。课堂上，笔者有时会出其不意地在某个任务环节中抛出礼物，给学生一个大大的惊喜。而这些额外的小礼物并不是每次都有，而是让学生猜不透，找不着规律，自觉认真地参与每次的课堂任务。这种小物质的激励不但学生喜欢，而且易于营造活跃的课堂竞争学习氛围。

五、结语

在和悦课堂的探索中，笔者以"和悦教育"理念为课导思想，首先，通过巧设新知情境、创建学习任务、注重互动学习、设置作品园地，搭建师生共同探索、合作、交流、展示的空间，充分将课堂交还给学生，实现了让学生在信息技术学科学习中获得愉悦感和成就感的设想目标。其次，根据教学实际设置奖励项目，适当设计奖励坡度，灵活给予意外的奖励等适当的激励机制，为和悦课堂的创建和延续提供了重要保障，提高了学生的课堂参与度，为小学信息技术和悦课堂增添了更多活力。

实践证明，信息技术和悦课堂模式普遍受到学生的喜爱，有效地解决了"课时少，内容多""讲解多，实操少""重技能，轻素质"的短板问题。总而言之，对新时代下的小学生而言，信息技术不仅已成为支持终身学习和合作学习的重要工具，其运用更是当前教育核心素养中提及的一种创新学习能力。作为信息技术教师，自当紧跟时代变迁需求，在把握好本学科特点的基础上，大胆开拓教学思路，致力于为学生建设一个和悦、轻负又高效的信息技术课堂。

> 教学集萃

《吃饭有讲究》 教学设计

蔡佩珠　刘漫漫

一、学科及课型

道德与法治新授课。

二、教材简析

本课是一年级《道德与法治》第三单元《家中的安全与健康》中的第2课，主要关注的是学生在家中的饮食生活。吃得安全，吃得健康，吃得文明，吃得有礼貌、有教养，对于学生良好饮食生活习惯的养成有着重要的意义。

《义务教育品德与生活课程标准（2011年版）》（以下简称"课程标准"）对于新入学学生养成良好的生活卫生习惯有明确要求。根据课程标准"健康、安全地生活"的第2条"养成良好的饮食和个人卫生习惯"，笔者设计以下教学目标。

三、教学目标

（1）教育学生饭前要洗手，学习怎样把手洗干净，使学生养成良好的个人卫生习惯。

（2）教育学生在餐桌上要讲礼仪，讲卫生，养成餐桌上的礼仪习惯。

四、教学重点

（1）教育学生饭前要洗手，学习怎样把手洗干净。

（2）教育学生在餐桌上要讲礼仪，讲卫生。

五、教学难点

教育学生饭前要洗手，学习怎样把手洗干净。

六、教学过程

（一）视频导入

（1）播放视频《吃饭啦》。（视频中，妈妈准备好饭菜，喊××吃饭。正在玩玩具的××直接坐到了饭桌前，吃起饭来）

提醒同学们仔细观察。

师：同学们，我们每天都要吃饭，看完视频，你有什么话想跟××说的吗？

（2）对发现要先洗手后吃饭的学生予以肯定。

（3）师：我们平时吃饭要讲究卫生（板书：讲究卫生），其实还有好多方面要注意，今天我们就一起来学习《吃饭有讲究》。（板书课题）

【设计意图】通过让学生仔细观看微视频，并说出自己的想法，提高学生学习的积极性。因为一年级的学生都愿意表现自己，学生回答很活跃，为下一环节做好铺垫。

（二）活动一：干干净净吃饭好

（1）从刚才的微视频引出：吃饭之前要洗手。

（2）请学生上台演示一下平时是怎样洗手的。

师：同学们，这样洗手会把手洗干净吗？

（3）微视频：郝医生讲解不正确的洗手方法，手上会残留各种细菌。

师：看了视频，同学们有什么感受？

小结：我们的手看起来很干净，但如果在显微镜下面看，就会发现很多细菌，把手洗干净，可以保障我们的身心健康。

（4）师：同学们想不想学习如何把手洗干净？让郝医生来告诉我们正确的洗手方法。（播放视频：正确的洗手方法）

（5）展示六步洗手法，学生跟着教师一起做动作，学习洗手方法。

（6）再请学生上台表演，并告诉学生用科学的洗手方法洗手才干净。（课件展示）

（7）师：为了同学们更好记住洗手，我这里有一首儿歌，（展示课本第40页的儿歌）全体起立，一起读。（请一位学生上台带读）

小手是个宝，做事不能少。

饭前要洗手，千万别忘掉。

（8）师：吃饭时还要注意哪些卫生习惯呢？

学生回答，老师相应补充。（端饭时，手不可以放到碗里；洗脸；漱口；擦嘴；洗手；清洗碗筷；把桌椅擦干净；等等）

【设计意图】创设了郝医生的角色，以医生的角度讲解不正确的洗手方法会残留细菌，并展示洗手的正确方法，这样更有说服力。通过让学生观察并表演洗手，学生对洗手的六个步骤印象深刻，以便其应用到实际生活中，养成良好的卫生习惯，做到健康、安全地生活。通过洗手活动，让学生懂得生活的细节也是有学问和讲究的。

（三）活动二：我在餐桌上

师：手洗干净了，家里要开饭了，小朋友们该怎么做呢？

师：请同学们仔细观察课本第41页的四幅图，你觉得图中小朋友做法好不好？如果好的话，你想怎样夸她？

（1）展示第一幅图片：吃饭前。（课件展示）

生：小朋友在帮妈妈摆放筷子，她是个爱劳动的孩子。

（板书：爱劳动）

师：除了帮助摆放筷子，还有哪些可以做的？

生：搬椅子、擦桌子、摆放碗筷、端菜、盛饭、端饭。

（2）展示第二幅图片：吃饭时。（课件展示）

生：小朋友扶爷爷到餐桌前就座，她是个懂礼仪的孩子。

（板书：懂礼仪）

师：在吃饭时，我们还应注意什么？

生：注意叫长辈吃饭、让长辈先坐、让长辈先吃、自己再动筷等，座位也有讲究。

（3）展示第三幅图片：遇到打喷嚏咳嗽时该怎么做？（课件展示）

生：小朋友吃饭时，偏转头捂住嘴巴打喷嚏，她是个讲卫生的孩子。

（板书：讲卫生）

师：吃饭时，还需注意哪些卫生习惯？

生：吃饭时，遇到打喷嚏咳嗽时还可以离开座位；吃饭时不能大声不停地讲话；不要吃出声音，不能用筷子在菜盘里搅拌。

（4）展示第四幅图片：遇到长辈为自己夹菜。（课件展示）

生：妈妈帮小朋友夹菜，小朋友说："谢谢妈妈！我自己来吧。"说明她是个懂礼貌的孩子。

（板书：懂礼貌）

师：与家人共餐时，在讲究卫生和礼仪方面还有哪些做法？如在吃饭前、吃饭中、吃饭后还能做些什么？

生：吃饭前帮忙洗菜、请家人到饭桌前吃饭，吃饭时不挑食、帮长辈夹菜，吃饭后帮忙收拾碗筷、洗碗、漱口、洗手……

（四）公共场合用餐

师：同学们，你们有在公共场合用过餐吗？你能辨别哪些是文明行为，哪些是不文明行为吗？

展示图片：讲卫生、讲礼仪的就餐场面和不讲卫生和礼仪的就餐场面。（请学生做出判断）

师：同学们，当你在餐桌上表现得很文明，得到别人的称赞时，你的心理感受会是怎样的？

小结：同学们，面对餐桌上的一些习惯，我们要学会辨别，对一些不文明的行为要给予制止。要把好习惯传播给身边的人。

（五）我在学校午餐

师：同学们，我们知道吃饭时要讲卫生、懂礼仪，接下来老师要检验大家真正学会了没有。

师：假设现在我们的教室就是学校饭堂，老师是配菜的阿姨，讲台是配餐台。现在是午饭时间，同学准备来用餐。同学们开始准备用餐。

（模拟学校用餐的场面）

小结：饭前要洗手，盛饭舀菜要排队，吃饭时不讲话，餐余垃圾放在餐盘中指定位置，剩饭剩菜统一倒在指定地方，饭后放好餐盘和勺子。

【设计意图】通过在家、公共场合、学校不同的就餐场景，让学生在实践中学会用餐礼仪，让学生体会礼仪之美对人心灵的激励作用，让学生在实践中养成习惯。其核心是让道德教育走进学生的心灵深处。

（六）活动三：用餐小天使

师：把你在家中能做到的一些良好的饮食生活习惯记录下来。两周后带过来跟同学们分享。

【设计意图】让学生把课堂的理论知识带回家，让家庭教育力量与学校教育力量相互合作与沟通，积极引导学生养成良好饮食习惯。

（七）总结

师：吃饭除了要讲卫生，爱劳动，讲礼仪，懂礼貌，还有其他的讲究，我们下节课再接着讲。我们每天要吃得卫生、吃得文明、吃得健康，愿同学们健康生活每一天。

七、板书设计

《吃饭有讲究》

爱劳动
懂礼仪
讲卫生
懂礼貌

八、教学反思

"吃"的内涵十分丰富，一提到"吃"很多孩子就提起了兴趣，但他们可能不知道应该怎样合理地吃。通过课前观察、访谈，了解到学生在家、在校用餐的一些情况，针对学生在现实生活中暴露出来的营养不均、偏食挑食、浪费粮食等问题，本节课我从学生的年龄特点出发，从兴趣入手，针对"如何吃得好"这一主题，让学生在原有生活经验的基础上得到提升和发展。经过几轮的精心备课、上课，围绕教学过程中的得与失，得出以下反思：道德源于生活，远离生活的道德教育是悬空的，是缺少根基的。只有将品德教育回归孩子的生活世界，才能使两者建立起真实而有意义的联系。教学中，我更加关注学生行为习惯的养成，在今后的教学中，我力求道德与法治课能让孩子有快乐的生活体验，在体验的过程中充分渗透品德教育，让孩子能够更好地生活。

《友善，从微笑开始》 主题班会设计

陈雪容

一、学科及课型

主题班会课。

二、主题阐释

友善，即朋友之间亲近和睦。作为社会主义核心价值观之一，友善体现着社会主义核心价值体系的根本性质和基本特征，反映着社会主义核心价值体系的丰富内涵和实践要求，是对社会主义核心价值体系的高度凝练和集中表达。对友善的培育贵在知行统一，而知是前提、是基础，内心认同才能自觉践行，春风化雨才能润物无声。因此，一定要在增强认知认同上下功夫，深入学生内心。这就需要教师找准教育与学生思想道德情感的契合点，用身边事教育身边人，用小事阐发大道理，做到深入浅出、情理交融。

三、活动目的

（1）学生在生活中自主寻找友善、感受友善，做一个友善的人。

（2）通过榜样示范、情景体验等方式使学生学会友善对待他人之道，以实际行动践行"友善"的价值观。

四、活动过程

（一）理解友善

师：同学们，猜猜这是什么字？

生：友善。

师：对，友善。今天我们就来说说友善，我们先来了解友善这两个字的演变过程。请看大屏幕。（课件）

这是友和善两个字的演变过程。"友"本意指朋友，如同伸出的两只手，表示以手相助。"善"的羊字头表示"吉祥"，善字上的两点表示眼睛，表示眼神安详温和。善字本义：指神态安详，言语亲和。友善这个词意思就是朋友间亲近和善。

师：从我们的祖先造字时就体现了与人为善、以和为贵的思想。

师：说到友善，我想问问大家，班里谁待人最友善？

生：……

师：他（她）是不是有很多朋友？

生：……

师：看来，学会友善待人，就能成为一个受欢迎的人。今天，我们就一起来学习怎样成为一个友善的人。我们来看看一组图片。

【设计意图】借助猜字游戏，导入"友""善"的形象字引出主题——友善。

（二）感悟友善

1. 课件呈现不同行业、不同人物的笑脸，让学生说说感受

2. 用微笑面对同学、嘉宾，传递友善

师：同学们，看到这些微笑，你感受到什么？

生：……

师：同学们，想一想，如何把这份友善传递给我们的同学和后面的嘉宾？所以，想成为友善的人，就从微笑开始吧。（贴"友善，从微笑开始"）

师：接下来，我们一起来看一个小视频《值日生和小明的故事》：想想这个值日生友善吗？

3. 播放视频，通过语言、行为，让学生学会友善

（1）片段一：《值日生和小明的故事》。

师：视频中的值日生友善吗？为什么？如果你是值日生，你会怎么做？小组先讨论，再到台上表演。

生：……

师：同学们表现得很好，但如果有同学是故意扔纸的，你会怎么做呢？

生：……

师：看完了同学们的表演，我们想一想，为什么视频中的值日生没能说服小明捡起纸，而同学们却能做到呢？

生：……

师：说对了，他们用了微笑的表情、礼貌的语言、善意的行为，来表达他们的友善。接下来，我们再看一段公益广告。

（2）片段二：公益广告。

师：这就是友善的魅力，一个微笑的表情，一个善意的行为，就能使矛盾化解，使误会消除，让人变得友善，但是，友善待人是不是只要宽容礼让就足够了？让我们来听听这个故事。

4. 品味故事

生：……

师：从这个例子中，我们感悟到学会换位思考，才能更好地友善待人的道理。

师：所以，友善待人需要从表情、语言、行为等方面表现出来，接下来，我们来看看，如果你遇到下列情景将会怎么做？

5. 情景分析

公共汽车上，有人不小心踩了你的脚；

课间，有同学无意弄坏了你的书本；

雨中行走时，别人不小心溅了你一身泥水；

你上体育课时，被同学绊了一下，摔倒了。

生：……

师：同学们回答得真棒，宽容、与人为善、乐于助人，这就是友善。

【设计意图】以鲜活的小品、生动的视频，引导学生换位思考，学会从神情、语言、行为中表达友善。

（三）体验友善

现在，我们来做一个小游戏，亲身体验友善待人的感受。（播放课件）

1. 体验游戏：隐形人

规则：五人为一小组，一人扮演隐形人，其他四人玩剪刀石头布的游戏，不论隐形人怎样请求加入游戏的行列，其他四人都不理会。

2. 游戏结束后，隐形人谈感受

3. 关怀隐形人

师：从刚才的游戏中，我们知道被别人冷漠对待，心情是多么失落，让我们用实际行动，来关怀隐形人吧。（展示 PPT）

4. 隐形人和其他同学谈谈友善待人和被友善对待的感受

师：（采访隐形人）当你被选为隐形人时，你是怎么想的？在玩游戏的过程中，你看到别人很开心，你却没能参加，你的心情是怎样的？当你被同学拥抱时，你感到怎样？

（采访其他学生）当你看到隐形人被冷漠对待时，你是怎么想的？如果你是隐形人，看到别人不理你，你会不会也很失落？当你拥抱隐形人的时候，你看到他（她）的表情是怎样的？

同学们都做得很好，大家都感受到了友善，也懂得了如何友善待人，接下来我们还要做什么，请看……

【设计意图】借助体验式的游戏，进行层次的推进，让学生亲身体验友善待人的感受，从而懂得如何友善待人。

（四）拓展延伸

1. 收集与友善有关的名人名言
2. 阅读与友善有关的小故事
3. 制作友善卡片，送给亲朋好友

师：同学们，今天我们收获了很多，我们懂得了友善待人，要从微笑的表情、礼貌的语言、善意的行为等方面表现出来，让我们行动起来，从身边的一点一滴做起，做一个大家喜欢的友善学生。

【设计意图】根据授课内容设计任务，借助该环节，能了解学生学习情况。

五、板书设计

《友善，从微笑开始》

表情　语言　行为……

六、教学反思

友善，是中华民族的优良传统，是公民基本道德规范之一，2012 年 11 月，党的十八大报告首次以 24 个字概括了社会主义核心价值观："倡导富强、民主、文明、和谐，倡导自由、平等、公正、法治，倡导爱国、敬业、诚信、友善，积极培育社会主义核心价值观。"对学生实行友善教育是当前德育工作的重点。为此，我设计了这次主题班会《友善，从微笑开始》，目的在于使学生明白友善的含义，从小细节开始，慢慢改掉自己的一些不友善的举动，体会做一个友善的人，微笑面对生活。本节课先通过小品、视频，让学生感悟友善，再通过体验式游戏，让学生感受友善，最后布置任务，让学生感知友善，整节课以趣激趣，以情促知，以知导行，使学生们懂得要从平时的一点一滴做起，争做与人为善的好学生，用实际行动来践行社会主义核心价值观，较好地落实贯彻了教学目标，达到了教学目的。

《劳动最光荣》 劳动实践活动案例设计

蔡倩娜

一、学科及课型

劳动实践活动课。

二、指导思想

高尔基说，劳动是世界上一切欢乐和一切美好事情的源泉。为让学生通过劳动实践培育和践行社会主义核心价值观，提升核心素养、创新精神，传承和弘扬中华民族勤劳、奉献、奋斗的优良传统，笔者开展了以"劳动最光荣"为主题的系列活动，将"劳动最光荣"这一主题思想转化到全班学生的实际行动中。通过组织一系列的活动，培养学生的集体荣誉感和高度的责任感，培养学生热爱劳动、珍惜劳动成果的优良品质和良好的卫生习惯，增强学生学会生存、学会生活、学会学习的本领。让学生在劳动中创造美，体会劳动的乐趣，培养爱劳动、爱学习、爱祖国、爱生活的美好情操。

三、活动目的

（1）使学生认识到劳动的重要性，进一步明确什么是劳动，日常生活中应怎样正确对待劳动，使学生体验劳动的快乐，从小培养爱劳动的习惯。

（2）使学生进一步感受所有的劳动成果都是来之不易的，教育学生树立尊重劳动人民、珍惜劳动成果的思想，体会父母的辛苦劳动，从而培养学生养成珍惜劳动成果的行为习惯，并体现在日常生活中。

（3）进一步培养学生为人民服务、热爱公益事业、团结协作、乐于助人的思想品质。

四、活动对象

潮州市湘桥区昌黎路小学404班全体学生。

五、活动准备

（1）师：主题班会 PPT。

（2）生：搜集名人或身边感人的劳动故事。

六、活动过程

（一）主题班会《劳动小标兵》

1. 激趣导入

通过借助一系列环境脏乱的社会情景图片，让学生与此时班里的教室的环境进行对比。我们的教室怎么样？是谁打扫的？引导学生明白：这干净、整洁、舒适的环境是班里每天负责打扫卫生的同学用他们的辛勤劳动创造出来的。劳动创造了美、创造了美好的生活，劳动是最光荣的！

【设计意图】借助某些社会情景图片与学生所处环境进行对比，使学生认识到劳动的重要性。

2. 学会尊重劳动

马路宽阔平坦，是谁打扫的卫生？厕所干净整洁，是谁打扫的卫生？吃着美味可口的饭菜时，是谁种的粮食？网上购物、叫外卖，是谁顶着寒风烈日或暴雨送到我们家门口的？一座座耸立的楼群和大厦、我们住着的宽敞明亮房屋，是谁的辛苦劳作建成的？在享受当下生活的种种便利时，你是否会想到那些为我们创造美好生活的劳动者？你是否体会到这些劳动者们所付出的艰辛呢？假如这些劳动者都停止了劳动，我们的生活会变得怎么样？

无论坚守在什么岗位，无论岗位是多么平凡，都是劳动创造新的生活。劳动只有分工不同，没有贵贱之分，劳动者是最值得尊重的人。

让我们为这些可敬的劳动者送上最美的赞歌吧！（播放歌曲《劳动最光荣》）

【设计意图】借用生活的各种便利都归功于不同岗位的工作者，从而引起学生的共情，如果没有这些劳动者，就没有我们幸福的生活，教育学生尊重劳动人民。

3. 分享劳动的故事

劳动是可敬的，是光荣的，是平凡的，也是伟大的。不管是名人还是普通人，他们无一不都是用自己的双手去劳动、去创造自己的一切。下面，我们就一起来分享这些感人的劳动故事吧！从他们身上，你受到了什么启发呢？（学生分享自己收集的名人或身边感人的劳动故事）

【设计意图】以名人或身边感人的劳动故事，引导学生向榜样学习，激发学生以劳动为荣的意识。

4. 班级夸夸墙

美国著名企业家玛丽·凯说过："人们盼望赞扬，就像在沙漠中盼望甘露一样。"马克·吐温说："我接受了人家愉快的称赞之后，能够光凭着这份喜悦生活两个月。"的确，赞美之语是令人畅快的。赞美之语就如同阳光，生长在我们内心的花朵，如果没有赞美之语的阳光照耀，是没有办法盛开的。精神鼓励是每个人都需要的，我们赞美别人，会让对方感觉到满意和愉快，这就是赞美的力量。同学们，擦亮我们的眼睛，仔细瞧瞧，我们班上最爱劳动的同学都有谁？让我们向他们竖起赞赏的大拇指，他们平时是怎样做的？有什么让你难忘的事情呢？将夸一夸他的话写在便利贴上！（学生可选择署名与否，将便利贴贴在教室指定墙上，课后可全班自行阅读，这是对劳动积极同学的肯定，也是对班里其他同学潜在的鼓励）

图1　班级夸夸墙

【设计意图】借助班级夸夸墙，是对劳动积极同学的肯定，也是间接对班里其他同学潜在的鼓励，潜移默化中小培养学生爱劳动的习惯。

5. 发起"爱劳动，惜成果"的倡议

劳动光荣，懒惰可耻。只有尝到劳动的艰辛，才能懂得珍惜劳动成果。我们应从现在做起，从身边做起，从小事做起，把热爱劳动、珍惜劳动成果的行为习惯体现在日常生活中，做一个优秀的学生吧！（班长宣读"我劳动，我光荣"倡议书）

自己能做的事情自己做，主动做力所能及的事；节约用水，一水多用，别让生命之泉空流；节约用纸，珍惜森林资源；节约用电，不过早开灯，人走灯熄；珍惜资源，物尽其用，一物多用；爱护环境卫生，不乱丢乱吐，不乱涂乱画；提高劳动意识，积极参加公益劳动，珍惜劳动成果。

我劳动，我光荣。心动不如行动，让我们携手努力，从现在做起，从身边一点一滴的小事做起！

【设计意图】通过倡议，教育学生珍惜劳动成果的思想，将其养成行为习惯并体现在日常生活中。

6. 小结

劳动是事业的根本，劳动才能获取新的生活。劳动是人类永远的旋律，劳动是勤劳者的心灵之歌。劳动如多彩的光是那么明媚，劳动创造出千般快乐，劳动使机器飞速地转动，劳动使万物承载世界。

纵观历史，没有劳动，就没有现在的文明；没有劳动，社会便得不到发展；没有劳动，人类将变得一无是处。同学们，我们都有一双灵巧的手，让我们用双手学会服务、学会劳动、学会创造，都来做劳动小标兵；让我们用汗水描绘自己的理想，用双手创造美好的未来！

7. 板书设计

《劳动最光荣》

尊重劳动　　　　　　班级夸夸墙

劳动故事　　　　　　爱劳动，惜成果

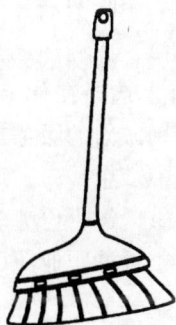

（二）劳动实践活动

1. "劳动最光荣" 手抄报

为丰富班级文化生活，营造浓厚的劳动气氛，尽情展示学生风采，让学生在制作"劳动最光荣"手抄报的过程中，大胆设想，尤其是版面设计，根据内容添加图画，使版面图文并茂、活泼新颖，学生既陶冶了情操，又提高了审美能力和绘画技巧，培养学生动手、动脑能力，激发学生热爱艺术的兴趣及创新能力，以丰富多彩、形式多样的手抄报来展现自己的创作风格，并且突出主题，锻炼学生多方面的表现能力。

制作要求：①标题醒目、突出。②内容要求丰富充实、紧扣实际。③健康向上，有教育意义。④字迹工整、不潦草，无错别字。⑤插图美观，不花里胡哨，与手抄报主题相符合。⑥美观大方，创意新颖，色彩协调，图文及装饰布局合理。

图 2　部分学生作品

2. "劳动最光荣"主题摄影

习近平总书记指出,劳动最光荣、劳动最崇高、劳动最伟大、劳动最美丽。他强调,劳动是一切成功的必经之路。实现我们确立的奋斗目标,归根到底要靠辛勤劳动、诚实劳动、科学劳动。五一国际劳动节,在这个属于全体劳动者的节日,祖国大地无数劳动者依然坚守岗位,挥洒汗水,诠释理想和奉献!有人选择披星戴月归做整个城市的美容师,有人选择在你出游的路上为你"保驾护航",有人选择用笑脸来展示城市的文明,用诚信的服务来收获乘客赞许的目光……通过劳动创造更加美好的生活,追逐心中梦想。

所以,每一份工作都值得我们尊重,每一份劳动都值得我们感谢,每一位敬业的劳动者都值得敬佩。请同学们收集各种职业照片,通过镜头去记录感动你我的最美瞬间!

学生自愿参加"劳动最光荣"的主题摄影,拍摄在自己工作岗位上默默付出的劳动者,将照片发送至家长微信群,和全班同学、家长一起分享。

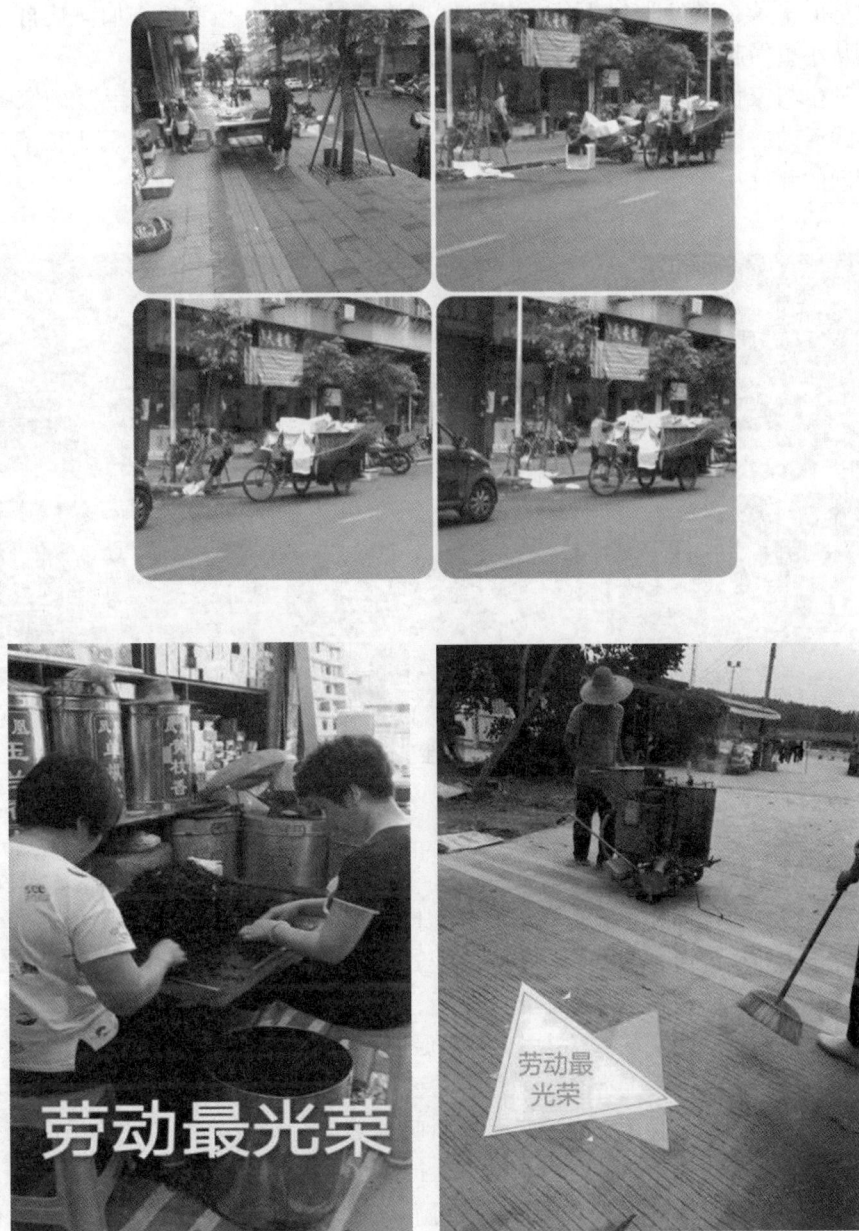

图3　部分学生拍摄作品

3. "爸爸妈妈真辛苦"调查活动

父母对子女的爱，是世界上最深情、最无私的爱。父母教我们咿呀学语，手牵手教我们走路，养育我们成长。父母是我们生命的守护者，父母是我们人生的第一位老师。父母把对我们的爱渗透在我们生活的每一天，让学生调查自己的爸爸妈妈每天工作回家后所做的事情，与父母进行亲子交流，了解父母的艰辛，体会父母的辛苦，激发学生为父母分担家务劳动的热情。想一想，如何从自己做起，从小事做起，在"自己的事情自己做"的同时能为家庭付出。

学生与家长共同商量，制订家务劳动计划，开展"家里小帮手"的家务劳动实践活动。把当天所做的家务记录下来，周末让家长在纸条上，写出孩子在家的劳动的评价。

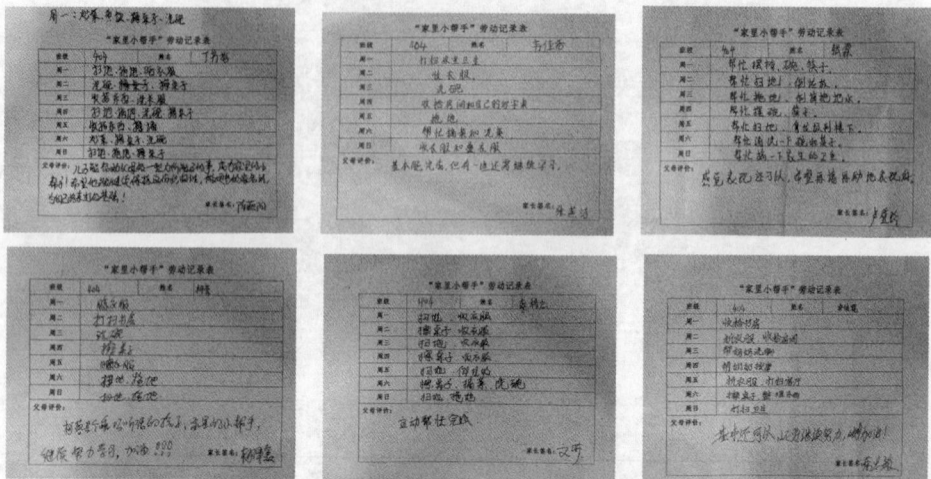

图4 部分学生劳动记录表

4. 服务社会

社区是学校、家庭、社会的联结点，社区未成年人思想道德教育是学校教育、家庭教育的延伸和补充。为培养学生自理、自立、自强的意志品质，做一个文明、守纪的小公民，引导学生以"参与、感悟、体验、经历"为主线，以实践活动为主渠道，使学生从书本走向生活，从课堂走向社会，在社会中"学会认知、学会做事、学会交往、学会生存"，促进学生个性全面、和谐、健康地发展；鼓励学生走出学校，踏上社会，积极参与公共社会活动，让学生在劳动中亲身体验到"劳动的快乐、劳动的光荣"，从而萌发热爱劳动、珍惜劳动成果的情感，培养学生懂得关心他人，关心身边的事，提高学生的责任感和社会适应能力。

学生可在所居住的社区公共区域、绿化带、马路等场所开展卫生保洁工作，协助社区卫生保洁员打扫卫生，创设优美的生活环境。同时，将自己的劳动过程、劳动成果以图片的形式分享到家长微信群。

图 5　部分学生劳动照片

七、教学反思

　　青少年时期是世界观和价值观以及行为和生活方式形成的关键时期，培养学生热爱劳动的观念和独立能力对社会的未来发展有着重要的意义。

　　本次劳动实践活动，有助于学生从活动中进一步明确什么是劳动，更加了解劳动的意义，认识到劳动的重要性。对于"劳动作业"（在家参加家务、在校保洁绿化、校外职业体验），不仅有助于改变孩子"四体不勤"的状况，提高基本动手技能和独立生活能力，也能让学生"磨磨性子"，把"有字的书"和"无字的书"联系起来，把教室"小课堂"和社会"大课堂"贯通起来，把解作业本上的题和解决实际问题融汇起来，把理论知识学习与劳动实践结合起来，激发了宝贵的创新精神和探究能力。而家务劳动，是每一个家庭成员都应该来共同分担的。学生能从做家务学到许多书本上学不到的知识，消除自身的依赖性，增强自身的家庭责任感、义务感，并学会关心、体谅别人，善于合作。

　　作为教师，在接下来的教师过程中，我会继续加强对学生劳动教育的指导，在注重孩子学习成绩的同时，注意孩子劳动习惯的培养，增强孩子独立生活的能力，促进孩子全面发展。

《司马光》 教学设计

刘燕珊

一、学科及课型

语文精读引领课。

二、教材分析

这是三年级上册第八单元第一篇课文，本单元以"美好品质"为主题，语文要素是"学习带着问题默读，理解课文的意思"。《司马光》是小学阶段安排的第一篇文言文，它以精练的笔触勾勒出一个机敏的七岁男孩的形象，突显了司马光的聪明机智，沉着冷静，使学生在阅读与思考中感受司马光爱护同伴的美好品质，初步感受古人的语言表达方式，体会我国古代文化的源远流长。

三、学情分析

三年级的学生没有学过文言文，刚从字词过渡到篇章的学习，对文章的理解能力和表达方式有待提高。因此教学重点是让学生初步感受文言文的特点，产生学习文言文的兴趣，避免拔高要求。

四、教学目标

（一）知识与技能目标

（1）正确跟读课文，背诵课文。

（2）借助注释、联系上下文理解课文中字词的含义和课文大意。

（二）过程与方法目标

（1）借助注释了解课文大意，能用自己的话讲故事。

（2）引导带着问题默读课文，比较课文语言与其他课文的区别，初步感受文言文特点。

（三）情感态度与价值观

感悟文中司马光聪明机智，沉着冷静，爱动脑筋，乐于助人的品质。

五、教学重、难点

（1）教学重点：正确跟读课文，背诵课文。借助注释理解词语意思，了解课文大意。

（2）教学难点：能用自己的话讲故事。初步比较文言文与现代文在语言上的区别。

六、教学过程

（一）创设情境，回顾导入

（1）情境引入，激发兴趣。

（2）学生模仿这种说话方式进行自我介绍。

（3）揭题：回顾一年级下册学过的旧文《姓氏歌》，板书课题《司马光》。正确读出司马光的姓和名字，了解复姓。

（4）引入新课。

【设计意图】《司马光》是一篇文言文，这是小学阶段第一次接触文言文，先引用《杨氏之子》在有趣的自我介绍中开始认识文言文，引发孩子们学习小古文的兴趣，消除学生的畏难心理。再通过温习旧文《姓氏歌》，初步感受古人的语言表达方式，为学生认识本课文言文和学习文言文奠定基础。

（二）跟读课文，读好停顿

（1）展示课文：今天的课文有什么不同？

（2）跟着老师朗读课文，注意读准字音和词句间的停顿。

（3）学生大声读课文，把课文读通顺，难读的字借助拼音或注释反复读几遍。

（4）教师抽查读文情况，纠正多音字发音。

【设计意图】文言文的朗读方式跟现代文有点不同，从范读、跟读、小组读、自由读等多种方式充分引导学生练习朗读，边读边加深对文言文的感受，注重把学习的主动权交给学生，充分调动学生的学习积极性，既能满足学生的求知欲望，又能考查学生是否能够体会到语言的精妙之处。

（三）比较词句，品读课文

（1）学生自读自悟，教师讲授学习文言文的方法。

（2）学生带着问题默读课文，了解大意。

（3）小组合作学习，理清故事的起因、经过和结果。

（4）全班交流，通过多种方法理解词语。

①文言文中的单音节词可以通过组词来理解。

②有些词语，可以根据前后语境换成常见词语来理解。

③借助注释理解词语。

④借助插图理解词语。

（5）指导背诵：你有什么背诵文言文的好方法？

①记住故事，回忆故事中出现的人物：

（群儿）戏于庭，（一儿）登瓮，足跌没水中。（众）皆弃去，（光）持石击瓮破之，水迸，（儿）得活。

②记住人物，回忆人物内容：

群儿（戏于庭），一儿（登瓮），（足跌没水中）。众（皆弃去），光（持石击瓮破之），（水迸），儿（得活）。

（6）比较课文的语言与其他课文有什么不同？感受文言文的特点。

【设计意图】自读自悟，小组合作学习，全班交流，借助课后题引导学生带着问题默读课文了解大意，落实本单元的语文要素。教给学生理解字词的方法，交流背诵文言文的方法，将文本与其他课文进行比较，感受文言文特点，击破教学难点。力求让学生多朗读，多思考，提高学生的参与程度，使学生主体地位得到体现。

（四）再读故事，感悟拓展

（1）想象场景，对比体会，感悟人物品质。

（2）小故事，大道理：你想对司马光说什么？

（3）想一想怎样用自己的话把这个故事讲生动，然后讲给别人听。

【设计意图】语文教学要以培养学生的语文素养为核心，就要将德育教育渗透语文课堂教学。树立学生正确的态度观，乐于称赞他人，虚心学习。通过比较司马光和其他孩子的反应，引导学生从中感受司马光聪明机智，沉着冷静，爱动脑筋，乐于助人的品质。夸夸司马光，让学生用自己的话讲故事，以说促写，提高三年级学生的口语交际能力。

（五）布置作业，拓展延伸

（1）学有所获：用自己的话把这个故事讲生动，然后讲给别人听。

（2）延伸阅读：你还想了解司马光吗？回家后找找有关司马光的故事读读吧。

（3）学有余力：有兴趣的同学可以模仿课文，用文言文的方式进行自我介绍。

【设计意图】作业布置紧扣大纲要求，进行分层设计，从"学有所获""延伸阅读"再到"学有余力"，除了紧扣大纲要求，让学生用自己的话将这个故事讲给别人听，还启发有兴趣的学生可以继续寻找资料认识司马光，最后鼓励学有余力的学生模仿自创小古文，激发他们的创作动力，将课内阅读向课外延伸，促使学生的语言和表达能力得以发展。随着有效教学框架的不断深入，课外拓展已成为必不可少的一部分，它既丰富了学生的知识，又加深了学生对课文内容的理解。

七、板书设计

《司马光》

司马光 { 起因——戏于庭
经过——没水中　　击瓮爱动脑筋　乐于助人
结果——儿得活

【设计意图】板书设计内容简约，抓住事情的起因、经过和结果，突出文章重点，让学生一目了然地明白整节课的教学内容，留下了深刻的印象。

八、教学反思

三年级的学生没有学过文言文，刚从字词过渡到篇章的学习，对文章的理解能力和表达方式有待提高。教科书和教师用书对于小学阶段的文言文做了准确定位：重点是让学生初步感受文言文的特点，产生学习文言文的兴趣。所以教学时应准确把握文言文的目标定位，避免拔高要求。这是学生第一次接触文言文，能否正确地断句，流利地朗读，是首先遇到的问题，根据课文内容和课后题的要求，我将本课的教学重点确定为：正确跟读课文，背诵课文。借助注释理解词语意思，了解课文大意。把"借助注释了解课文大意，能用自己的话讲故事，初步比较文言文与现代文在语言上的区别"作为难点来突破。在教学实际中，学生对文言文的兴趣很高，只是文言文的朗读方式仍有待提高。而且，从课堂上学生的掌握程度来看，课后可以安排适当的小古文练笔，鼓励学有余力的学生模仿课文自创小古文，将课内阅读向课外延伸，促使学生的语言和表达能力得以发展。随着有效教学框架的不断深入，课外拓展已成为必不可少的一部分，它既丰富了学生的知识，又加深了对课文内容的理解，可谓一举两得。

《我和秋天有个约会》 教学设计

卢 燕

一、学科及课型

语文科综合运用课。

二、教材分析

本教学设计内容是按纵横码实验班高部（四至六年级）的学习阶段而设计的。主要是指导学生正确地理解和运用祖国语言，丰富语言的积累，培养语感，发散思维。

三、学情分析

纵横码实验班高部（四至六年级）的学生已熟练掌握了纵横码输入法的各种技能，但部分学生还是运用得不够好，如何巧妙地将纵横码各知识点贯穿在学习、应用中？笔者设计这节课让学生找差距，取长补短，提高自身的语文综合素养。

四、设计理念

《义务教育语文课程标准（2011 年版）》提出："学生是语文学习和发展的主体。"所以，在这节课教学方法设计上，笔者摒弃了传统的教读教法，结合纵横信息数字化，以学生"学"为主体，采用了"自读、自悟、合作探究"的学习方法进行教学，突出新课标教学理念，发挥学生学习智慧，让他们体验成功的喜悦。

五、活动准备

教师 CAT 辅助课件、学生配置的学习课件、纵横汉字输入法。

六、教学目标

（1）知识目标：掌握运用以码识词和凭词编码的方法。

（2）技能目标：通过鼓励学生的个性化思维突出读与写的训练，提高学生的写作能力。指导学生巧妙地将纵横码各知识点贯穿在学习、应用中。

（3）情感目标：培养学生的观察能力，热爱大自然的感情，从中受到美的熏陶。

七、教学重、难点

（1）教学重点：提高学生对纵横码基础点应用的熟练度。

（2）教学难点：引导学生将所学的纵横码各知识点运用于学习中。

八、教学过程

（一）引入

师：同学们，金秋时节，景色宜人。今天，让我们随着秋姑娘一起走进秋天！请看……

（课件展示几幅秋的图片）（配乐）（学生欣赏）

师：多么迷人的秋色啊！让我们与秋姑娘一起去约会吧！

【设计意图】在语文课堂教学中，创设情景是激发学生学习兴趣的一种有效方法，能让学生最大限度地投入，注意力持久，思维活跃。情境能引发学生联想，能催动学生的灵感，促进学生感悟，激发学生思维。

（二）寻秋

师：害羞的秋姑娘遮遮掩掩、躲躲藏藏的，你们能找到她俏丽的身影吗？

（课件展示描写四季景色的四字词）

师：片片落叶犹如一张张请帖邀请我们去欣赏秋天的美丽。四字词的编码规则是什么？（2112 规则）谁来告诉老师 2112 规则是如何取码的？（即取第一个字的前两码……）说得真好。下面请同学们运用四字词编码方法，用选打的方式把描写秋天的四字词打出来。

桂子飘香	桃李争艳	秋风送爽	新绿初上
万物复苏	五谷丰登	蛙声聒耳	一叶知秋
瓜果飘香	硕果累累	白雪皑皑	天高云淡
烈日炎炎	凉风习习	红叶似火	大雁南飞

（点名反馈）点出秋的词。

（学生齐读描写秋天的词语）

师：你还积累了哪些描写秋天的四字词？请打出来。

（学生发言说出自己收集的描写秋天的词语）

（三）赏秋

师：秋就是一首诗，诗人和秋天仿佛结下了不解之缘。历代的文人墨客为我们留下了脍炙人口的描写秋天的诗篇。今天，我们便撷取其中几首，随着诗人一起赏秋去。

（课件展示诗的图画）

师：请同学们仔细地看图，运用纵横码的自定义功能，根据下面的字和部件将诗句打出来，并与学习伙伴交流你从诗句中体会到了什么。

（课件展示，示范打出诗句）

停车坐爱枫林晚，霜叶红于二月花。

——杜牧《山行》

师：一停一坐，让人感觉诗人对枫林是那样喜爱。

（以下诗句点名让学生来打）

一年好景君须记，正是橙黄橘绿时。

——苏轼《赠刘景文》

师：诗人要我们记住，最美的景是在橙黄橘绿的时节啊！

月落乌啼霜满天，江枫渔火对愁眠。

——张继《枫桥夜泊》

师：此诗只用两句话，就写出了诗人所见、所闻、所感，并绘出了一幅凄清的秋夜羁旅图。

空山新雨后，天气晚来秋。 ——王维《山居秋暝》

师：诗人笔下的"空山"其实树木繁茂，掩盖了人们活动的痕迹，加上山雨初霁，万物一新，又是初秋的傍晚，空气之清新，景色之美妙，由此可体会得到。

师：在你们如诗的年纪，吟诵这些古诗真可谓恰逢其时啊！接下来，老师要考一考大家了。请同学们看图，用纵横输入法打出整首古诗，看谁打得又对又快。

（学生看图打出诗句）（配乐）（课件展示）

萧萧梧叶送寒声，江上秋风动客情。

知有儿童挑促织，夜深篱落一灯明。

——叶绍翁《夜书所见》

师：诗中一、二句写梧叶飘飞，寒声阵阵，秋风瑟瑟，江船漂泊，有力地烘托出诗人客居他乡、辗转漂泊的凄凉心境。三、四句描写儿童挑灯夜游、捉弄蟋蟀的生活场景，自然容易引发诗人的联想。他会想起自己童年时代也是如此天真烂漫，开心有趣；他会想起故土家园的温馨美好；他会想起亲人朋友的音容笑貌……作者抒发了一种思乡念亲、怀想故园的感情。

独在异乡为异客，每逢佳节倍思亲。

遥知兄弟登高处，遍插茱萸少一人。

——王维《九月九日忆山东兄弟》

师：诗以直抒思乡之情起笔。由于诗人客居他乡，因此，"每逢佳节倍思亲"一个"倍"字更能贴切地表现出那时的真情实感。

【设计意图】叶圣陶先生说："上课，在学生是报告和讨论，不是一味地听讲；在老师是指导和纠正，不是一味地讲解。"课堂上，引导学生展开讨论，畅所欲言，是自主学习的一个重要特征。这对于调动学生的积极性，深化其对文本的理解起着重要作用。

（四）赞秋

师：秋姑娘带领我们领略了秋天迷人的景色。这里有秋姑娘寄来的照片，请同学们选一张你喜欢的，用一段话把这美丽的秋景写下来，作为礼物送给秋姑娘，好吗？同学们在看图写作时，记得要用上我们积累的好词或诗句哦！写好后，请小组的同学互相交流，小组内推荐优秀作品，并由小组长汇报，谈谈你们小组为什么要选这篇作品来展示。

（学生用纵横输入法在草稿纸上描写《迷人的秋天》）提示：同学们要多运用纵横码中的简码和词组进行写作。教师指导标点的使用和规范。

（交流展示个别作品）

【设计意图】这个教学环节的设计是对这节课学生学习的整合，由对诗词的积累到对"秋"有感，并把这种"感"呈现于文字的过程。

（五）总结

师：今天，我们与秋姑娘度过了一个令人难忘的约会。在今天的学习中，我们感受到祖国语言文字的魅力，课堂上学习语文的时间是有限的，可我们生活中语文学习却是无限的，课后，请同学们继续搜集描写秋天的作品，把它们分类整理，并展示给你的家人和朋友欣赏。

同学们，再见！

九、板书设计

《我和秋天有个约会》

寻秋　　赏秋　　赞秋

十、教学反思

在这节课教学方法设计上，笔者抛弃了老教法的教读，结合纵横信息数字化，以学生"学"为主体，采用了"自读、自悟、合作探究"的学习方法进行教学。由词、诗的积累到对"秋"有感，并把这种"感"呈现于文字的过程中，丰富学生的语言的积累，培养语感，发展思维，让他们体验成功的喜悦。纵横码打字练习比较枯燥，笔者巧妙地将纵横码各知识点贯穿在语文学习、应用中，发挥纵横信息数字化的优点，使学生乐学、爱学，从而提高自身的语文综合素养。

《小小的船》 精读引领课及拓展文章 《日月星》

郑佳倪

一、学科及课型

语文科精读引领课。

二、教学目标

（1）认识"的、船"等 10 个生字和"门" 1 个偏旁，学写"丁""乚" 2 个笔画，学写汉字"月、儿"。

（2）借助拼音，正确、流利地朗读课文，注意词语之间的停顿，背诵课文。结合插图，想象诗歌描绘的情景，感受夜空的美丽。

（3）仿照例子，用简单的叠词说"的"字短语，积累"的"字短语。

三、教学过程

（一）谜语导入，激发兴趣

（1）课件展示：有时落在山腰，有时挂在树梢。有时像个圆盘，有时像把弯刀。学生猜读，展示谜底：月儿。

（2）指导书写：月、儿。

①书写提示：撇同为竖撇，要写得正一些，儿的竖弯钩比竖撇略高，写在竖中线右侧。

②学生练写。

③评价修改。

（3）师：今天我们来学习一篇关于月儿的儿童诗。板书课题：小小的船。

识记：的。联系前面课文进行识记，前面学过的课文里经常出现这个字，并引导发现轻声，注音 de，练习朗读，要求读得又轻又短。师生齐读课题。

【设计意图】抓住小学生的心理特点，以猜谜的形式引入课题，使学生兴趣盎然地进入学习情景。

（二）精读诗歌，随文识字

1. 初读诗歌，正确朗读

（1）观察课本插图，并用"我看到了……"这样的句式说一说。

（2）展示诗歌，教师范读。

指导学生读准"月儿"字音。注意：此处是双音节而非儿化音。接着朗读词组"弯弯的月儿"，并观察插图中弯月的形状，理解"弯弯的月儿"。

（3）学生自读。

学生模仿教师范读，自读课文，读完后，教师指名检查自读情况。

2. 学习诗歌，感受形象

（1）学习前两行：弯弯的月儿小小的船，小小的船儿两头尖。

①指名读。

②识记：船。

展示字理演变过程，表示船沿着水道而行，本义是水上的运输工具。让学生指一指，哪是船的两头，并认读"两头"。

③通过"弯弯的月儿"图和"小小的船儿"图，让学生知道，这句话不是说月亮弯，船很小，而是把弯弯的月儿比作小船。"弯弯的、两头尖"都在说月亮和小船形状相似的地方。

去掉拼音，让学生自由读、指名读、齐读前两句。

（2）学习后两行：我在小小的船里坐，只看见闪闪的星星蓝蓝的天。

①指名读。

②识记：坐、看、闪。

坐：用编字谜的方法，两个小人土上坐。看：动画演示的方法，结合孙悟空看的图片，上面是"手"，下面是"目"。闪：可以通过展示字理图片，表示人从门缝偷看；也可以玩猜字谜的游戏，让学生站在门框下，猜一猜是哪个字。

去掉拼音，让学生自由读、指名读、齐读后两句。

【设计意图】字随文行，将阅读教学与识字教学相结合，在阅读中随文识字，结合有趣的课件动画，教给学生识字方法，让学生自主识字、快乐识字。

（三）感知节奏，背诵儿歌

（1）教师指导学生朗读儿歌，读的时候可以引导学生想象夜晚看月亮看星星的场景，感受儿歌节奏的轻快，重点指导学生读好以下长句，读好停顿：我在／小小的船里坐，只看见／闪闪的星星／蓝蓝的天。

（2）指名读，同桌互读，男女生互读等。

（3）多种形式，积累背诵。

【设计意图】引导学生充分地读，在读中整体感知，在读中有所感悟，入情入景，培养语文语感，轻松积累优美语句。

（四）认识叠词，拓展运用

（1）引导学生寻找最后一句话中像"弯弯的月儿""小小的船"这类词语，有"闪闪的星星、蓝蓝的天"这两组，朗读词语。

（2）试着让学生用叠词来说一说展示的图中的景物。

_____的小河　　　　_____的大海

_____的苹果　　　　_____的西瓜

（3）阅读拓展文章《日月星》。

①借助拼音朗读儿歌。

②从里面找一找像"弯弯的月儿""小小的船"这样的词语并圈出来。

③读一读你找出的词语。

【设计意图】知识的延伸，方法的运用和兴趣的培养是语言教学的特点，通过课外的拓展巩固叠词的用法，让学生有更多机会用自己的语言和喜欢的方式进行说话练习，锻炼学生的表达能力和想象能力。

（五）课堂小结

师：同学们，学习了今天这首《小小的船》，大家课后可以找一些关于月亮的诗歌读一读，感受夜空的美丽。

四、板书设计

《小小的船》

弯弯的——月儿

小小的——船儿

闪闪的——星星

蓝蓝的——天

五、教学反思

由于本节课是精读引领课，所以我通过谜语导入，创设情境，读中感悟等层层递进的教学模式来激发学生的学习热情，让学生通过想象感受到夜空的美丽，并紧紧抓住"仿照例子，用简单的叠词说'的'字短语，积累'的'字短语"这一语用点来实现一课一得，课课相连。根据课文特点和学生情况，我采用了多媒体手段丰富教学手段，扩大教学容量并遵循"教师为主导，学生为主体"的教学思路进行学法指导。当然，没有一节课是完美的，在教学后我进行了复盘和反思，认识到本节课在语文与生活的连接上还不够彻底。这首诗歌其实是极富生活情趣的。但是，我的课堂上还没有完全让文本走入生活。特别是在学习叠词的时候，可以让孩子观察教室里的一切，然后再用相应的叠词去修饰。而我直接展示了一些事物的图片去让孩子去选择既定的叠词，如果引导孩子们亲眼去发现和自主认知会更好。只有在教学实践中不断进行教学反思，并在反思中提高，才能做到一棵树摇动另一棵树，一朵云推动另一朵云，一个灵魂唤醒另一个灵魂。

《人物描写一组》 单元预习课教学设计

李　洁

一、学科及类型

语文科预习课。

二、教材分析

本课是五年级下册第七单元的一篇课文，本单元围绕"作家笔下的人"这一专题，安排了三篇课文，作品中的人物形象非常鲜明，各自有着不同的特点。作家在刻画人物时采取了不同的手法，有的侧重人物的语言，有的抓住人物的动作，有的以描写人物的外貌、神态、心理为主。本组课文以"人"为主，形成了"读人、说人、写人"的特色。

《人物描写一组》由《小嘎子和胖墩儿比赛摔跤》《临死前的严监生》《"凤辣子"初见林黛玉》这三个片段组成，这三个片段分别选自《小兵张嘎》《儒林外史》《红楼梦》这三部经典小说。在这三个片段中《小嘎子和胖墩儿比赛摔跤》对小嘎子的动作、心理进行了细致的描写，一个机灵、敏捷、有主意、争强好胜的小嘎子的形象便跃然纸上；《临死前的严监生》的作者吴敬梓运用讽刺的手法，通过严监生的动作、神态将严监生的心理活动淋漓尽致地展现在读者面前，于是严监生吝啬鬼的形象便深深地印在了读者的脑海中；曹雪芹则从正面、侧面两个方面入手将王熙凤泼辣、不拘小节、阿谀奉承、见风使舵的形象刻画得入木三分。

本单元的训练重点是感受作家笔下鲜活的人物形象，体会作家描写人物的方法，并在习作中学习运用。这一训练重点不仅在单元导读中特别指出，而且渗透在本组课文的每一个板块中。

三、教学目标

（1）熟悉本单元生字新词，并正确认读、书写，能联系上下文和生活实际理解较难理解的词语。

（2）能正确、流利地朗读课文，初步感知课文的主要内容及人物形象。

四、教学重点

（1）正确认读、书写词语，能选择自己喜欢的方式或联系上下文理解较难理解的词语。

（2）能正确、流利地朗读本组课文。

五、教学难点

感受作者笔下的人物形象。

六、教学过程

课前互动：重现本学期学过的人物，说说人物特点。

师：同学们，在这学期的语文学习中，我们结识了不少作家笔下的人物，他们是谁？（学生说人物及他们的特点）如，顾全大局的蔺相如，知错能改的廉颇，勇武过人的武松，在咆哮的洪水中舍小家顾大家的党支部书记，在长征途中为照顾小战士饥饿而死的老班长……这些人物有着鲜明的性格特点，在我们心中留下了深刻的印象。

【设计意图】通过课前互动，营造课堂氛围，拉近老师与学生的距离。

（一）激发兴趣，明确主题

1. 导入

师：同学们，在灿烂的文学宝库中，作家用他们神奇的笔，为我们塑造了众多栩栩如生的人物形象。今天，我们将要学习一篇新的课文，继续认识作家为我们塑造的人物形象。

2. 阅读单元导语，明确学习目标

师：我们浏览本单元的导语（课件展示），请同学们自由读单元导语，从导语中我们还能了解哪些信息？通过这个主题你还想知道些什么？

（二）初读课文，掌握生字新词

师：这节课，我们就跟随课本一起走进第 22 课《人物描写一组》（板书：人物描写一组）。轻声读课文，并画出生字新词。

1. 展示词语，采取多种方式认读

破绽　咕咚　侄子　穿梭　郎中　媳妇　辉煌　苗条　风骚　打量

标致　气派　祖宗　可怜　手疾眼快　精神抖擞　膀大腰圆　敛声屏气

放诞无礼　转悲为喜

【设计意图】通过指名读、开火车读等多种形式，教师重点指导多音字及读音纠正。

2. **联系上下文和生活实际理解词语的意思**

抖擞（sǒu）　　破绽（zhàn）　　扳（bān）不动　　打量（liáng）（读轻声）

3. **根据意思，写词语（展示意思）**

①古代对读书人的一种称号。（监生）

②中医医生。（郎中）

③抑制语声和呼吸。形容畏惧、小心的样子。（敛声屏气）

④动作迅速，眼光敏捷。形容机灵敏捷。（手疾眼快）

（请学生上台书写，教师巡视，下面的同学写后互改，订正。教师点评。教师重点示范生字：监、敛，并讲解重点结构及笔画变化）

（三）把握课文内容，感受人物印象

1. **快速轻声读课文，展示《人物描写一组》的课文导读（如图1）**

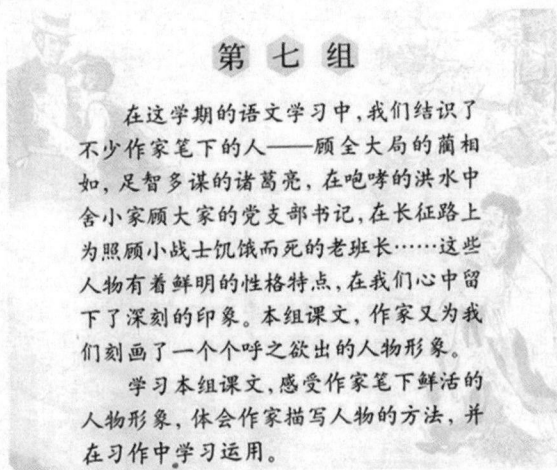

第　七　组

在这学期的语文学习中，我们结识了不少作家笔下的人——顾全大局的蔺相如，足智多谋的诸葛亮，在咆哮的洪水中舍小家顾大家的党支部书记，在长征路上为照顾小战士饥饿而死的老班长……这些人物有着鲜明的性格特点，在我们心中留下了深刻的印象。本组课文，作家又为我们刻画了一个个呼之欲出的人物形象。

学习本组课文，感受作家笔下鲜活的人物形象，体会作家描写人物的方法，并在习作中学习运用。

图1　《人物描写一组》课文导读

2. **分小组合作完成导读卡（如表1）：主要人物、主要内容、初步印象**

表1　《人物描写一组》导读卡

题目	主要人物	主要内容	初步印象
《小嘎子和胖墩比赛摔跤》			
《临死前的严监生》			
《"凤辣子"初见林黛玉》			

【设计意图】通过小组合作、探究学习，初步感受作家笔下鲜活的人物形象。

（四）再读课文，积累精彩语段（说印象深刻的句段）

小嘎子在家里跟人摔跤，一向仗着手疾眼快，从不单凭力气，自然不跟他一叉一搂。

——《人物描写一组》

起初，小嘎子精神抖擞，欺负对手傻大黑粗，动转不灵，围着他猴儿似的蹦来蹦去，总想使巧招，下冷绊子，仿佛很占了上风。可是小胖墩儿也是个摔跤的惯手，塌着腰，合了裆，鼓着眼珠子，不露一点儿破绽。

——《人物描写一组》

严监生喉咙里痰响得一进一出，一声不倒一声的，总不得断气，还把手从被单里拿出来，伸着两个指头。

——《人物描写一组》

一语未了，只听后院中有人笑声，说："我来迟了，不曾迎接远客。"

——《人物描写一组》

这熙凤携着黛玉的手，上下细细地打量了一回，便仍送至贾母身边坐下，因笑道："天下真有这样标致的人物，我今儿才算见了。况且这通身的气派，竟不像老祖宗的外孙女儿，竟是个嫡亲的孙女。怨不得老祖宗天天口头心头，一时不忘。"

——《人物描写一组》

【设计意图】学习不同作家在刻画人物时采取了不同的手法，有的侧重从人物的语言方面，有的抓住人物的动作，有的以描写人物的外貌、神态、心理为主，积累精彩片段。

（五）拓展延伸

交流课文《人物描写一组》的作者、出处及主要内容（课件展示）。

【设计意图】交流课文三个片段的出处，拓展课外阅读，再次感受作家笔下鲜活的人物形象，体会作家描写人物的方法。

（六）总结

面对数量众多的阅读材料，同学们可以有针对性地快速选择适合自己需要的读物。随着阅读内容的不断丰富，我们一定能更深刻地感受作家笔下鲜活的人物形象。

（七）作业布置

自主阅读语文主题学习图书之六——《读人论世》中《人物速写》《经典印象》《人情百态》3篇文章。（继续阅读更多的人物描写的文章资料，帮助学习理解本单元课文内容）

【设计意图】继续阅读更多的人物描写的文章，形成"读人、说人、写人"的这样富有特色的一组教材。

七、板书设计

《人物描写一组》

人物：　　　小嘎子　　　　严监生　　　　"凤辣子"

形象：　　　争强好胜　　　吝啬鬼　　　　泼辣、不拘小节

八、教学反思

本节课是一节预习课，通过激发兴趣，明确主题；初读课文，掌握生字新词，把握课文内容，感受人物形象；再读课文，积累精彩语段。由于作品产生的年代不同，语言特点和语言风格也存在差异。《小嘎子和胖墩儿比赛摔跤》虽然是一篇白话文，文中出现了较多的地方方言，比如"惯手""冷绊子"等；《临死前的严监生》和《"凤辣子"初见林黛玉》是古白话文，里面的用词和现在不尽相同，如"再不回头""一声不倒一声""破皮破落户"等。这些都给学生的阅读带来了一定的障碍，需要教师加以重视。总之，本节课力求扮演好学生学习与活动的促进者、指导者，在师生平等的对话中进行教学，让学生从中体验到学习的快乐。

《7 的乘法口诀》 教学设计

陆 畑

一、学科及课型

数学科新授课。

二、教学分析

本课内容是义务教育教科书二年级上册第 72 页内容及相关练习，是在学生初步认识乘法，会归纳乘法口诀，并熟练地掌握了 2～6 的乘法口诀，会用乘法口诀计算乘法的基础上学习的。它既是之前已经学过的乘法口诀知识的拓展和延伸，也是之后学习表内除法和多位数乘、除法的基础。在知识内容和学习方法间起着承上启下的作用。

三、教法和学法

本节课注重唤起学生已有的知识经验，利用知识的类比推理，自主探索 7 的乘法口诀。创设情境使学生在实际应用中进一步领会乘法运算的意义，并积累运用知识解决问题的方法和策略：优化教学过程，激发学生的学习积极性。营造浓郁的研究氛围，让学生敢于探究；引发学生的好奇心，让学生主动探究；提供探究的成功体验，让学生乐于探究。

四、教学目标

（1）知识与技能：使学生理解 7 的乘法口诀的来源，认识 7 的乘法口诀之间的联系，培养学生初步的推理能力。

（2）过程与方法：使学生经历编制 7 的乘法口诀的过程，会用 7 的乘法口诀正确计算 7 的乘法算式。

（3）情感态度与价值观：培养学生解决身边问题的意识，感受数学与生活的联系。

五、教学重点

能用 7 的乘法口诀正确计算 7 的乘法，提高学生解决实际问题的能力。

六、教学难点

理解 7 的乘法口诀的来源并编写出 7 的乘法口诀。

七、课前准备

七巧板、课件等。

八、教学过程

（一）课前小游戏：数青蛙

从"1 只青蛙 1 张嘴，2 只眼睛 4 条腿"一直数到"6 只青蛙 6 张嘴，12 只眼睛 24 条腿"。

【设计意图】通过数学游戏让学生发现生活中有趣的数学知识，不知不觉地加深乘法运算与实际生活的联系，在轻松活泼的氛围中开始对数学知识的探究。

（二）复习旧知，引入课题

1. 对口诀

师：同学们已经认识了乘法，学会了 1～6 的乘法口诀。现在我们来玩对口诀的游戏，老师说前半句，你们对出后半句，看看你们能不能很快对出来，成为"口诀小超人"。

（学生快速对出口诀的后半句）

2. 用口诀计算

师：后半句对得这么快，看来你们都是"口诀小超人"啊！接着就请小超人们用口诀算乘法。

（学生计算出乘法算式的积）

师：你是用哪句口诀求出答案的？

（学生回答）

3. 引入课题

师：同学们，乘法口诀是我们祖先传下来的文化，已经有 2 000 多年的历史，它读起来顺口，记起来方便，所以我们用口诀可以使乘法算得又对又快。今天我们一起来学习 7 的乘法口诀。

（板书课题：7 的乘法口诀）

【设计意图】通过对口诀和算乘法的数学活动让学生复习之前学过的知识，实现新旧知识的联结，为学生自主编制、记忆 7 的乘法口诀做好铺垫。

（三）创设情境，互动探究

1. 情境引入，编制口诀

师：同学们，这是什么？（课件展示七巧板）七巧板被称为"东方魔板"，也是我们祖先的一项卓越创造。它是由 7 块板组成，用它可以拼成多种多样的美妙图案。课前老师让同学们设计一个漂亮的七巧板图案，现在请大家来分享这些有趣的图案。（课件展示学生制作的七巧板图案）

老师任意选择了 7 个图案，每个都用了 7 块板。这些图案不仅好看，还藏着很多数学问题。（课件显示表格）

（1）理解意义。（教师根据学生的回答，填写表格）

师：拼 1 个图案用了 7 块拼板，表示 1 个 7 是 7。那 2 个图案表示几个 7？2 个 7 相加是多少？（板书：$7 \xrightarrow{+7} 14$）

师：3 个图案几块板？怎么算出是 21 块板的？

生：3 个图案，也就是 3 个 7 相加是 21。（板书：$7 \xrightarrow{+7} 14 \xrightarrow{+7} 21$）

师：那 4 个 7、5 个 7、6 个 7、7 个 7 相加是多少，会算吗？

生：28、35、42、49。

师：怎么算得这么快？

生：根据前一个答案，依次加 7，就能算出答案。

（板书：$7 \xrightarrow{+7} 14 \xrightarrow{+7} 21 \xrightarrow{+7} 28 \xrightarrow{+7} 35 \xrightarrow{+7} 42 \xrightarrow{+7} 49$）

师：（指着 42）几个 7 相加是 42？（指着 49）49 里面有几个 7？

师：我们刚才用连加解决了求几个 7 相加是多少的问题，不过 7 的个数越多，加起来就越麻烦，表示几个 7 相加除了用加法算式表示，还可以用什么算式表示？

生：用乘法算式表示。

师：通过前面的学习，我们都知道了求几个相同加数的和，用乘法算式表示很简便。那 1 个 7 是 7，谁会列乘法算式？

（学生依次说出乘法算式）

师：$7 \times 7 = 49$，怎么只有一道乘法算式？

生：2 个乘数相同，交换乘数的位置，算式是一样的。

（2）编制口诀。

师：我们写出了乘法算式，要想把乘法算得更快，就需要用口诀来帮忙，这节课老师想请同学们自己尝试编口诀、记口诀、用口诀，有没有信心？

师：1×7＝7和7×1＝7可以编哪一句口诀？

师：口诀的前半句从哪里来的？口诀的后半句从哪里来的？

师：根据口诀前半句表示相乘的两个乘数，后半句表示积的这一结构特点，你们一定能顺利地编出7的乘法口诀。请同学们根据黑板上的乘法算式，在《课堂小挑战》上继续编写口诀。

（学生分组活动，自主编写口诀）

师：谁来汇报自己编的口诀？一人说一句。（适时板书）

（学生汇报）

师：你是根据哪两道乘法算式编的这句口诀？你是怎么编的？请同学们仔细观察，7的乘法口诀有什么特点？

2. 探究方法，记住口诀

师：有了这7句口诀，再算关于7的乘法，就可以用口诀计算了。在用口诀之前一定要记熟它们。

（1）齐读口诀。完成课本第72页例1。

（2）学生独立记口诀，并说说用什么方法记口诀的。

（3）学生开火车读口诀，师生对口诀，生生对口诀。

师：口诀之间的联系、排列规律、日常用语等都能帮助我们更好地记住口诀。现在再边读边记住它们，试着背诵。

3. 运用口诀，计算乘法

学生用口诀快速地算出乘法算式的积。（课件展示）

总结：求几个7或7个几的和我们可以用乘法来解决。而7的乘法口诀可以帮助我们很快地算出它们的积。让我们带着这些知识一起去"森林寻宝"吧！

【设计意图】在探究新知的过程中，通过发现、总结，自主编制口诀，学生也进一步熟练掌握了口诀的结构和编制口诀的规则，同时给学生提供了足够的空间，让学生既独立思考又充分交流，发现7的乘法口诀的规律，并主动寻找口诀的记忆方法。

（四）巩固运用，拓展提高

1. "摘苹果"游戏

师：我们走进了森林，瞧，前面有一棵"数学苹果树"，只要能回答出苹果上面的数学问题，就能得到又香又甜的大苹果。

学生自主选择要回答几号苹果的问题，答对问题得到"大苹果"的奖励。

2. "寻宝藏"游戏

师：我们发现了一个宝箱，但是只有成功解决数学问题才能得到钥匙开启宝箱。

（1）"钥匙"：计算天数。

（课件展示一张月历）

教师提问：一个星期有多少天？2 个星期有多少天？3 个星期呢？这个月一共有多少天？

（学生独立思考，交流结果）

（2）开启宝箱。

师：恭喜同学们获得代表着知识与能力的七色花！

【设计意图】在"森林寻宝"的数学活动中，学生运用知识解决数学问题，获得成功的体验，既帮助学生熟练运用口诀，同时也加深了数学与生活的紧密联系，激发学生继续探究数学知识的兴趣。

（五）回顾总结

师：今天我们学习了什么？你有什么收获？（学生交流汇报）

师总结：今天同学们根据口诀的结果特点自己编制了 7 的乘法口诀，想了很多方法记住它们，还用口诀快捷地解决了数学问题。

【设计意图】师生回忆这节课中"学了什么"和"怎么学的"，梳理了知识，总结了方法，并交流学习活动的体验。

（六）课后延伸

师：课后，同学们可以把"数青蛙"的游戏增加到"7 只青蛙 7 张嘴，14 只眼睛 28 条腿"！细心去发现，生活中还有哪些你感兴趣的数学问题？

九、板书设计

《7 的乘法口诀》

$$7 \xrightarrow{+7} 14 \xrightarrow{+7} 21 \xrightarrow{+7} 28 \xrightarrow{+7} 35 \xrightarrow{+7} 42 \xrightarrow{+7} 49$$

1 个 7 是 7	$1 \times 7 = 7$	$7 \times 1 = 7$	一七得七
2 个 7 是 14	$2 \times 7 = 14$	$7 \times 2 = 14$	二七十四
3 个 7 是 21	$3 \times 7 = 21$	$7 \times 3 = 21$	三七二十一
4 个 7 是 28	$4 \times 7 = 28$	$7 \times 4 = 28$	四七二十八
5 个 7 是 35	$5 \times 7 = 35$	$7 \times 5 = 35$	五七三十五
6 个 7 是 42	$6 \times 7 = 42$	$7 \times 6 = 42$	六七四十二
7 个 7 是 49	$7 \times 7 = 49$		七七四十九

十、教学反思

这节课是在学习了 2 ～ 6 的乘法口诀的基础上进行教学的,之前学生已经积累了一些经验,要引导学生充分利用学习 2 ～ 6 的乘法口诀的思考方法来学习。在教学过程中,主要做到以下几点:

1. 关注学生的知识经验,把握知识起点,帮助学生总结并运用编制乘法口诀的方法

建构主义认为,学生只有在自己原有认知结构的基础上学习和探究新知识,并将新知识与已有知识经验建立联系,形成知识的结构化,才能形成对知识深刻的理解。7 的乘法口诀,由学生摆七巧板图案的活动情境引出乘法问题,充分利用学生学习 2 ～ 6 的乘法口诀获得的经验和思路,放手让学生自己编乘法口诀,从而深化学生经历的乘法口诀的产生过程,调动原有编制口诀的经验,并促使学生在脑中进行整理和反思,进而逐渐形成编制 7 的乘法口诀的方法和策略。

2. 运用乘法口诀的编制过程和编写规律熟记乘法口诀

学习乘法口诀的过程也是一个记忆训练的过程。意义识记的基础是理解,机械记忆的基础是多次反复。教学中笔者让学生把意义识记和机械识记有机地结合起来,采用多种形式从不同的角度加强练习。学生通过七巧板图案的拼摆结果推出连加结果后,教师先引导学生记熟连加的结果,再写出乘法算式、编出乘法口诀。要重视利用乘法口诀本身的规律来加强记忆,熟记乘法口诀,对于学生难记、易错的乘法口诀要加强重点练习。在练习时,采用开火车、对口令等多种形式,激发学生学习的兴趣,促使学生熟记乘法口诀,提高学习效率。

3. 注重学生的应用意识和解决简单问题的能力

在知识运用环节,笔者为学生创设了"森林寻宝"的游戏活动情境,学生在轻松有趣的"摘苹果"过程中,用所学的数学知识、方法与策略解决问题。最后,学生获得"钥匙",开启"宝箱"。该游戏活动让学生经历运用数学知识解决身边数学问题的过程,了解数学在现实生活中的作用,体会学习数学的重要性,促进学生应用意识的形成并提高解决问题的能力。

Unit 3 A　Let's spell
教学设计

林　林

一、学科及课型

英语科语音课。

二、教学目标

（一）语言知识目标

（1）学生能够准确模仿读出 o－e 及例词 Jones，note，nose，Coke 的发音，知道 o－e 在单词中发长音［əu］的发音规则。

（2）能够初步阅读带有 o－e 发音规则的小故事，并能够在故事中感知新单词的意思。

（二）语言技能目标

（1）学生能够根据单词的读音拼写出符合 o－e 发音规则的单词；能根据发音拼写出符合 o－e 发音规则的单词。

（2）通过观察对比，辨别掌握 o 与 o－e 在单词中的发音规则和词形结构，并能拼读和拼写符合发音规律的单词。

（三）文化意识目标

在教学过程中渗透跨文化意识，如西方人名中姓氏的首字母要大写。

（四）情感态度目标

（1）激发学生的拼读兴趣。

（2）培养学生根据已掌握的发音规则大胆开口拼读的习惯。

（五）学习策略目标

通过拆音、拼音和分类等语音意识训练活动，引导学生进行发现式的学习、观察、感知、体验并自己归纳出 o－e 在单词中发长音［əu］的规则。

三、教学内容分析

（一）教材内容的地位、作用与意义

Let's spell 分为 Read, listen and chant; Read, listen and tick 以及 Listen, circle and write 三部分。第一部分呈现了 o－e 在单词中发长音［əu］的规律；第二部分通过听力活动对比 o 与 o－e 的发音，训练 o 与 o－e 的音与形的对应关系；第三部分则通过听音写单词活动来帮助学生运用发音规则拼写单词，并辨认词形。

（二）教材的编排特点、教学重点和难点

（1）教材的编排特点：Let's spell 三部分内容的安排循序渐进，先呈现例词，并让学生了解掌握 o－e 的发音规则，再让学生对比、辨认 o 与 o－e 的不同发音规律，遵循先听认后拼写的原则，帮助学生逐步掌握 o 与 o－e 在单词中的发音规则和词形结构，最终能拼读和拼写出符合发音规律的单词。

（2）教学重点：学生能够感知并归纳 o－e 在单词中的发音规则，能够读出符合 o－e 发音规则的单词。

（3）教学难点：能够根据 o－e 的发音规则拼读单词，并能够根据 o 与 o－e 的发音规则拼写单词。

四、教学对象分析

四年级的学生通过一年多的英语学习，已初步具有简单英语交际的能力，初步具有运用已学的字母发音规则拼读、拼写单词能力。他们活泼好动乐学，有自主学习的意识，因此，在课堂中笔者设计了形式多样的活动，采用歌曲、故事、四人小组合作活动等形式引导学生自主学习、合作学习，课堂气氛和谐活泼。

五、课前准备

（1）本课教学相关的图片；多媒体课件；SEEWO 电子白板。

（2）学具：字母卡和故事书。

六、教学策略与过程

Step 1：Greeting & Warm－up

教师活动	学生活动
1. 问候	Greeting

（续上表）

教师活动	学生活动
2. 播放元音字母歌 "AEIOU"	Students listen and sing the vowel letters song together

【设计意图】通过问候和歌唱，营造良好的上课氛围，也能在课的开始就紧扣主题，进入和元音字母相关的语音学习氛围；故事视频是学生三年级学习元音字母 "o" 发短音/ɔ/观看过的，课的开始借助它帮助学生复习巩固元音字母 o 发短音/ɔ/，并设问引入新课。

Step 2：Review

教师活动	学生活动
1. 播放故事视频 "What's going on?"，引导学生说出故事中的单词 2. 板书呈现词卡和图卡，引导学生总结出元音字母 "o" 在单词中的发音规律	1. Students read the story, then answer the question "What's in the story?" 2. Students read the words and summarize the sound of "short o" with the teacher

【设计意图】借助微课视频，学生观察、发现 "o – e" 在单词中的发音规则。利用翻动卡片，训练单词的拆音拼读，在生动的学习活动中学会拼读规则。

Step 3：Presentation and Practice

教师活动	学生活动	设计意图
1. 播放微课视频，并和学生一起进行新内容学习	1. Students watch the video and study the sound of "o – e"	借助微课视频，让学生自主学习新课内容，改变以往学习新知识的方式
2. 教师提问、检查学生对 "o – e" 发音和 "Jones, note, nose, Coke" 单词的朗读、拼读情况，并展示词图卡；区分 "o" & "o – e"，完成第26页 "Read, listen and tick"	2. Students summarize the sound of "long o" with the teacher, and read and spell the words with "o – e"; Students finish "Read, listen and tick" at Page 26	让学生反馈学习成效，并巩固操练

（续上表）

教师活动	学生活动	设计意图
3. PPT 出现"球球屋"，教师通过课件演示改变字母，让学生运用掌握到的"o－e"发音读出新词	3. Students look at the screen and try to read out the new words with "o－e" one by one or together	让学生运用掌握的"o－e"发音规则拼读出新的单词，教师检查学生运用所学知识的情况
4. 教师巡视、指导学生拼词	4. Students make and read the new words in groups	四人小组的合作体现了学生的创造性，或许有些单词不存在，但是教师更关注的是学生对"o－e"组合的拼读以及对他们语言能力的训练
5. 部分学生在电脑上进行展示	5. Some students show how to make and read the new words on computer	以层层递进的方式，从"教师教"到"学生自己拼"，让学生运用所学拼读规则拼读单词一，内化已学的拼读规则，体验自主成功拼读单词的乐趣

Step 4：Consolidation and Extension

	教师活动	学生活动	设计意图
由上个环节学生或是教师摆出单词 joke，教师引出卡通人物 Mr Joke，并通过 Mr Joke 引出 three notes			
Note 1：Pick apples	PPT 呈现 an apple tree，教师引导学生将 apples 分别放入"o"和"o－e"两个篮子里	Students put the apples into two baskets, then read the words together	通过分苹果活动帮助学生区分"short o"与"long o"，培养学生分辨、归类的思维能力，教师检查学生的学习情况
Note 2：Mo er House	教师播放"Listen, circle and write"录音，然后和学生一起校对答案	Students listen, circle and write the words	检验学生在会拼读后能否具有听和写、辨认词形的能力

（续上表）

	教师活动	学生活动	设计意图
由上个环节学生或是教师摆出单词 joke，教师引出卡通人物 Mr Joke，并通过 Mr Joke 引出 three notes			
Note 3： Story House	1. 教师播放"Mr Joke"故事视频 2 遍 2. 教师和学生一起看视频，并选择、编号故事中漏缺的单词 3. 与学生一起书写完成绘本故事：Fill in the missing words or choose the missing words 4. 学生齐读故事	1. Students read the story twice 2. Students listen, choose and number the missing words of the story 3. Students write out the missing words and choose the missing words in the storybook 4. Read the story	从故事"o"开始，再以故事"o-e"结尾，对于学生来说是很有吸引力的，并通过故事的阅读，训练学生听音能辨、见词能读、听音能写的能力，再次巩固检查学生对"long o"的掌握情况

Step 5：Summary & Homework

☆ Listen and read the words 5 times.

☆☆ Retell the story of "Mr Joke".

☆☆☆ Find more words with "o" and "o-e"，try to read them.

【设计意图】分层次的作业布置更有利于因材施教，让学生挑选自己能完成的任务，既能减轻负担，又能激发学生的挑战欲望，鼓励他们主动学习。

七、板书设计

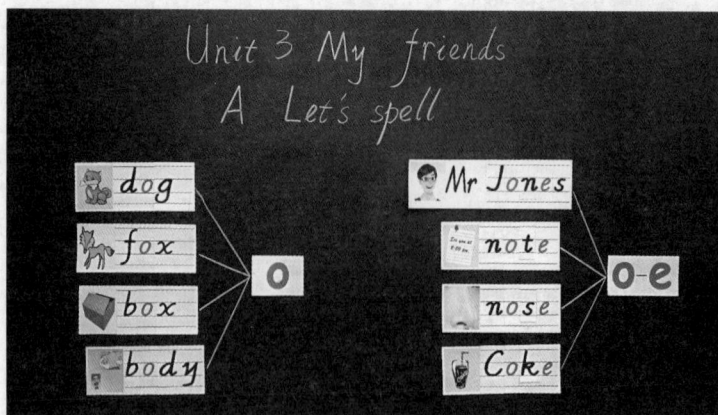

八、教学评价

《义务教育英语课程标准（2011年版）》指出：小学英语教学评价的主要目的是激发学生的学习兴趣和积极性。核心素养背景下的英语课堂呼唤新的、综合的评价，科学、有效的课堂评价方法，能够发挥学生的主体学习作用，促使学生在学习英语的过程中不断体验进步与成功，认识自我，建立自信，从而促进其综合语言运用能力的全面发展。因此在课堂中，笔者采用了：①口头激励性评价。对学生的回答和表现进行口头的肯定和表扬，如"Good！""Great！""Well done！""You did a good job."……②体态语激励性评价。如对积极大胆、读音准确的同学竖起大拇指"Wonderful！"③竞争、荣誉激励性评价。课堂上采用了四个大组相互比赛的形式，对在课堂中综合表现突出、获得最多格桑花的大组奖励格桑花种子。

九、教学反思

这节课的学习内容是字母"o"在开音节中的发音。小学英语语音教学可谓是英语教学的重中之重。如今语音教学要想取得成功，不仅要多读多练，更要善读会练。

因为小学生年龄小、活泼好动，通过机械反复的诵读方式来学习语音，很快就会感到枯燥乏味，兴趣索然。为此，教师要以发展小学生英语学科素养理念为引领，积极研究与探索，创造性地驾驭教材，针对学生的年龄特点和心理特点来有效组织教学，以达到既落实教学任务，又提升学生核心素养能力的多维目的。

本节课笔者借故事"What's going on？"复习"short o"来引入新课，然后通过微课视频引导学生自主学习新课内容"long o"，接着通过形式多样的活动让学生巩固操练所学内容，培养他们良好的拼读意识和习惯，充分发挥学生的自由创意和小组合作精神，让学生在"动"中练，在练中思，最后通过绘本故事"Mr Joke"拓展学习，让学生运用新学的内容朗读、拼写故事中的新词，了解含义，并且能朗读故事。

纵观整节课，学生基本掌握了"long o"的发音规律并能够读准、写对课本中的四个单词，也能区分"long o"与"short o"的不同，学生在愉快的气氛中学习，在积极的状态中记忆，使语音教学真正从枯燥、乏味中解脱出来。更重要的是帮助他们养成"见词会读，听音能写"的习惯并逐步形成能力，为后续的学习打下坚实的基础。

本节课的板书，笔者采用了思维导图的方式，直观、简洁、清晰地呈现本节课内容，帮助学生更好地理解和记忆。在评价机制上，除了教师课堂用语对学生表现进行肯定与鼓励外，还采用了比比哪一组的"格桑花"种得多的方式进行竞赛，获胜组获得奖品格桑花种子，这对提高学生的学习热情与积极性也起到了很好的促进作用。但拓展环节中的绘本故事难度偏大，对部分学生来说会是不小的挑战，需要课后再下功夫。

Recycle 2　Short AEIOU
教学设计

成正彬

一、学科及课型

英语科复习课。

二、教学目标

（一）语言知识

（1）能够掌握元音字母 a, e, i, o, u 在单词中的短音发音规律。

（2）能够读、写含有元音字母 a, e, i, o, u 短音的单词。

（二）语言技能

（1）培养、巩固学生的语音意识；学生掌握元音字母 a, e, i, o, u 的短音发音；能拼读出含有各元音字母的 CVC 结构的单词；能感知元音字母在单词中所处的位置；能将单词分解成若干音素。

（2）能够理解阅读小故事，能够进行简单的英语交际。

（三）情感态度

（1）能够让学生在学习中获得成就感，体会学习的乐趣。

（2）培养学生根据掌握的发音规则大胆拼读的习惯。

（3）培养学生爱护大自然的美好情感。

（四）学习策略

（1）能够逐步做到见到符合发音规律的单词能拼读，听到符合发音规律的单词能拼写；能够阅读英语小故事。

（2）在完成活动任务时，采用小组合作、同桌合作学习方法，通过与同伴的交流、互助，共同提高，在合作中发展学生互助学习和语言交流运用的能力，提升话语能力，培养合作精神。

三、教学内容分析

（一）教材内容的地位、作用与意义

本学期，学生在课本前五个单元中学习了五个元音字母短音发音规律，并基本做到见到符合发音规律的单词能拼读，听到符合发音规律的单词能拼写，这节复习活动课是任课教师根据学生的水平和特点，在 Recycle 的复习中采用活动任务的形式，综合地帮助学生再次巩固复习五个元音字母的短音发音规律，巩固提高学生"见词能读，听音能写"的能力，为故事阅读、英语交流打下基础。本节课虽然针对的是接触英语时间不长的三年级学生，但教师用简单、熟练的课堂用语全英教学，为学生提供、营造良好的英语学习氛围和课堂环境，为学生英语话语能力的学习、提升创造有利条件。

（二）教材的编排特点、教学重点和难点

（1）教材的编排特点：新版 PEP 教材力图激发学生学习英语的兴趣，培养学生学习英语的积极态度，倡导"在轻松、快乐、自然中习得英语"的教育理念。教材强调自然拼读，强调拼读规律教学，让学生从一开始就学习掌握英语单词的拼读规律，看到单词就能拼读出来，无须学习音标就能解决读音问题；听到单词就能拼写出来，无须死记硬背。

（2）教学重点：能够正确、熟练说出元音字母 a, e, i, o, u 在单词中的短音发音规律，并能够根据其发音规律拼读、拼写语音单词。

（3）教学难点：见到符合发音规律的单词能拼读，听到符合发音规律的单词能拼写，并能运用单词进行阅读和交际。

四、教学对象分析

（1）三年级的学生通过近一年的英语学习，已经掌握了 26 个字母在单词首字母的发音，基本掌握 5 个元音字母短音的发音规律，具备初步的语音拼读能力和语音分离意识，逐步做到见词能读、听音能写。

（2）学生具备简单英语交际的能力，能用简单、简短的句子表达意思，有较强的表达欲望。

（3）学生具有强烈的好奇心，他们爱竞争，思维活跃，对丰富的学习资源有很强的求知欲。

五、教具学具准备

多媒体、字母卡、转盘、绘本、思维导图。

六、教学策略与过程

(一)教学设计思路

课前通过集体歌唱"Short vowel song"点燃学生学习热情,并引出本节复习活动课的主题,再借助一幅城堡图带领学生进入闯关挑战环节,通过5个不同的元音字母、不同的任务内容,以达到帮助学生培养语音意识,巩固提高语音技能,进而提高学生的语言交际能力、进行英语故事阅读的目的。

(二)教学过程

Step 1:趣味热身,复习铺垫

①Greeting.

(T: Good afternoon, boys and girls. Look, what's this?

Ss: It's a castle.

T: Is it beautiful?

Ss: Yes.

T: Do you like it?

Ss: Yes.

T: Let's go to the beautiful castle, OK?)

②Lead-in and sing "Short vowel song".

(T: Wow, so many people. Who are they? ...I'm a teacher. And they are ...

Ss: Teachers.

T: They are singing. Let's sing together, OK?

Ss: OK.)

③Teacher gives five tasks of "Short vowel letters", and students begin to finish.

(T: You all sang well. Then teachers will tell you a secret. There are many gifts in the castle. Do you like gifts? Do you want to get them? If you want, please finish the teacher's tasks of "Short AEIOU". Are you ready? Are you ready?

Ss: Go!)

【设计意图】熟悉轻快的歌曲为学生创设良好的学习氛围,同时唤起学生对5个元音字母短音的发音记忆。通过闯关挑战的任务活动,激发他们参与课堂活动的热情,让学生在活动中复习,在游戏中提高。

Step 2:Short o

①Teacher shows some words and pictures with "short o", and the students try to spell and read the words.

(T: Look, here comes short o. o, o, o...

Ss: /ɔ/, /ɔ/, /ɔ/.

T: Yes. Now, look at the task. Do you know the words? Can you make a chant?

What's it? Spell and read.

Ss：/d/ – /ɔ/ – /g/.

T：How about this one?

Ss：/l/ – /ɔ/ – /g/.

…)

② Teacher makes a demo sentence of the words "dog" and "log", then students use the words to make new and more sentences.

（ T：Look，where is the dog? Can you make a sentence?

Ss：…

T：Good, and here is my example. Look at the dog. It's on the log. So many words, this is…the fox, the cock, the top, the box, the orange, the sock. Look at the words. Can you make more sentences?

Ss：…)

③Teacher shows a chant with all the words，then students read and chant.

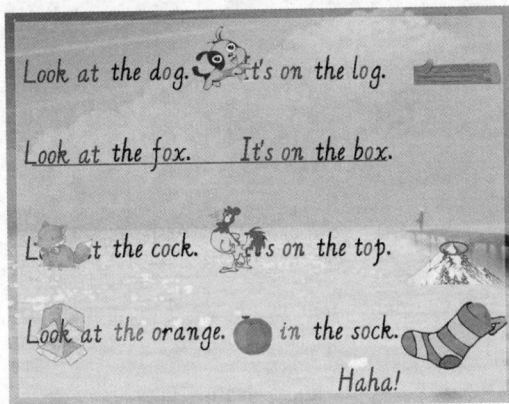

图1　含 "short o" 的单词

（ T：Here are my sentences. It is a chant. Let's read together.

…

Let's chant again.

…

Wonderful！You opened the door. Let's go on.)

【设计意图】让学生依据原有辅音字母发音和短音 o 掌握的基础上，锻炼、培养他们能够熟练拼读新词的能力，达到见词能读的目的。再通过造句活动，让学生读新词、识新词、用新词，帮助学生逐步掌握语言知识，内化运用语言知识，提升话语能力。

Step 3：Short i

①Teacher shows how to make new words with "short i" on the turntable, then students make and read words in groups.

（ T：I see short i...i, i, i, /i/, /i/, /i/. Good, the task is...

Make the words.

Look, a turntable... We can make words here like this.

How do you read the word? ——d–i–d.

Now, it's your turn. Take out your turntable. Please make more words and read loudly in groups.)

图2　含"short i"的单词轮盘

② Teacher asks some students to show and read the new words, then some students show to make and read.

（ T：Who wants to make words here? Hands up.)

Student makes a word on the PC board, and read it out.

（T：Congratulations! We opened the door. Let's go on.)

【设计意图】让学生在小组合作中创造性学习，既培养同学间的团结协作、互帮互助的学习精神，也锻炼他们见词能读的拼读能力，为学生话语能力的学习进步打下基础。

Step 4：Short u

①Teacher shows how to listen and blend words, students stick the letter cards, know the rules of "Blending Game".

[T：Here comes short u. Look at the task.

Listen and blend.

（Point the letter u) u, u, u, /ʌ/, /ʌ/, /ʌ/.

(Point myself) u, u, u, /ʌ/, /ʌ/, /ʌ/. I am letter U. What about you? What's your letter?

S1: I am D.

T: D – D – D…

S1: /d/, /d/, /d/.

T: And what colour your letter is?

S1: Blue.

T: Good, thank you. And What's your letter?

S2: I am G.

T: G – G – G…

S2: /g/, /g/, /g/.

T: And what colour is it?

S2: orange.

T: Good, thank you. You all have letters. Some are blue, some are orange. Let's listen to the tape and blend the words. For example, "run, run, run". Orange /rʌn/, how many sounds are there in /rʌn/?

Ss: Three.

T: What are they?

T&Ss: /r/, /ʌ/, /n/.

T: Orange /rʌn/, where is orange /r/, come here, please. Who is /ʌ/, oh, I am here. I'm in the middle. Where is orange /n/, come here, too. We blend the word /rʌn/. /r/ – /ʌ/ – /n/ – /rʌn/. Are you clear? Thank you. Go back to your seat. Let's begin. Listen!]

②Teacher listens and blends the words with students.

(up, bus, fun, cut, jump)

(T: Well done! We opened the door of short U.)

【设计意图】游戏让学生动起来，更能激起他们参与课堂学习的热情。通过让学生听词、拆音组词，培养他们分离和拼读两种语音意识。

Step 5: Short e

(T: Let's go on. Next one is … short e. Look at the task.)

① Students watch the story *Ben and Ken*, know some new words with Short e by the teacher's explanation.

Read a story.

(T: There are many "short e" in the story. Let's read.)

(T: This is Ben, this is Ken, we know the first letter of the name should be big letter.)

②Students listen to the story, then try to spell and write down some words with "short e", then teacher checks the answers of spelling and writing.

(T: Now, take out your storybooks, listen and fill in the words.

Let's check the answer. …Is your answer right?)

【设计意图】语音教学是为阅读打基础的，将独立的单词融入绘本故事中，能大大提高学生的学习兴趣，加深他们记忆的效果，再将听到的含有短 e 的词正确地拼读、拼写出来，训练、提高学生听音能写的能力。

③Free talk about the story.

(T: From the story, we know Ben and Ken like red. They paint everything in red. They are so happy. But is the elephant happy?

Ss: No.

T: So do they like red?

Ss: No. they don't.

T: Good, they don't like red. They are all not red. But can we help Ben and Ken find red friend? Do you like red? Can you say something with red?

S1: Yes. Red pen.

T: Yes, the pen is red. …)

④ Teacher tells the students something about the earth, encourages them to study and work hard to make the earth be more colourful.

(T: Well done! We live on the earth. The sky is blue. The trees are green. The clouds are white. The flowers are red, yellow, pink …Everything is great. The world is colourful. Let's study hard and work hard to make the earth more colourful, OK?)

【设计意图】围绕故事内容展开问答，既加深了学生对故事的理解，也为学生构建了语言输出的平台。同时，在问答的过程中，也培养、训练了学生的发散思维和批判性思维，对学生进行爱护地球、爱护大自然的情感教育。

⑤Students read the story again.

(T: Now, Let's read the story together.)

(T: Who would like to read the story for us?)

(T: Big hands for ourselves!)

【设计意图】通过集体朗读、个别朗读，注重词汇发音和语音语调的训练，培养学生良好的语音素养和朗读习惯。

Step 6：Short a

（ T：The last one should be short a. a, a, a.../æ/, /æ/, /æ/...

Look at the task.）

Draw a mind-map of short a.

① Teacher shows a mind-map of "short a", then let students finish it according to the tips in pairs.

（ T：Look, who is he?

Ss：Dad.

T：Good. There is short a in the word. And what's this?

Ss：Family.

T：There is short a in the word, too. We must draw the words of short a. Clear? Now, take out your task paper and draw with your partner.）

② Teacher takes a photo of one mind-map, shows and checks the answers of it with the students.

（ T：Let's look our mind-map...Let's check the answer...）

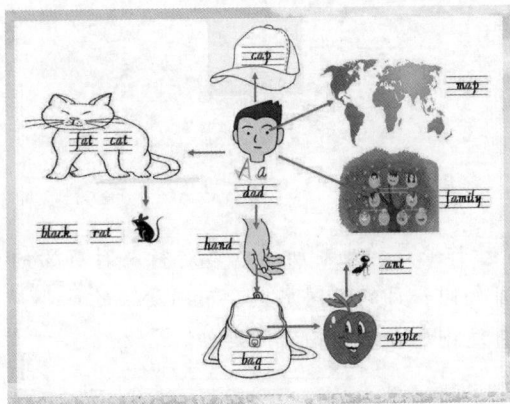

图3　含"short a"单词的思维导图

③Students think and make sentences of the mind-map with the teacher.

（ T：Can we say something about the mind-map?

This is my dad. Dad puts on a cap. Dad reads a map.

Dad has a big hand. The bag is in his hand. The apple is in the bag.

The ant is on the apple. Dad has a fat cat. The cat can catch black rat.

Is our mind-map a story, too?

Ss：Yes.）

【设计意图】语音教学重在训练学生"见词能读，听音能写"的能力，"听音能忆"又从另一个方面对学生进行语音训练，借助思维导图的发散思维，让学生进行头脑风暴，回忆总结学过的与之相关的词汇，最后和老师一起看词说句，把仅在音、形有相同点的词串成句、组成篇，在意义上升华，加深记忆，同时也锻炼提高了学生的表达能力。

Step 7：Summary

（T：Perfect！We have opened all the doors. Now we can go into the castle to get the gifts.

Wow，so many storybooks. They are all for you！Do you like them？

Here are the storybooks for you. Big hands for ourselves.）

Step 8：Homework

（T：Today's homework，we can choose one to finish.）

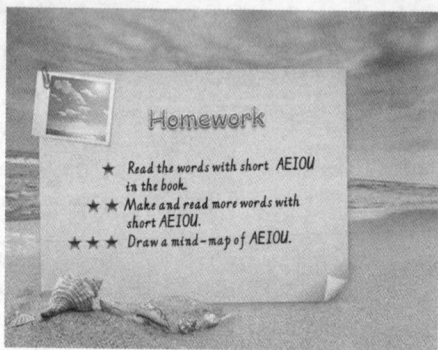

图 4　Recycle 2　Short AEIOU 课后作业

【设计意图】课后作业是学生对所学内容进行及时巩固的重要手段，考虑到学生的个性发展，布置同一目的不同形式、不同要求的作业，让学生能按照自身水平选择作业内容，达到课堂教学的有效延伸。

七、板书设计

八、教学评价

在课堂教学过程中，对学生实施科学有效、全面多样的评价是非常必要的，让每个学生都得到尊重、赏识，体验到成功的喜悦和满足，可促使他们向着更高、更好的目标发展。在这节复习活动课中，教师采用闯关挑战进城堡，最终获得绘本故事书作为总的激励目标和评价方式，并在每一关的环节中，都对学生的话语、行动、认知水平和临场机智进行语言和肢体上的表扬和鼓励。在不同的元音字母环节，老师设计层次不同的评价活动，如短音 e，补全绘本故事词汇；短音 a，同桌二人绘制完成思维导图。

九、教学反思

（一）整体评价

本节课从教学设计到教学实施都充分体现了以学生为主体的原则，围绕语音意识、语音技能的培养，采用活动复习形式展开教学活动。通过不同元音字母、不同活动任务的设置与实施，以及建立小组合作学习模式，有效地培养了学生听、说、读、写的能力；将语音教学情境化，将语音教学与阅读结合起来，与思维导图结合起来。本节课，教师结合内容特点和学生实际情况，注重课堂话语的数量和质量输出，有效地促进师生之间的交际活动，培养学生运用英语的能力。教师善于创设情境，增加、增强课堂师生问答，激发学生学习的主动性，学生在学到知识的同时，语言能力和思维能力也都得到了发展和提高，情感也得以升华。本节课教师合理运用教学方法，充分发挥多媒体辅助教学的优势，营造生动活泼、动静相宜的学习氛围，使学生始终充满信心、充满激情地学习。

（二）亮点

本课条理清晰，目的明确，有以下两个亮点：

（1）采用活动课的形式复习 5 个元音字母的短音发音，字母不同、活动不同，但都以培养学生的语音意识和语音技能为目的，并在这个过程中，实现音—词—句—篇层层升华，培养学生的话语能力、阅读能力，同时，学生的思维能力也得到锻炼提高。

（2）以学生为中心，注重学生自主合作学习。在活动中，采用小组、同桌合作学习方法，通过与同伴的交流、互助，共同促进提高，让学生学会如何与他人合作学习，在合作中发展互助学习和语言交流运用的能力，从而提高自身的英语水平。

（三）问题

如果时间允许、节奏把握更紧凑，最后再将 5 个元音字母做整合复习，挑战性和学习效果是否更好呢？

《噢，苏珊娜》教学设计

李　婷

一、学科及课型

音乐科新授课。

二、教学目标

（1）能用欢快诙谐的情绪演唱《噢，苏珊娜》，处理好歌唱气息与乐句的关系。

（2）能用打击乐器为歌曲做简单的伴奏。

（3）准确唱好附点八分音符。

三、教材分析

这首歌曲是美国作曲家斯蒂芬·福斯特的作品中深受音乐爱好者喜欢、流传最广的一首。曲调素材简练，易唱，易记，有着浓厚的生活气息，歌曲不仅表现了对朋友真诚的情谊，也体现出对生活中美好事物的向往。

四、学情分析

这一学段的学生以形象思维为主，好奇心、模仿力都很强。通过创设情境、积极引导、主动实践等教学方式，最大限度地调动学生参与活动的积极性。体会歌曲欢快活泼的旋律，以及独特的节奏特征。歌曲以弱起节奏开始，其中切分音符和附点八分音符的出现使歌曲更动听。

五、教学重、难点

（1）教学重点：学会演唱歌曲《噢，苏珊娜》。

（2）教学难点：准确唱好唱准附点八分音符。

六、教具准备

课件、电钢琴、口风琴、打击乐器。

七、教学过程

(一)导入

师生用口风琴演奏一首优美的乐曲,学生安静地聆听。

师:好听吗?这首抒情优美的乐曲,它的速度怎么样?

生:稍慢。

师:现在老师和这三位同学再演奏一首乐曲,你们仔细听,这首乐曲的速度又是怎样的呢?情绪又是怎样的?

生:速度稍快。

生:情绪活泼、愉快的。

师:对了,今天我们一起来学唱这首欢快活泼的歌曲《噢,苏珊娜》。

【设计意图】借助口风琴,让歌曲教学趣味化,创设良好的氛围,为音乐课创造一种松弛的心情。

(二)学唱歌曲

(1)听范唱(播放)。

(2)歌曲简介。

师:这首饶有趣味的歌曲《噢,苏珊娜》,是美国著名作曲家斯蒂芬·福斯特创作的。这是一首节奏非常欢快的美国乡村民谣。乡村音乐是一种具有美国民族特色的流行音乐,它的曲调简单,节奏平稳,有的歌曲是在抒发自己的情感,有的歌曲是在讲述一段动人的故事。

(3)用"啦"模唱旋律。

(4)找出歌曲中的附点八分音符,唱准它。(板书)

(5)找出歌曲中的切分音符,唱准它。(板书)

(6)提示弱起小节开头。

(7)学唱旋律。

(8)分析曲式结构:AA′AA′BA′。

(9)朗读歌词。

(10)跟琴学唱歌词。

(11)让一位学生跟琴演唱一遍,并介绍歌曲中的故事:苏珊娜住在美国的路易斯安那州,而她的朋友为了看望她,要从遥远的亚拉巴马州长途跋涉来到她的家。一路上经历了很多的艰辛和困难，她们的这份友谊是珍贵的、纯洁的。

【设计意图】运用开门见山的方法，直接让学生欣赏这首欢快的歌曲，使学生熟悉旋律，初步体会和感受音乐的意境。

（三）拓展与互动

（1）边唱边做律动，在每个乐句的最后一个音拍打××的节奏。
（2）分组敲打乐器（沙锤、三角铁、双响筒、碰铃），为歌曲伴奏。

【设计意图】将律动和敲打乐器相结合，激发学生的学习兴趣。

（四）小结

小伙伴们已经和好友苏珊娜团聚了，她非常感谢陪伴她的同学们，希望同学们课下能多多唱起这首歌，体会友谊的珍贵。

八、板书设计

《噢，苏珊娜》

分析曲式结构：AA′AA′BA′

九、教学反思

《噢，苏珊娜》整堂课总体还是完整、有效的。学生在轻松的课堂氛围中顺利地学会了这首歌，并能进行歌曲处理。在教学过程中，主要有以下三大亮点：

（一）歌声优美动听

本节课的歌曲教学很顺畅，特别是学生的声音有弹性，非常纯净，给听课老师留下很深印象。在每节音乐课上培养学生的歌唱兴趣，看着学生一点点的进步，听着学生纯净的歌声，作为教师非常欣慰。

（二）注重节奏训练

弱起小节和附点节奏是本节课的重点和难点，因此在教学中我并没有强调哪个是难点、重点，而是让学生选择喜欢的乐句解决，学生带着喜欢的心情来唱，十分乐于接受，很快掌握了重点和难点。

（三）课堂气氛轻松而愉快

学生在本节课开始就沉浸在乡村音乐的氛围中，整个课堂洋溢着快乐、亲切、自然的气氛，师生一起沉浸于音乐、享受着音乐。我在教学这首歌曲的时候发现，这首歌曲的歌词比较拗口，学生学唱起来很困难，因此我并没有要求学生读歌词，而是让学生边听边跟着音乐一起唱自己喜欢的乐句，在充分的听、唱、拍节奏、律动的音乐活动中越来越深入从听觉到内心的感受，而不是用语言解释风格。

当然，一节课不可能是完美无缺的，不足之处思不足，才能更进步。本节课的不足在于课前的备课，所以教师平时也要仔细钻研歌曲和欣赏的内容，争取做到带着详细的、设计全面的教案进教室上课，这样，音乐课堂教学就会在平时扎实的备课中而有所提高，真正做到让音乐课成为学生喜欢的一门课。

教学是一种艺术，音乐教学是一种艺术的艺术，在今后的教学中，我将更加努力，让平时的课堂教学生辉，让音乐课成为学生体验美、表现美、创造美的舞台！

《水能溶解一些物质》 教学设计

陈虹宏

一、学科及课型

科学实验课。

二、教学目标

（一）科学概念

一些物质可以溶解在水中，一些物质不能溶解在水中；学生采用过滤的方法可以把不溶解的物质从水中分离出来。

（二）过程与方法

观察和描述几种固体物质在水中的溶解和不溶解现象；使用过滤装置分离固体与水的混合物。

（三）情感态度与价值观

体验研究溶解与不溶解现象的乐趣，激发进一步探究溶解问题的兴趣；严格按规范利用溶解装置进行实验。

三、学情分析

在这节课学习之前，学生都知道，把食盐放进水里会慢慢化掉，把沙子放进水里却不会化掉，一些学生也听过"溶解"一词，但不清楚究竟什么是溶解。本节课是第二单元的第一课，通过观察比较食盐、沙子、面粉在水中的变化的不同，发现溶解和不溶解的主要区别和特征，所要掌握的知识点有两个：①一些物质可以在水中溶解，一些物质不能溶解。②能用过滤的方法把不溶解的物质从水中分离出来。

四、教学内容分析

本节课是操作性很强的实验课，重点培养学生的三种能力：实验操作能力、观察描述能力、概括归纳能力。要想让学生对溶解有更为深入的认识和全面的了解，概念的建立要紧紧围绕"颗粒的变化"进行。

（1）实验第一部分：观察食盐和沙子在水中的变化，通过两种物质在水中的变化，帮助学生理解"溶解"和"不溶解"的概念，了解物质在水中的两种状态。这个实验很简单，学生也很容易理解，通过直观的实验，目的是强化学生对"溶解"和"不溶解"两个科学词汇的理解。

（2）实验第二部分：观察面粉在水中的变化，并让学生猜测它是否溶解。对于浑浊的液体，物质在水中能否溶解？让学生判断。对于有争议的溶液，我们能通过实验过滤来得出正确结论。接着采用过滤实验的方法，观察滤纸中的沉淀物与烧杯静置之后的沉淀物，以此证明面粉不能在水中溶解。

五、教学重、难点

（1）教学重点：观察、比较、描述食盐、沙子和面粉三种物质在水中的溶解与不溶解。

（2）教学难点：

①比较食盐、沙和面粉在水中的变化有哪些异同。

②过滤实验的规范操作。

六、教学准备

（1）小组准备：一小杯沙子，一小杯食盐，一个托盘（两个装水烧杯，玻璃棒），一个托盘（一包面粉，一个装水烧杯），实验记录单。

（2）教师准备：1套过滤装置，6个小烧杯，食盐，面粉，沙子，水，PPT。

七、教学过程

（一）激趣导入

师：同学们，上课之前，老师先给大家做个小实验，大家想不想看？

首先我拿一个布袋，大家看看没有问题吧，我在里面放上糖，把口袋口扎紧，把它放进水里，摇一摇、晃一晃、揉一揉、捏一捏，大家都来看看，好，下面就是见证奇迹的时刻！打开袋子你发现了什么？

生：糖没了。

师：那糖变哪去了呢？

生：消失了、在水里……

师：像这种糖在水中消失了的现象，我们把它称为溶解。你们都是这么认为的吗？糖溶解到哪里去了？

生：水里。

（教师板书：水—溶解—糖）

师：那这节课我们就一起来研究一下水能溶解一些什么物质呢？（展示课题）你们想不想自己做一做溶解的实验啊？

生：想。

【设计意图】这一环节教师以"变魔术"入手，让学生轻松进入学习状态，引发学生的好奇心和求知欲，让他们意识到生活中处处有科学。同时还能激发学生学习科学的兴趣，为学生们能以饱满的热情进入下面的学习做好铺垫。

（二）实验研究

1. 实验1

（1）观察食盐、沙子在水中的情况，小组合作，完成表格。

实验提示：

①没放入水中的食盐、沙子，分别是什么样的呢？

②取一些食盐、沙子，分别放在烧杯的水中观察。

③轻轻地搅拌几下后观察。

④再搅拌一会儿，静置，观察。

（2）教师点击课件展示实验要求，学生齐读实验要求。

实验要求：搅拌时有哪些地方需要注意？

①搅拌棒不能碰到烧杯壁和杯底。

②同一方向搅拌。

③充分搅拌。

④轻拿轻放。

（3）学生实验。

（4）实验现象描述。

（展示学生填写的表格，总结汇报）

（5）小结。

食盐放入水中没有产生沉淀物和颗粒，所以我们说水把食盐溶解了，对吗？

（教师板书：食盐——溶解，沙子——不溶解）

【设计意图】让学生自己尝试做实验，自行观察食盐在水中的变化，并将它们在水中的现象进行对比，通过研讨和汇报初步渗透溶解的概念。

2. 实验2

（1）下面我们要请出下一位嘉宾，请看（课件展示：面粉）。

师：它能溶解于水吗？

（学生自由发言猜测）

（2）把面粉倒进烧杯水里，用玻璃棒搅拌（学生和教师一起实验，小组观察)。

师：面粉能溶于水吗？

(学生自由发言再猜)

(3) 我们做实验验证面粉是否能溶解于水。

展示过滤面粉和水的实验步骤：

①把滤纸对折两次后，沿一条边打开，放入漏斗。

②让漏斗下端的管口靠近烧杯内壁。

③略倾斜玻璃棒，一端对着三层滤纸，沿着玻璃棒慢慢导流液体进入漏斗。

师：好了，接下来我们就进行面粉烧杯的过滤。

(七分钟)

【设计意图】任何的发现、发明都建立在大胆猜想的基础上。通过猜想活动，激活学生思维，营造轻松愉快的课堂气氛，进一步激发他们的求知欲。在这样基础上进行的验证，学生印象才更深刻。

(4) 观察。

我们打开滤纸观察，发现了什么？

生：面粉沉淀物。

师：再观察下烧杯，你还发现了什么？

生：水。

(5) 小结。

师：面粉在水里，通过过滤，产生了沉淀物吗？是均匀分布吗？那么我们能说明面粉在水中溶解了吗？

(教师板书：面粉——不溶解)

【设计意图】一旦学生产生了认知冲突，就应该提供充分而有结构的材料让学生亲历科学探究活动过程，收集大量的事实。这时，教师要注意觉察学生的思维困境，顺势继续引导，开展有结构的探究活动。通过实验让学生认识到判断物质在水中是否溶解的科学概念，期望学生对溶解从原来的"说不清楚"到能够说出主要特点，也就是：物质均匀地、稳定地分散在水中，不会自行沉降，不能用过滤的方法把溶液中的物质分离出来。这也正是教师教学所期望的结果。

(三) 联系生活实际

师：你知道生活中还有哪些物质能被水溶解，哪些物质不能被水溶解吗？

(学生小组讨论，发言回答。如：糖、食盐、味精能被水溶解，胡椒粉、铁、塑料不能被水溶解)

【设计意图】通过联系生活实际，加强对"溶解"和"不溶解"概念的理解。

（四）拓展延伸练习题

找一找，生活中，水能溶解哪些物质，不能溶解哪些物质。

【设计意图】拓展延伸，在生活中可用实验方法验证"溶解"和"不溶解"，巩固理解所学概念。

八、板书设计

《水能溶解一些物质》

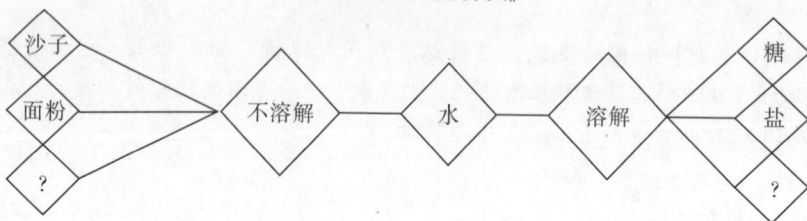

九、教学评价

本节课整个教学流程比较顺畅，语言比较简练，学生的实验操作很轻松快乐，而且能较好地突破学生对现象描述上的难点，利用"希沃电子白板"展示学生小组的实验现象，既节省了时间，又为学生提供了相互学习交流的机会。各教学环节的设计比较合理，教学时间的分配上把握得当，为学生争取了充分的实验、交流的时间。

过滤实验是实验中规范操作的典型，对于整个小学阶段的科学实验来说是个难点。规范的操作要做到"一贴两低三靠"，"一贴"即滤纸紧贴漏斗内壁。"两低"即滤纸边缘低于漏斗边缘；液面低于滤纸边缘。"三靠"即烧杯紧靠玻璃棒；玻璃棒斜靠三层滤纸一边；漏斗下端管口紧靠烧杯内壁。个别小组学生做实验时常会出现以下问题：有的学生不会很好地使用玻璃棒；有的学生把滤纸弄破了；有的液体顺着漏斗和滤纸之间流下去……造成耗时低效。

十、教学反思

笔者在本节课中注重关注学生参与的态度，关注学生的参与学习的过程与方法，关注交流与合作。在"激趣导入""问题延伸"等环节主要采用教师评价与学生的自评，评相结合，让学生在评价中学会倾听，学会实践和反思。

在实验过程中，利用"希沃电子白板"展示学生小组的实验现象，既节省了时间，又为学生提供了相互学习交流的机会。

张扬·闪光印迹

心存感激　昂扬前行

郭永波

　　杏园春韵，万象更新。伴随着节日的祥瑞，我们正感受着春天灿烂的阳光。今天，全校师生欢聚于此，喜迎新学期的到来。在这辞旧迎新之际，我谨代表学校向辛勤耕耘、默默奉献的老师致以崇高的敬意及新年的祝福：祝老师们新年快乐！身体健康！阖家幸福！向朝气蓬勃、奋发有为的亲爱的同学们表示亲切的问候及新年的祝福：祝同学们新年快乐！学习进步！健康成长！

　　桃李芬芳俏枝头，硕果盈郁香满园。同学们，让我们心存感恩之心，向一年来关爱我们成长的老师献上新年的祝福。也希望同学们在新年之际，或是一声问候，或是一张贺卡，为父母献上你的祝福。

昌黎学子参加升旗仪式

　　走过春夏秋冬，细数片片回忆。回首过去的一年，奋进和努力、成功和喜悦让我们刻骨铭心，激情难忘。2016 年，是昌黎路小学发展史上不平凡的一年。我校紧紧围绕"塑造健全人格，奠基幸福人生"的办学理念，积极践行"不忘初心办人民满意学校，继续前进谱优质教育新篇"的诺言，努力推进"文化立校，品质强校"进程。这一年，学校把握住成为韩山师范学院实验小学这一机遇，以"搭建适应教育新常态的实践平台塑造专业素养，创造适合每一个学生的成长环境发展特色教育"为抓手，不断加强校园文化建设，完善教学设施，同心协力实施发展学生核心素养的校园特色活动，取得了明显的成效。我们学校荣获"广东省红领巾示范校""广东省安全文明校园""'中国好老师'公益行动基地校"三个含金量极高的荣誉称号，学校管理和教育教学焕发着青春活力，香港潮属社团组织港方学校莅临本校参观交流、广东电视台现代教育频道专门以"爱孩子就来陪陪孩子"为主题前来宣传报道我校健康、快乐、积极的教育模式，我校"精彩课堂　悦动校园"的课程育人成果已经在社会上产生良好的效应，昌黎路小学正以昂扬的姿态步入特色发展的阳光大道！

往事历历增豪情，企盼新年谱新篇。新的学期开启新的希望，新的征程承载新的梦想。2017 年是我校建设和发展的关键之年，也将是广大师生大有作为的一年。"推进教育现代化"的计划已经开始实施，谋求以"德育为先、质量为重，保平安，创特色，铸品牌"的发展还会面临诸多困难，但我相信，只要全体师生团结一心，同舟共济，就一定能战胜困难，再创辉煌！让我们用和悦的欢笑和热烈的掌声共同迎接新学期的到来吧！让我们共同祝愿我们的明天更加美好，我们学校的未来灿烂辉煌！

2017 年 2 月 13 日升旗仪式讲话

一切为着圆你梦想

郭永波

在举国上下全面推进依法治国方略、各族人民满怀豪情迎接党的十九大的喜庆氛围中,新的学年开始了!昌黎路小学的校园里,"以崇善守正为尊,以敬业奉献为荣,以尽职担当为美"的标语格外醒目,社会主义核心价值观宣传栏引人注目。

价值取向事关人的发展方向和民族兴衰,学校既然已经做出"不忘初心办人民满意学校,继续前进谱优质教育新篇"的庄严承诺,在培养人的价值观问题上就马虎不得。从新学期第一天起,围绕社会主义核心价值观的主题教育将渐次展开,一切都是为了圆你的成长梦想,一切都是为了把你培养成中华民族的有用人才。

在这充满正能量的大背景下,学校已经做好了充足准备,坚定信心开始新的教育征程。学校继荣获"广东省红领巾示范校""广东省安全文明校园"两个名号后,很快将获得"广东省规范汉字书写教育特色学校"名号。在承载着新梦想的学年里,学校教育教学的管理将更加规范、严谨、科学,教育特色活动将更加有序开展,全校师生必将更加自信,集体荣誉感必将进一步增强。在这新的起点上,我要特别向同学们提几点希望:

第一,希望同学们成为"学习的主人"。我们读书学习,需要有决心、有信心、有行动。大家要明确自己的学习目标,养成良好的学习习惯,多一份思考,多一份观察,勇于探索,主动学习,在学习中获得更多的收获!

第二,希望同学们成为"守纪的模范"。学业进步,贵在自觉。我们要严格按照《中小学生日常行为规范》来要求自己,在老师的指引下,培养良好的行为习惯、学习习惯和生活习惯。我们的学校是一个大家庭,每个兄弟姐妹都要真心诚意地为这个大家庭做出贡献,要学着长大,学着为自己的行为负责,做守纪的模范。

第三,希望同学们成为"文明的使者"。我们的校园充满生机活力,文化氛围悦目浓郁,现代教学设备日臻完善,所有这些都来之不易,所以我们要加倍珍惜和爱护,确保校园常绿常新,整洁完好。要做到这一点,必须从每一个人做起,从我们的一举手、一投足,一声亲切的问候,一个会心的微笑,一个信任的眼神中去寻找答案。每个学生都代表学校的形象,同学们要做到语言文明,行为文明,不断把自己修炼成一个爱国爱民、遵纪守法、诚实守信、文明礼貌的优秀小公民。

老师们、同学们,让我们共同努力,学习并践行社会主义核心价值观,践行校训精神:崇贤、尚学、守正、笃行!携手同心拥抱属于我们的幸福梦想。

2017 年 9 月 1 日升旗仪式讲话

"和悦教育" 梦飞翔

郭永波

又是一年喜庆日，万事如意登高台！时间过得好快，再过几天，岁月的航船又将开启新的征程。值此 2018 年元旦即将到来之际，我谨代表学校向各位致以新年的祝福和诚挚的问候！恭祝大家新年快乐、身体健康、万事如意！

过去一年，我们秉承"塑造健全人格，奠基幸福人生"的办学理念，弘扬"传承创新，追求卓越"的昌黎精神，实施"文化立校，品质强校"发展策略，以"搭建适应教育新常态的实践平台塑造专业素养，创造适合每一个学生的成长环境发展特色教育"为抓手，在师德师风建设、探索高效管理、开展特色活动的过程中，付出了智慧与汗水，取得了比较突出的成绩。这一年，我们在荣获"广东省红领巾示范校""广东省安全文明校园"的基础上，又顺利通过"广东省规范汉字书写教育特色学校"专项评估，学校和谐、积极、快乐的教育模式在社会上产生良好的效应，"和悦教育"渐显雏形，学校教育和管理文化焕发出生机与活力。

2018 年将是充满挑战和梦想的一年。"和悦教育"特色建设将全面展开，"无限和合教育情境，无限悦乐成长心理"——让孩子快乐成长，让孩子从优秀走向卓越的"和悦教育"的发展目标值得我们期待，我们也将为此付出更多的努力。

"和悦舞台，激情绽放"演出现场

和悦舞台，激情绽放——精彩的开局昭示着美好的明天，让我们用和悦的笑容和奔放的激情共同迎接新年的到来吧！让我们沿着美好的梦想指引，共同开启新的奋斗，书写新的篇章，相信昌黎路小学的明天会更加美好，教育事业的明天会更加辉煌！

2018 年元旦献词

以奋发有为的姿态迎接新时代

郭永波

春光明盛世，金犬迎新春。和着欢乐的节拍，沐浴着和煦的春风，我们迎来了新的学期，在新学期开学之际，请允许我代表学校向辛勤耕耘、默默奉献的老师致以崇高的敬意及新春祝福：祝老师们新年快乐！身体健康！阖家幸福！向朝气蓬勃、奋发有为的同学表示亲切的问候及新年祝福：祝同学们新年快乐！学习进步！健康成长！

过去一年是我校拼搏奋进、再创辉煌的一年，在不忘初心、筑梦前行的路上，我们秉承"塑造健全人格，奠基幸福人生"的办学理念，弘扬"传承创新，追求卓越"的昌黎精神，实施"文化立校，品质强校"发展策略，以"搭建适应教育新常态的实践平台塑造专业素养，创造适合每一个学生的成长环境发展特色教育"为抓手，在师德师风建设、探索高效管理、开展特色活动的过程中，付出了智慧与汗水，取得了比较突出的成绩。这一年，我们在荣获"广东省红领巾示范校""广东省安全文明校园"的基础上，又顺利通过"广东省规范汉字书写教育特色学校"专项评估，学校和谐、积极、快乐的教育模式在社会上产生良好的效应，"和悦教育"思想实践成效彰显，学校教育和管理文化焕发出生机与活力。

2018 年的春天将会被历史铭记，这是新时代的第一个春天，承载着梦想的岁月航船再次扬帆。昌黎校园已经感受到新时代第一个春天的浓厚气息，第一批次 12 间教室教学新装备投入使用，教育现代化计划全面推进，"和悦教育"特色建设全面启动，"无限和合教育情境，无限悦乐成长心理"的发展目标值得期待。

当我们意气风发、斗志昂扬地踏上新征程时，需要记住的还是"一分耕耘，一分收获"这一句至理名言，没有艰辛的付出，鲜花和掌声就会与我们无缘。习近平总书记说："幸福都是奋斗出来的！"唯有奋斗才能梦想成真。展望 2018 年，梦想不断延伸，脚步依旧不止，让我们用和悦的笑容和奋发有为的姿态迎接新时代吧！让我们沿着美好的梦想指引，共同开启新的奋斗，书写新的篇章，相信昌黎路小学的明天会更加美好，教育事业的明天会更加辉煌！

2018 年 2 月 26 日升旗仪式讲话

播种希望　快乐成长

郭永波

老师们，同学们，大家好！

明天就是一年一度的"六一"国际儿童节，这是属于孩子们的快乐节日。首先请允许我代表学校领导对全校的少先队员、同学们表示祝贺：祝大家节日快乐！天天快乐！健康成长！祝愿我们的学校蒸蒸日上！充满生机！永铸辉煌！同时，我也要对辛勤的园丁们道一声"辛苦了"！老师们无私的播撒着知识阳光、播种着希望和梦想，棵棵幼苗就是这样在园丁们的培育下苗壮成长。此时此刻，我建议大家把最热烈的掌声送给敬爱的老师们，感谢老师们辛勤的付出和不图回报的关爱！

在过往的日子里，我们秉承"塑造健全人格，奠基幸福人生"理念，弘扬"传承创新，追求卓越"的昌黎精神，在校园文化建设、探索高效管理、开展特色活动的过程中付出了智慧与汗水，"和悦教育"效应渐显并不断焕发生机活力。而真正让我切身感受到同学们卓越表现的，还要数校内外各种活动中同学们取得的成绩和进步。"和悦舞台，激情绽放"那精彩的节目表演我们还意犹未尽，前几天在我校举行的潮州市第十九届"体育节"少年儿童象棋、国际象棋锦标赛上我校代表队也有上佳表现，同学们的穿着、礼仪、升旗集会、课间秩序、国学诵读、读书习惯等，都有了全新的面貌。今天，学校还要专门对在各项活动中表现突出的优秀少先队员和优秀中队进行特别表彰！作为校长，我为大家的进步感到由衷的高兴。

同学们，一个充满希望和挑战的新时代已经到来，你们既是幸运的一代，也是肩负重担的一代。你们快乐地成长，家庭就充满欢歌与笑语；你们全面地发展，学校就充满生机与活力；你们和谐地发展，社会就充满热情与友爱；你们苗壮地成长，祖国就充满美好与希望。"千里之行，始于足下"，儿童时代是美好人生的开端，远大的理想在这里孕育，高尚的情操在这里萌生，良好的习惯在这里养成。我相信你们一定能够成长为全面发展的一代新人，一定能够肩负起建设现代化中国的神圣使命。我更坚信，昌黎路小学会为你们奠定坚实的人生起步，会给你们一个快乐的童年！

最后，再次祝愿你们度过一个快乐、健康、安全的"六一"节，祝各位领导、老师身体健康，工作顺利，阖家幸福，万事如意！祝昌黎路小学明天更美好，未来更辉煌！

2018年"六一"献词

与智者为伍 与善良同行

郭永波

欢乐假期，愉悦轻松；新的学期，加油奋斗。开学伊始，献上我美好的祝福：祝大家事业进步更上一层，生活愉快更进一步！

我们学校有着近百年的办学历史，深厚的文化底蕴和突出的办学业绩，吸引着众多的学子。新学期，我们又迎来了 360 位一年级新生，教学规模达到了 48 个班 2 300 人。秉承"塑造健全人格，奠基幸福人生"的办学理念，昌黎路小学坚定自信：这里就是师生健康成长的乐园。

认真学习是通往人生辉煌的途径，崇德向善是开辟美好人生的根基。小学生活是养成良好学习、生活习惯的最佳时期，希望每一位同学都能够积极主动投入到学习生活中，认真、尽心地做好自己应做的每一件事，合理安排好学习、锻炼、娱乐、劳动的时间，做勤奋学习、能负责任的小主人。我们更要立德崇尚，塑造品格，在行为养成中"勿以恶小而为之，勿以善小而不为"。做善事不论大小，持续不断地做就自然积下好品德。未来是一群正知、正念、正能量人的天下，与智者为伍，与善良同行，终将收获美好人生。

生命没有那么多来日方长，别在负能量里浪费青春，请用最少的浪费面对现在，用踏实的行动面对未来。让我们和无忧的假期说声再见，整理整理心绪，抖擞抖擞精神，与美德结伴，与智慧并行，努力奋斗造就幸福的人生！

2018 年 9 月开学寄语

传诵经典　逐梦未来

郭永波

锣鼓声声震天响，昌黎欢歌序幕开！

在学校承前启后、继往开来，推进教育现代化的关键时刻，我们挥手作别春华秋实、硕果累累的 2018 年，即将迎来充满机遇、凝聚希望的 2019 年，在元旦佳节来临之际，我校 2 300 多名师生欢聚一堂，以"传诵经典　逐梦未来"为主题，共同庆祝新年的到来。在此，我谨代表学校对一直以来关心、支持学校发展的各位领导、各位来宾、亲爱的老师们、同学们致以最诚挚的新年祝福，恭祝大家新年快乐，万事如意！

回顾过去的一年，是昌黎路小学校史上不平凡的一年。在这一年里，学校加入韩山师范学院实验学校集团，成为湘桥区首个教育集团小学部的龙头学校，全新的办学模式正式开启。在这一年里，学校被正式命名为"广东省规范汉字书写教育特色学校"。在这一年里，学校教育工作亮点频现："昌黎学子在湘子桥上诵读经典"场面被央视拍摄编入《中小学语文示范诵读库》；专题研究成果"玉兰花芬芳"专著正式出版；潮州市首家"粤邮书香基地"落户我校；读书节活动轰轰烈烈，成效显著；"我是小河长"系列活动影响深远；新生开笔礼受到极高的关注；语文主题学习实验深入推进；全面发力促进体育教学提质；美术特色课程收获硕果；教学业务培训新模式彰显活力；特色课题研究成果显现。环境化、课程化、活动化、课题化校园教育文化活力张扬，赢得充分肯定和广泛赞誉。

所有这一切，都是我校师生共同努力、顽强拼搏的结果。借此机会，我代表学校向为了事业而默默奋斗的广大教师表示衷心的感谢！也向为了实现成长梦想孜孜探求的全体同学致以热烈的祝贺！

一年一度的元旦庆祝活动已经成为我校的一道亮丽风景。它不仅展示了学校坚持推进素质教育的丰硕成果，也同时为师生展示个性特长提供了广阔的舞台。我相信，即将开始的"传诵经典　逐梦未来"文艺汇演一定别开生面、精彩动人。在此，让我们以热烈的掌声预祝文艺演出圆满成功！

老师们，同学们，千帆竞发争上游，万木逢春写新篇。我坚信即将到来的2019 年，昌黎路小学一定会迎来更加明媚的春天，创造出更加辉煌的业绩！

最后，祝愿全体师生度过一个健康、祥和、幸福、快乐的元旦！

2019 年元旦献词

不忘初心逐梦想　砥砺奋进正当时

郭永波

岁月不居，时节如流。不经意之间，新的时代已经来临。

过去的 2018 年，正值改革开放第 40 个年头，昌黎路小学在传承创新中推进教育现代化，历史性地开启了集团化办学新旅程，这一年我们过得很充实，走得很坚定。崭新的 2019 年，中华人民共和国将迎来 70 华诞，昌黎路小学在"和悦教育"实践路上将面临机遇和挑战，我们还要一起拼搏、一起奋斗！

把一切美好铭记心间，跟过去挥手说声"再见"，把不如意的当成经历，重拾心情再出发。习近平总书记热情洋溢的新年寄语还在我们耳边回响，激励着我们在追求梦想路上昂首阔步、奋力奔跑。

追梦需要信心和毅力。新的旅程中，一切都是未知的，坚持还是放弃，也在一念之间。追梦的过程肯定有苦有累，但坚持下去也必定会找到拐点，更加精彩的世界便呈现在眼前。请记住：当你熬不住时，告诉自己一声"再坚持一下，就好了"；在每一个艰难的时刻，勉励自己大喊一句"我能行"。"有志者，事竟成，破釜沉舟，百二秦关终属楚；苦心人，天不负，卧薪尝胆，三千越甲可吞吴。"事实告诉我们：信心是步入辉煌的必由之路，毅力是通向成功的不二之桥。在追梦的路上，我们只要具备坚持不懈、不胜不休的信心和毅力，就一定能收获胜利的果实，分享成功的喜悦。

圆梦更需要脚踏实地和不懈奋斗。幸福是每个人一生的梦想和追求，唯有奋斗可以战胜困难和挫折，成就梦想。昌黎人树立"和悦教育"理想，以"塑造健全人格，奠基幸福人生"为办学理念，"为了学生的未来"为目标追求。为了光荣的事业，也为了展示我们的生命价值、不让人生留下遗憾，我们应当全力以赴，奋发有为。教师要展现才华、乐于奉献，在每一项工作中尽职尽责，善作善成。学生要明理崇尚、奋发成才，在每一次担当中磨炼意志，塑造人生。梦想从学习开始，事业靠本领成就，请将"人生是用来奋斗的"这一教诲铭记心头，勇担时代责任，努力练好人生和事业的基本功，让生命之花在伟大的时代美丽绽放。

不忘初心逐梦想，砥砺奋进正当时！梦想在前，使命催征。新的一年，你们有多努力，就有多幸运。新的一年，你们有多热情，就有多快乐！朝着你们的新年目标，朝着成为更好的自己，加油，出发吧！

祝你们心想事成！

2019 年 2 月 18 日升旗仪式讲话

同升一面旗　共爱一个家

郭永波

　　刚刚，伴随着《义勇军进行曲》这庄严雄伟的旋律，我们看到一面徐徐升起的五星红旗。这面旗帜，于1949年10月1日由毛泽东主席在天安门广场上第一次升起，她承载着几千年的民族寄托，几代人的殷切瞩望，在中国人心灵的晴空里已经飘扬了七十个春秋。

　　凝视着五星红旗，我们的眼前不禁浮现出无数英雄冲杀于前线，抛头颅、洒热血的画面。回忆中华儿女英勇斗争的峥嵘岁月，我们才能深深理解：没有共产党就没有新中国！我们的幸福生活来之不易！

　　鲜红的国旗，经受了多少风雨的洗礼，在炮火中诞生，在和平中屹立！她是伟大祖国的象征，是激励我们不断前行的凝聚力！有她的召唤，才有了五十六个民族众志成城的力量和一往无前的坚强。有她的激励，我们的国家才不断地强大，人民也必将奋斗不息。国旗在我们心中的地位不可撼动，我们不仅要为之骄傲自豪，更应当用生命来捍卫她的尊严与荣光。

　　2019年9月的这个新学年与以往格外不同，因为再过一个月，我们将迎来中华人民共和国70华诞。创造、奋斗、团结、梦想，70年来，我们凭借伟大的民族精神，让五星红旗迎风飘扬，崛起的中国正昭告世界：今天我们正以前所未有的自信姿态，傲立在世界的东方。

　　厉害了，我的国！有着数千年文明史的伟大祖国给了我们自豪成长的信心和底气。我和我的祖国，一刻也不能分割，我们决心把爱国主义教育继续传承下去。我们要把心中的旗帜高高举起，中国必定会有让世界刮目相看的伟大奇迹！

　　同学们，有国才有家，国强家兴旺。我们要感恩伟大的中国共产党，感恩伟大的祖国，感恩伟大的中国特色社会主义新时代。就让我们把深深的爱国情怀融入实际行动之中吧，在五星红旗的引领下，努力把自己培养成为能够担当民族复兴大任的新时代接班人！

　　同升一面旗，共爱一个家，让我们一起把誓言公开宣讲：

　　五星红旗，我们心中的旗帜！

　　大美中国，我们深爱着的家！

2019年9月2日升旗仪式讲话

我们向祖国致敬

郭永波

金菊飘香的十月，带着微笑向我们走来。十月的阳光下，大地铺锦绣，长空舞彩虹。

明天就是我们伟大祖国 70 周岁华诞。在这个喜庆的日子到来之际，举国欢腾，十四亿中华儿女带着欢笑，以豪迈激越的歌舞，放飞金色的理想，放飞坚如磐石的信念，憧憬神州中华美好的未来！

70 年恢宏壮阔的发展画卷，祖国明亮的眼眸牵引着我们，让我们感触一个泱泱大国的伟大时代。如今，我们享受着前所未有的天蓝水绿、灿烂阳光。中国不再清贫与自足，她用敏锐明亮的眼光眺望，以挑战者的英姿登场，她用崛起的跨世纪宣言，迎来世界羡慕的目光。日月流转，万象复苏，亿万中华儿女的心中已凝结成一个主题：我们爱您，伟大的祖国！

《舞动中华》鼓声阵阵，报效祖国情感升腾！我们欢庆祖国走进崭新的时代！我们与胸前的红领巾一起，沐浴着新时代的和风为祖国喝彩，祝福祖国的明天无限美好！

今天，历史和未来将由我们连接，时代的接力棒要靠我们相传。谱写中华民族更璀璨的诗篇，将落在我们中华少年身上。只要我们每一位同学都从此刻做起，从我做起，从小事做起，志存高远，脚踏实地，传承中华文化，弘扬民族精神，我们就是了不起的中国人！

"少年强，则国强；少年富，则国富；少年屹立于世界，则国屹立于世界！"我们要像冰山上绽放的雪莲，不怕风雪；像天空中翱翔的雏鹰，顶着风雨前行。我们信心坚定：让伟大的民族精神世代相传，让中国梦想登上更高的舞台，走向无限！

"俱往矣，数风流人物。还看今朝。"

2019 年国庆献词

春天已经来过　此刻灿烂依然

郭永波

学校因你们的存在而有意义，没有你们的校园就没有存在的价值，没有你们的校园就失去了勃勃的生机。同学们，你们不知道，老师们有多么想念你们，校长有多么期待见到你们！

寒假，向来那么短，以往我们习惯于过完快乐的寒假后立即欢聚在一起读书、做操、欢笑……而在 2020 年，这似乎变成了一种奢侈。因为我们国家遭遇了百年不遇的灾难，突如其来的新型冠状病毒掀起了一场全民战役，我们每一个人都经历了一场没有硝烟的战争。

今天我们快乐归来，一起来回望这场全民战役，有什么值得感动和久久回忆呢？

在武汉最艰难的时刻，病毒肆虐，封城隔离，却阻挡不了最美逆行者前行的脚步。伟大的灵魂一个个闪现，壮烈的英雄一批批冲锋，响亮的名字闪耀在空中。

钟南山，他奋不顾身用他 84 岁的身躯，为整个国家和民族遮风挡雨，用凛然风骨诠释了"国士"风范；李兰娟，她每天睡三个小时与病毒赛跑，用古稀之躯给我们略显慌乱的心理带来安宁；张定宇，他身患"渐冻症"，顾不上照顾感染隔离的妻子，与病毒抢夺病人的生命。

还有李文亮医生，他用学来的医学知识治病救人，却让自己的生命永远停留在 34 岁的终点；29 岁的夏思思感染新冠病毒逝世，别人说她逆行而上，其实她一贯如此、从未改变方向；同样是 29 岁的彭银华感染新冠病毒病逝，结婚请帖上的笔墨未干，他的妻子再也等不到她的新郎；还有更多更多与疫情搏斗的军人、警察、记者、社区工作者、工人等。或许，你不知道他们是谁，但是你一定会记得他们为了谁！

郁达夫说："一个没有英雄的民族是不幸的，一个有了英雄却不知敬重爱惜的民族是无可救药的。"鲁迅先生也曾说："我们自古以来，就有埋头苦干的人，有拼命硬干的人，有为民请命的人，有舍身求法的人。"因此，我提议，让我们首先向英雄致敬，将最热烈的掌声献给最美的他们！

疫情之中，武汉方舱医院里的"清流哥"读书的画面总在我脑海中挥之不去。疫情肆虐，人心惶惶，身在纷繁嘈杂之中，他戴着口罩，仍然捧着书本，看得那样专注。这使我想起英国作家毛姆说过的一句话，"阅读是一座可以随身携带的避难所"。

湖北 7 岁小女孩柯恩雅，在学校还不能开学的情况下，一直跟着父母，在集贸市场卖菜的案板下上网课，坚持了一个多月，在一台旧款笔记本电脑前，她专注地听课。网友说：孩子，你努力的样子真美。

同学们，我们再忙再累也要像他们一样专注读书。爱好读书，就能把无聊的时刻变成喜悦的时刻，让自己的精神变得充实和富有。要知道：只有努力攀登顶峰的人，才能把顶峰踩在脚下！

疫情之下，浙江"跨越百年的鞠躬"的画面也时常撞击我的心灵。一个三岁的孩子就懂得用鞠躬的方式感恩医护人员，而那个护士也用同样的方式报之以躬，两个鞠躬的影子仿佛成了一个爱心圆，一半是认可与鼓励，一半是责任与担当，构成了一个感人的画面。

爱是我们永恒的主题，由小爱变大爱，从爱自己到爱他人，爱自然、爱社会、爱宇宙……你发出的爱越多，收获的爱也越多，自然就生活在爱的世界里。

除了上面的英雄给我们留下难以忘怀的记忆与感动之外，你是否也收获了来自身边的欣慰与感怀？

线上开学以来，老师的心里始终装着你们，让你们少一点焦躁与恐惧，多一点关怀与陪伴。也许你们不知道，由于时间仓促，第一次尝试网上教学，不少老师困难多多，要么设备不全，要么资料短缺。但是老师克服重重困难，还是让我们有了宅在家中也能上学的快乐体验。

清明节期间，我校大队部通过网络开展"致敬 2020·清明祭英烈"活动，卢烁珠老师为我们上网络班会课《共抗疫情·缅怀先烈》，402 班郑仲奇同学写了一篇作文《疫情之下，缅怀革命先烈》，我们用特别的方式表达对抗疫英雄的敬仰之情，寄托对先烈的哀思。我们学校的做法被推荐到"学习强国"平台之上，我校大队部也在此期间被推荐参评"广东省红旗大队"。

同学们，回望这一段不同寻常的经历，我们留下了难忘的记忆和深深的感动。正视当下，我们迫切地需要懂得，需要成长。

在来势汹汹的疫情面前，身为医生，他们有资格冲锋陷阵；身为科研工作者，他们有能力研制抑制病毒的药剂；身为商人，他们有办法直接买下口罩厂，低价出售回国援助抗疫一线，有办法捐出数十亿奉献社会；而身为记者，他们能冲到抗疫一线告诉社会那里到底发生了些什么。那么，我们能做些什么呢？

同学们，我想对你们说：

以后，你若长大，请你做像钟南山院士那样的人！敢说真话，勇挑重担，成为大众的倚靠。

以后，你若长大，不管你从事什么工作，请你做一个正直，诚实，心有大爱，心有慈悲的人！

以后，你若长大，无论你在哪里，在做什么，请你记得，一个人的信仰不能丢，我们要做对这个社会有用的人，我们的人生才有意义！只有温暖了别人，你的世界才会更加精彩！

我们要庆幸我们能亲历这一段特别的历史。这是一个很特殊的时期，我们每个人都被卷入了这场特殊的战役，这是一场全民战役、人民战争。不同行业的很多人都拿出自己最强的气势，以最好的状态投入战斗，逆行而上、主动请缨、支援抗疫！而我们每一位老师、每一位学生唯有把疫情、把灾难变成教材，把我们应该做的、通过努力能够做到的事情，做到最好，做到最佳，在这一场难得的人生体验中，树立起正确的世界观、人生观、价值观，培养出坚韧不拔、从容不迫、爱国爱民的奋斗精神和家国情怀，与祖国一起成长，用成长的足迹踩踏灾难，让不幸成为通往幸福的桥梁，我觉得，这才是真正意义的成长！

没有一个冬天是不可逾越的，没有一个春天不会到来。中国人民是伟大的人民，中华民族是伟大的民族，面对无情的病毒，全国人民万众一心、众志成城，在以习近平同志为核心的党中央坚强领导下，全力奋战，英勇奋战，团结奋战，一往无前，必定会取得这一场抗疫斗争的全面胜利！

胜利的凯歌已经唱响，我们也已快乐回家。让我们一起见证：2020 年 5 月 11 日，我们重聚美丽校园。冬天已被逾越，春天也已来过，此刻灿烂依然。

我们坚信：中国的明天一定幸福美好！

2020 年春季开学第一课

阳光总在风雨后　希望就在奋进中

郭永波

2020 年秋季，校园生活终归于平常，我们如期开学了！今天的开学仪式，我们再来畅谈人生、希望、未来，而这一次，我们有了更多的感触，更能领会"漫漫人生，苦乐相依"。新冠肺炎疫情的汹汹来袭，虽然扰乱了我们前行的节奏，却让我们懂得了感恩和对生命的倍加珍惜。

抗击疫情的感人场景还是那样清晰：有人除夕夜还奋战在工作岗位上，与死神赛跑；有人编织了善意的谎言，义无反顾地奔赴一线；有人剪掉了长发，只为节省更多的时间；有人席地而睡，连把防护服脱下都顾不及；有人献出了宝贵的生命，永远留在了那个冬季……

经历了疫情，就是一种深刻的学习，我们今天的岁月静好正是因为有了他们的负重前行！每一种经历都是一次成长，它使人思索，使人坚定，使人更懂珍惜。"你安好，我无恙"，非常时期，要照顾好自己，阳光总在风雨后，没有跨不过的坎。渴求成长，我们不会放弃，追求幸福，我们也没有停息，趁着时光正好，请不要辜负每一个当下。

新学年已经开始，面对新的目标、新的挑战，让我们把感恩之心转化为奋进之力，满怀信心去追求目标、实现梦想。此时，我想给同学们提出三项建议：

第一，树立自信：我能、我行。有自信的人，可以化渺小为伟大，化平庸为神奇。学习和健体，都需要决心、信心和毅力。要敢于面对挑战，点燃超越自我的激情。

第二，创立学风：勤奋、刻苦。"书山有路勤为径，学海无涯苦作舟"，成长路上要时刻提醒自己，岁月不待人，要抓紧时间享受学习，到知识的海洋里去获得乐趣！

第三，修养习惯：文明、有序。从现在开始，从身边的小事做起，从每一个细节开始，与好习惯交朋友，"勿以善小而不为，勿以恶小而为之"，做个文明有礼、遵纪守规的好学生、好孩子、好公民。

2020 年，收获了太多的感悟，寄托着别样的希望，给我们以无尽的向往和催人奋进的力量！新的起点，新的希望，梦想不断延伸，奋进依旧不止，让我们一同播下希望的种子，带着理想，与"苟且"说声再见，朝着诗和远方奋进！

祝愿大家在新的日子里，阳光、健康、平安、心想事成！

2020 年 9 月开学第一课

潮州市国地税明信片
绘画创作比赛作品

阮子轩 《取之于民 用之于民》

沈博樾 《税收·民生》

杨焕新 《一机在手 缴税无忧》

张腾跃 《国以税强 民以税福》

潮州市青少年航空绘画大赛获奖作品

李沛昂　《太空探险者》

刘卓欣　《漫步银河系》

潮州市青少年科技创新大赛"科幻画"作品

柯铮铮　《智能小鸟医院》

李梓轩　《古建筑修复复制仪》

郑裕桐　《多功能导航眼镜》

柯禧媛　《人造器官培植园》

湘桥区青少年"创客节"绘画作品

王钰浛 《绿植小分队》

黄钰骐 《智能空气转换器》

许钰淇 《废气制冷器》

何格智 《地球救援者》

潮州市"阅读·伴我成长"
读书创作比赛作品

王霖雅 《阅读伴我成长》

林彦颐 《喜阅世界》

陈湜晓 《阅读的快乐时光》

林千行 《"悦"读》

"编一张读书小报，展一路阅读收获"
读书小报

阮子轩 《神奇的仿生学》

余烨杭 《追寻美的足迹》

李钰　《书韵飘香》

许钰琪　《泥巴童年》

数学思维导图手抄报

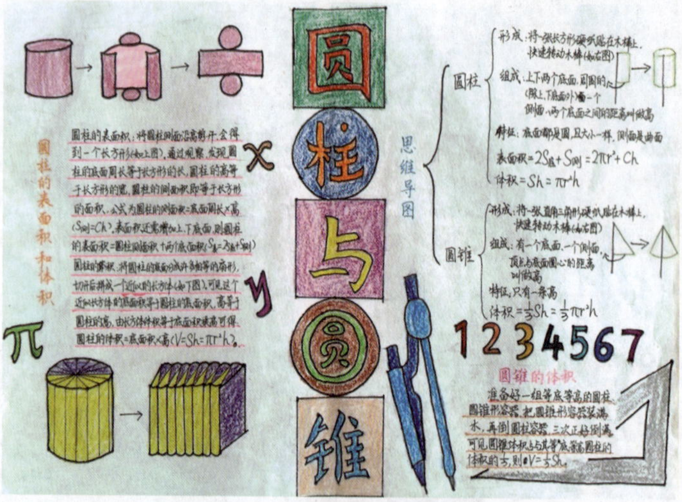

李梓东作品

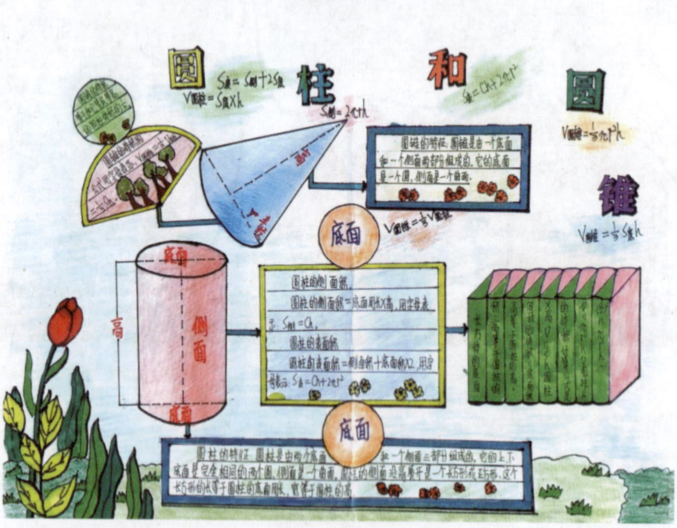

苏子钺作品

阮子轩作品

张腾跃作品

杨媛媛作品

蔡文淇作品

颜子涵作品

谢艺嘉作品

英语思维导图绘画作品

沈博樾作品

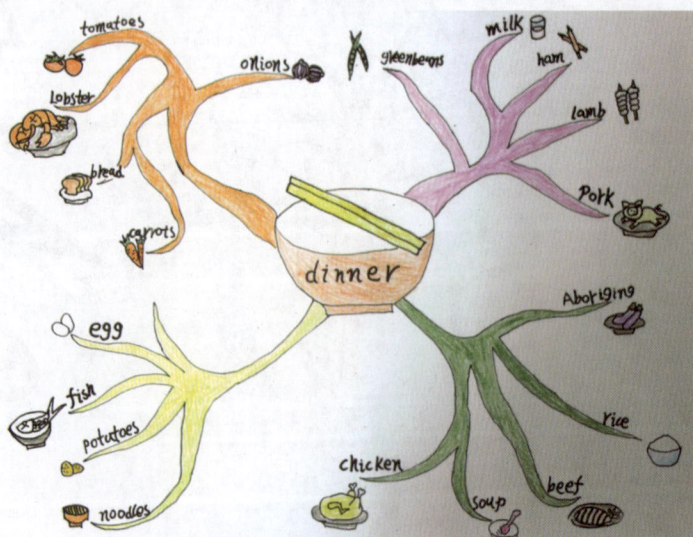

张鹏杰作品

翁婉绚作品

陈思铄作品

陈盛、宋素冰作品

林炫宇作品